# CHRISTIAN NEUWIRTH

# ALEXANDER VAN DER BELLEN

*Ansichten und Absichten*

MOLDEN
VERLAG

Christian Neuwirth

# ALEXANDER VAN DER BELLEN

*Ansichten und Absichten*

MOLDEN VERLAG WIEN

Die Deutsche Bibliothek – CIP-Einheitsaufnahme
Neuwirth, Christian:
Alexander Van der Bellen: Ansichten und Absichten / Christian Neuwirth – Wien:
Molden Verlag 2001
ISBN 3-85485-057-3

© 2001 by Molden Verlag GmbH Wien
http://www.molden.at
Umschlag: Veronika Molden
Lektorat: Christopher Dietz
Herstellung: Franz Hanns, Wien
Druck: Wiener Verlag, Himberg bei Wien

ISBN 3-85485-057-3

# Inhalt

## EINE EINLEITUNG

# ER IST, WIE ER IST

Das Prinzip des absichtlich Unbeabsichtigten, des Auffallens, ohne es so aussehen zu lassen, als wolle er unbedingt auffallen – diese hervorragende, aber nicht ungefährliche Eigenart ist sein großes Geheimnis von Anfang an. Noch nie zuvor, notiert die renommierte „Neue Zürcher Zeitung" im Dezember 1997, als der Wirtschaftsprofessor Alexander Van der Bellen zum Chef der Grünen Partei Österreichs gewählt wird, noch nie zuvor also habe ein Kandidat für den Spitzenposten einer Partei dem Wahlgremium so deutlich übermittelt und zu verstehen gegeben, daß er diesen Job eigentlich gar nicht nötig habe: „Im schwarzen Rollkragenpulli, typischerweise unrasiert, selbstsicher, aber ohne jede Arroganz zog Van der Bellen viele Delegierte mit ein paar geistreichen Stegreifbemerkungen gleich zu Beginn seines Auftritts an seine Seite. Er sagte, wenn ihm nun ein Ziegel auf den Kopf fiele, würden die Grünen halt am folgenden Tag jemand anders zum Bundessprecher wählen. Falle ihm aber kein Ziegel auf den Kopf, könnte man es doch einmal mit ihm versuchen."

Aus der Sache mit dem Ziegel ist damals nichts geworden, und es scheint, als würde sich daran jedenfalls vorläufig nichts ändern. Noch hat niemand aus der berühmt-berüchtigten Grünen Basis, die es bisher glänzend verstand, manch anderem das Leben schwer zu machen, ernsthaft versucht, einen ersten Stein in Richtung Van der Bellen zu werfen. Und das, obwohl der Professor behutsam, aber bestimmt die Partei umbaut, seitdem er ihr Chef ist. Ein Umbau, der das grüne Antlitz in den Hintergrund drängt. Vom einstigen Image der heillos zerstrittenen, nicht konsensfähigen Truppe mit fundamentalen politischen Ansichten ist nicht viel übrig geblieben. Die Grünen sind heute eine moderne, aber auch übliche Partei im politischen System Österreichs, die sich keineswegs mehr ausschließlich auf ihr Kernthema, die Umweltpolitik, konzentrieren. Das paßt nicht allen, und mancherorts ist das leise Murren ob des einmal mehr, einmal weniger konventionellen Kurses auch vernehmbar. Die Ergebnisse bei kommunal- und bundesweiten Wahlen geben Van der Bellen in der Regel jedoch recht.

Er *ist* – fast – die Partei; auch wenn er vehement versucht, diese Meinung zu zerstreuen; auch wenn sich die formelle Führungsspitze breiter darstellt. Neben dem grünen Superstar Van der Bellen hat nur wenig Platz. Daß es sich so verhält, ist nicht ausschließlich seine persönliche Verantwortung. Wenn er kann, versucht er deshalb auch, sich um öffentliche Auftritte zu drücken und damit den ohnehin vorherrschenden Eindruck, die Grünen hätten außer ihm selbst nur wenige Persönlichkeiten zu bieten, zu unterbinden.

Die Zeit der ersten tatsächlichen persönlichen Bewährung in der politischen Auseinandersetzung mit den Konkurrenten ist der Wahlkampf für die Nationalratswahlen 1999. Van der Bellen ist Spitzenkandidat für die Partei, zum ersten Mal in seinem Leben. Das Buhlen um die Stimmen überläßt man folgerichtig ihm ganz alleine, obwohl es an und für sich nicht seine Sache ist. (Das nämlich, was man mit „sich unters Volk mischen" umschreibt. Bei Fernsehauftritten verhält es sich anders, wie man sieht.) Natürlich begleitet ihn ein gemischtes Team grüner Prominenz. Doch auf die kommt es nicht an, zumindest nicht so sehr. Der Wirtschaftsprofessor steht im Mittelpunkt. Inhaltlich positioniert er die Partei in der Wahlauseinandersetzung mit dem Schwerpunkt Sozialpolitik im weitesten Sinne.

Ausschlaggebender für das Ergebnis von 7,4 Prozent der Stimmen am Wahlabend des 3. Oktober ist jedoch seine persönliche Vorstellung, die er im Vorfeld abgegeben hat. Vor allem bei seinem Erscheinen im Fernsehen kommt der Professor gut „über den Schirm": Durchaus mit Profil, vor allem aber ruhig und sachlich argumentierend. Gescheit eben, ohne aber im allgemeinen zu gescheit zu wirken; nur in seltenen Einzelfällen Anflüge von Besserwisserei. Das genau zeigt Wirkung, und zwar über die eigentlichen Parteigrenzen hinweg. Was sich in den Monaten auf dem Weg in ein neues Millennium, die Österreich einen Paradigmenwechsel bringen sollen, abspielt, würde Bände füllen. Vor den Augen der Österreicher – in den entscheidenden Phasen eigentlich nicht *vor* den Augen, sondern eher im Stillen, im geheimen, in den Hinterzimmern – vollzieht sich ein taktisches Schachspiel, in dem es Figuren gibt, die herumschieben und solche, die sich herumschieben lassen.

Van der Bellen jedenfalls kann die von Bundespräsident Thomas Klestil erfundenen und später zum Unwort mutierten „Sondierungsgespräche" während des bewußt in die Länge gezogenen Prozesses der Regierungsbildung ohne Aufgeregtheit über sich ergehen lassen. Eine Beteiligung der Grünen an einem Kabinett steht nicht zur Debatte. Zwar hält der Parteichef mit der Staatsspitze, dem Bundespräsidenten, regelmäßigen – auch informellen – Kontakt, doch mit der Regierungsbildung an sich hat Van der Bellen aufgrund der klaren Mehrheitsverhältnisse nichts zu schaffen. Nur kurz geistert ein „Kabinett der besten Köpfe" als Idee zur Rettung aus der verfahrenen Lage durch die Gehirne einiger Politiker und Journalisten. Der Name Van der Bellen taucht in diesen nur halbernsten Spekulationen immer wieder auf, mal als möglicher Wirtschaftsminister, dann wieder als Finanzminister; bezeichnenderweise nie als Umweltminister. Warum dies so ist, wird noch näher zu beleuchten sein.

Eine zweite Frage in diesem Taktieren rund um die Findung eines neuen Bundeskabinetts, ob nämlich die Grünen eine Minderheitsregierung der einen oder anderen Art unterstützen würden, stellt sich freilich nur für wenige Stunden. Zum einen würden die Stimmen der grünen Partei im Nationalrat alleine nicht ausreichen, um eine solche Konstellation zu ermöglichen, zum anderen gibt es (bis heute) unterschiedliche Auffassungen darüber, ob eine solche Minderheitsregierung von den Beteiligten überhaupt intendiert wird. Das Gezerre um das Zustandekommen einer Regierungskoalition hat einen bemerkenswerten Nebeneffekt: Ausgerechnet Van der Bellen bekommt in einer

Meinungsumfrage, in der es darum geht, welcher der österreichischen Politiker eine gute „Vorarbeit zu einer neuen Regierung" geleistet habe, die Bestnote. Und das, obwohl er eigentlich nichts damit zu tun hat. Er ist – wohl kaum zufällig – einer der wenigen, der diese Phase, in der sich die Österreicher endlich wieder eine handlungsfähige Regierung wünschen und einflußreiche Medien diese auch mit immer stärkerer Vehemenz einfordern, ohne Imageschaden übersteht.

Am vierten Februar des Jahres 2000 beginnt in Österreich eine neue Zeitrechnung; viele sind auch der Ansicht, es begänne eine neue Republik. FPÖ und ÖVP erzwingen eine schwarz-blaue Koalition gegen den offensichtlichen Willen des Bundespräsidenten, die sich zum Ziel gesetzt hat, in Österreich eine konservative Wendepolitik durchzuführen. Ein entscheidender Zeitraum für die Profilierung Alexander Van der Bellens, nicht nur als Oppositionspolitiker, sondern als etwas, das man leicht pathetisch „Staatsmann" nennen könnte. Die Beteiligung einer rechtspopulistischen Partei mit radikalen Elementen an einer Bundesregierung löst bei den vierzehn anderen EU-Staaten ärgste Besorgnis aus. Sie legen ihre bilateralen Beziehungen zum fünfzehnten Mitglied der Union kurzerhand auf Eis. Die schwarz-blaue Koalition ist international geächtet.

Nach einigem Hin und Her zwischen dem Versuch, politisches Kleingeld aus dieser Situation zu schlagen und trotzdem verantwortungsvoll zu agieren, definiert Van der Bellen eine ungewöhnliche Oppositionspolitik. In dieser Zeit der neuen Koalition gibt es praktisch keine Innenpolitik, weil die formell nicht vorhandenen Beziehungen Österreichs zu den anderen Mitgliedstaaten der EU alles andere in den Schatten stellen. Van der Bellen setzt daher auf ein Politikfeld, in dem er zuvor nur wenig Erfahrung sammeln konnte. Er macht jedoch aus der Not eine Tugend und will sich, die Gunst der Stunde nutzend, außenpolitisches Profil verschaffen. Die vorschnell angekündigte Idee einer Europa-Tournee, die dazu dienen soll, Österreich in Europa zu verteidigen, muß Van der Bellen aufgrund innerparteilichen Drucks jedoch wieder fallen lassen. Zu groß ist die Befürchtung, damit indirekt auch Partei für die Koalition in Wien ergreifen zu müssen.

Etwas später gelingt ihm dann jedoch die außenpolitische Offensive, und er kann das tun, was zuvor sämtlichen Regierungsmitgliedern peinlicherweise versagt geblieben war, nämlich bestehende politische Kontakte durch gezielte Reisetätigkeit zu befreundeten EU-Staatsmännern ausschöpfen. Nicht nur das mediale Interesse an Van der Bellens Berlin-Besuch ist enorm. Während die amtierende Außenministerin Benita Ferrero-Waldner nur davon träumen kann, von ihrem deutschen Amtskollegen Joschka Fischer ins Auswärtige Amt eingeladen zu werden, ist das für den Chef der kleinsten Partei im österreichischen Parlament kein Problem.

Die Bilder vom gemeinsamen Auftritt Van der Bellens und Fischers werden in Österreich zur Prime-Time gesendet und verfehlen ihre Wirkung nicht. Die Regierungsparteien titulieren Van der Bellen einen „Österreich-Vernaderer", der sich mit jenen Politikern in Europa, die es mit Österreich – bei genauer Betrachtung freilich nur mit der schwarz-blauen Koalition – nicht gut meinen, einlasse. Die Popularitätswerte des Professors erleben dessen ungeachtet in dieser Phase nach der Regierungsbildung und zu Beginn der Maßnahmen der EU-14 einen Höhenflug: Bei der Frage nach der sogenannten Kanzler-Direktwahl überflügelt Van der Bellen den frischgebackenen Amtsinhaber Wolfgang Schüssel. Und einen Monat nach der Angelobung der schwarz-blauen Koalition geben 16 Prozent der Österreicher an, sie würden nun im Falle von Nationalratswahlen die Grüne Partei wählen.

Dieser Erfolgskurs hat seine Ursache wohl auch in der eklatanten Schwäche der wesentlich größeren Oppositionspartei. Die SPÖ muß sich nicht nur in dieser für sie ganz neuen Rolle zurechtfinden, sie hat auch noch mit einem neuen Vorsitzenden, Alfred Gusenbauer, zu kämpfen – und der mit ihr. Ungeschickte Äußerungen – etwa, die SPÖ brauche erst einmal eine längere Phase der Regeneration – und der schmerzhafte Umgewöhnungsprozeß, der mit dem Wechsel von der Regierungs- auf die Oppositionsbank verbunden ist, machen vielen Abgeordneten zu schaffen.

Als die Maßnahmen der EU-14 gegen Österreich wenige Monate, nachdem sie verhängt worden sind, fallen, verschieben sich die Schwerpunkte der politischen Arbeit. Alle Parteien betonen, sie seien angesichts der offiziellen Beendigung der Sanktionen erleichtert. Viele sprechen davon, daß eine „Nebelwand der Sanktionen" die österreichische Innenpolitik eingehüllt habe. Was aber kaum jemand zugibt, ist, daß diese „Nebelwand" auch von Van der Bellen hervorragend genutzt wurde, um – gut getarnt – die eigenen politischen Interessen möglichst zu forcieren. Die Regierung beschließt im Windschatten des internationalen Getöses unpopuläre „Reformen", deren Auswirkungen für viele erst allmählich sichtbar werden. Doch die Grünen gewinnen mit einem Parteichef, der sich als außenpolitisch handlungsfähig und innenpolitisch über den Dingen stehend präsentieren kann, hinzu. Schwierigkeiten zeichnen sich allerdings dabei ab, dieses virtuelle Hoch in tatsächliche Wahlerfolge umzuwandeln. Und die Sozialdemokraten? Als einzige vermögen sie es nicht, in der Sanktionsphase und auch später Rückenwind für sich zu gewinnen. Eine gewonnene Wien-Wahl macht noch keinen roten Sommer.

Doch nun hat Österreich sie wieder, die Politik als „business as usual", nur daß sie in diesem Fall gut tut. Atmosphärisch hat sich in diesem Land einiges geändert: Das Klima ist kälter geworden. Der „soziale Friede" ist keine Selbstverständlichkeit mehr. Kraftproben werden zu Zerreißproben. Gewiß, Österreich ist im Umbau. Doch die grundlegenden Rituale, sie funktionieren nach wie vor. Die Regierung legt Ideen und Konzepte vor, trifft Entscheidungen. Die Opposition zerpflückt sie. Und Van der Bellens Auftritte, etwa in einer „Pressestunde", die in Zeiten politischer Routine abläuft, geraten auch zur solchen. „Speed wins", sagen die einen; die anderen halten es lieber mit der Urfassung dieses Schlagwortes: „Speed kills", vor allem die Lebensgrundlagen der sozial Schwächeren. Und wenn ein gemeinsamer Außenfeind – für die schwarz-blaue Koalition war es „die EU" schlechthin – einmal wegfällt, werden innerhalb einer Bundesregierung, die aus mehreren Parteien besteht, auch gravierende Auffassungsunterschiede sichtbar, die zuvor geschickt verdeckt werden konnten.

Die Politik ist zwar noch immer Bühne, doch das Stück, das auf ihr aufgeführt wird, hat keine Premiere mehr. Der Spielplan ist neuerdings eher gewöhnlich. Mal klappt die Regie, mal ganz und gar nicht. Laienspieltruppen wollen ebenso beklatscht werden wie die Protagonisten, denen ihre Rolle zu klein oder zu groß ist und diejenigen, die sich in ihrem Spiel überhaupt noch nicht zurechtgefunden haben. Irgendwann wird es Umbesetzungen geben, Wahlen ändern die Spielpläne, doch auch danach werden sie auf den Applaus hoffen – und ihn nur teilweise bekommen.

Alexander Van der Bellen gehört wohl auch in der nächsten Saison zum Ensemble, gleich in welcher Rolle. Schwierigkeiten bereitet es jedoch, sich ein zufriedenstellendes Bild davon zu machen, was er zu bieten vermag. Das unter der Hand Effektvolle seines Auftritts kann er nach wie vor zu seinen Gunsten nutzen. Van der Bellen, so lautet die Analyse der Kommunikationstrainer, wirke echt, benütze keine Tricks und spreche mit der Stimme der Vernunft. Sein Erfolg begründe sich außerdem auch darauf, daß er nicht allzu sehr auf seine Berater höre. Denn nichts sei schlimmer als eine Kommunikationsberatung, die die eigentliche Persönlichkeit sukzessive ersetzt.

Diese Beschreibung stimmt zum größten Teil. Nur mit den Tricks ist es so eine Sache: Van der Bellen verwendet natürlich den einen oder anderen, nur läßt er es geschickt so aussehen, als brauche er sie nicht. Ein gut getarnter Trick etwa ist der mit der berühmten Nachdenkpause. Politiker denken im allgemeinen zuwenig, bevor sie, besonders vor laufender Kamera, ihre Ansagen machen. Aus dem inneren Druck heraus, wertvolle Sendezeit nicht zu vergeuden, quellen die politischen Stehsätze und die eingeübten Botschaften nur so hervor. Manche schaffen es, kaum Luft zwischen den einzelnen Sätzen zu holen und geben gleichsam jedem, der sich mit Atemgymnastik beschäftigt, ein Negativbeispiel.

Van der Bellen holt bewußt Luft. Er nimmt sich bewußt Zeit. Er denkt nach. Und läßt sich auch durch verunsichertes Nachfragen des Gegenübers, das meint, seine Frage vielleicht präzisieren zu müssen, weil die Antwort nicht so schnell wie gewohnt kommt, nicht aus der Ruhe bringen. Die Hand streicht über seinen Mund, vergräbt sich in seinen Bart oder stützt den Kopf, bevor er sich zu einem Satz durchringt. Die Artikulation beginnt dann nicht zwingend mit einem Wort. Van der Bellen macht sein Nachdenken auch hörbar: Ein tiefes Durchatmen, begleitet von einem gemurmelten „Mhmmmm" nach einer Frage ist keine Seltenheit. Der Chef der Grünen Partei macht kein Geheimnis daraus, daß er die Antwort scheinbar noch nicht auf Lager hat. Hebt er dann zu einem Satz an, ist der auch schon mal nur die Einmodulation für die inhaltliche Botschaft: „Das wollen Sie jetzt wirklich wissen?", oder: „Sie stellen mir aber Fragen." Manchmal sagt Van der Bellen auch direkt, was er im Augenblick macht: „Da muß ich jetzt aber einmal scharf nachdenken."

Diese Vorgangsweise kann man ruhigen Gewissens trickreich nennen. Natürlich soll damit nicht gesagt sein, daß sich Van der Bellen tatsächlich jede seiner Antworten so ausgiebig überlegt. Manchmal ist seine Langweiligkeit im eigentlichen Wortsinn der Beweis des Gegenteils. Doch ab und an kann man sich des

Eindrucks nicht erwehren, er habe seine Antwort schon auf der Zunge, schlucke sie aber um einer kleinen, bewußt gesetzten Nachdenkpause willen wieder hinunter, warte dann, bis die Zuseher gespannt an seinen Lippen hängen, und genieße es schließlich, seine Sätze ruhig und sachlich ins Treffen zu führen. Wer sich bewußt von anderen unterscheidet, muß sich natürlich gefallen lassen, daß genau dieser Umstand oft im Mittelpunkt des Interesses an seiner Person steht. Was dabei vielleicht in den Hintergrund tritt, sind die grundlegenden politischen Konzeptionen. Darin liegt ein Problem Van der Bellens, das in unterschiedlicher Intensität zu Tage tritt. Was passiert, wenn politische Konkurrenten just jene Repräsentanten in die erste Reihe stellen, die ebenso den Intellekt verkörpern, wie Van der Bellen es tut? Die ebenso umsichtig argumentieren und sich möglicherweise eines Stils bedienen, der dem Van der Bellens ähnelt? Noch ist davon nichts zu merken, noch funktioniert das Sich-positiv-Abheben von anderen Politikern für Van der Bellen recht gut.

Das kann sich allerdings schnell ändern, und wenn es soweit ist, landet man wieder bei dem, was Politik eigentlich ausmachen sollte: bei Inhalten der Politik. Genau hier ergibt sich eine Unwägbarkeit für den Grünen Parteichef. Man kann etwa in den einschlägigen Broschüren der Grünen nachblättern, um danach zu suchen, wofür er eigentlich steht. Dort findet man bequem portioniert die Grundpositionen der Partei, dessen Bundessprecher der Wirtschaftsprofessor ist. Sofern man das noch nicht weiß, wird erklärt, daß die Grünen an der Neutralität festhalten und nicht so gerne der NATO beitreten wollen. Innenpolitisch treten sie für den Kampf um die Grundrechte ein.

Die Parteistrategen können zwar darauf verweisen, daß sie eigentlich vielmehr bieten, und ihre Grundsatzpapiere ins Treffen führen. Politik aber definiert sich heutzutage immer mehr über Persönlichkeiten, und die Wähler wollen wissen, was die

Personen, mit denen sie sich identifizieren oder nicht, denken und welche Antworten sie auf die drängenden Fragen der Zukunft geben können. Grundsatzpapiere hin oder her, neugierig ist man auf die Politiker. Das vorliegende Buch will also dem Anspruch genügen, dem Leser die Person Alexander Van der Bellen, die Ansichten und Absichten des grünen Parteichefs etwas näher zu bringen. Das ein oder andere wird dem Leser bekannt sein, wenn er sich mit dem Wirtschaftsprofessor und seinem Denken schon einmal auseinandergesetzt hat. In vielen Bereichen wird man jedoch neue, überraschende Ausführungen finden.

Die Schilderung der politischen Existenz Van der Bellens beginnt im ersten Teil mit den Anfängen seines Politikmachens. Sie streift dann die Grenze zum Grundsätzlich-Philosophischen, indem sie fragt, was Politik eigentlich sei und sich bemüht, Van der Bellens Wirkung bei öffentlichen Auftritten etwas zu erhellen.

Der zweite Teil hat jene Spannungsfelder zum Inhalt, die sich zwischen Ökologie, Ökonomie und Partei ergeben. Hier sind die Antworten Van der Bellens auf den immer wieder geäußerten Vorwurf, ihm fehle so etwas wie die „grüne Seele", nachzulesen. Breiten Raum nehmen koalitionäre Farbenspiele ein: Wie stellt sich Van der Bellen die Zukunft seiner Partei vor? Wenn er die Grünen in eine Regierung führen will, mit wem?

Der Umgang mit Österreichs Vergangenheit und die Perspektiven, die sich für Österreich in einem Europa ergeben, das sich mit aller Kraft zu einen versucht, bilden den Schwerpunkt im dritten Teil dieses Buches. Eine intensivere Beleuchtung verdient vor allem die Art und Weise, wie der grüne Parteichef die Zukunft eines europäischen Bundesstaates entwirft.

Der vierte und letzte Teil handelt schließlich von der Politik im Inland, von Van der Bellens Konzepten und Plänen für Österreich. Grundsätzliches – wie Ansichten zum politischen System – löst dabei Konkretes – wie etwa Reformideen für einzelne Politikfelder – ab.

Das Prinzip dieses Buches ist das der Authentizität. Ermöglicht wurde es in der vorliegenden Form dadurch, daß sich Alexander Van der Bellen dankenswerterweise dazu bereit erklärte, für intensive Gespräche zur Verfügung zu stehen. Etwaige Wiederholungen sind durchaus beabsichtigt und weisen darauf hin, daß der in Frage stehende Punkt dem grünen Parteichef besonders wichtig ist. Wo es notwendig war, sind kritische Kommentare angefügt, wo es hilfreich erschien, wurde – sehr sparsam freilich – auf Politologen, Philosophen, Ökologen, auf das Regierungsprogramm der ÖVP-FPÖ-Koalition und den Bericht der „drei Weisen" zurückgegriffen, um die Gedankengänge des grünen Parteichefs in einen größeren Zusammenhang zu stellen.

Herodot, der Vater der Geschichtsschreibung, überliefert in seinen „Historien" folgende ernüchternde Erkenntnis des Perserkönigs Dareios: „Wo Lügen unvermeidlich sind, da lüge man! Denn beide, der Lügner und der, der die Wahrheit sagt, haben dasselbe Ziel, nämlich ihren Vorteil. Der eine lügt, um die Leute dadurch zu gewinnen; der andere sagt die Wahrheit, um sich Vertrauen zu erwerben und dadurch ebenfalls Vorteile zu erringen. So streben beide auf verschiedenen Wegen nach dem gleichen Ziel."
Es scheint manchmal, als hätten sich Österreichs Politiker dieses Motto zum Leitsatz ihres Handelns gemacht. Wer lügt und wer die Wahrheit spricht, das herauszufinden ist jeder von uns selbst aufgerufen. Die vorliegenden Aufzeichnungen immerhin können Authentizität beanspruchen.

PS: Kurz vor dem ersten der Gespräche und nach seiner Einwilligung, dafür zur Verfügung zu stehen, erzählte mir Alexander Van der Bellen mit der ihm eigenen Beunruhigung, daß es mit solchen Büchern aus seiner Sicht immer eine zweischneidige Sache sei. Er meinte, ein Verriß sei ebensowenig das Wahre wie ein Buch voller Weihrauch. – Bleibt zu hoffen, daß es weder das eine noch das andere geworden ist.

PPS: „Es wird schrecklich", seufzte der Professor nach einem meiner Treffen mit ihm, das in den Nachtstunden endete. Er stellte sofort in Abrede, damit etwas über die Befähigung des Autors, das Buch jemals zu einem guten Ende bringen zu können, ausgesagt haben zu wollen. (Ich glaubte ihm nicht recht.) Nein, schrecklich sei etwas ganz anderes. Er habe nachgedacht und festgestellt, daß es eigentlich unglaublich sei, was er bei diesen Gesprächen alles so dahergesagt habe. Ich versicherte ihm, es sei nichts Schreckliches dabei gewesen. (Er glaubte mir nicht recht.)

# ERSTER TEIL

## VAN DER BELLEN UND POLITIK

Dieses Buch über Alexander Van der Bellen beginnt mit einer kleinen Anekdote. Es handelt sich dabei um eine an und für sich recht einfache Begebenheit, die sich tatsächlich so abgespielt hat und die einem in Alltagssituationen geübten Politiker keine Schwierigkeiten bereiten sollte. Wenn dies aber doch der Fall ist, wie in diesem Beispiel hier, läßt das Rückschlüsse zu auf den Menschen, der diese Situation erlebt hat; Rückschlüsse, die es erlauben, sich ein etwas klareres Bild zu machen von der Persönlichkeit, mit der man es zu tun hat: Wie wichtig sich diese Person selbst nimmt, etwa, oder wie es um ihr Selbstbewußtsein bestellt ist.

Folgendermaßen, berichtet der Chef der Grünen-Partei, Alexander Van der Bellen, habe es sich also im ersten Wiener Gemeindebezirk eines schönen Tages zugetragen: Als er aus der U-Bahn-Station kommt, spricht ihn eine jüngere Frau, schätzungsweise um die 30, an. Sie „stellt" gleichsam den ihr offensichtlich auf Anhieb bekannten Politiker. Vielleicht überlegt sie kurz, als sie ihn sieht, vielleicht geht aber alles auch ganz spontan über die Bühne. Sie rafft all ihre Entschlossenheit zusammen, um dem Mann mit dem Bart und dem olivenfarbigen, verknitterten Mantel freudig erregt mitzuteilen, wie toll sie ihn findet. „Eines wollte ich Ihnen noch sagen", ruft sie Van der Bellen noch ins Gesicht, schon im Abgang: „Ich verehre Sie." Dann war sie auch schon wieder in der Menge verschwunden.

Etwas besseres als eine derart deutliche, ja fast überschwengliche Sympathiekundgebung kann einem Politiker eigentlich gar nicht passieren, erst recht in Zeiten eines Wahlkampfs, in dem es um jede Wählerstimme geht; aber auch in den Phasen, in denen unaufgeregt Politik gemacht wird. Die unbekannte Frau hat nicht nur Zustimmung zu dem Kurs, den der Grüne Parteichef und damit seine Partei einschlägt, signalisiert. Die oben wiedergegebene Episode demonstriert, daß es sogar Menschen gibt, die das Wort „Verehrung" in den Mund nehmen, wenn sie an einen Politiker denken – eine Gefühlsbewegung, die man eher mit Popstars assoziieren würde.

23

Doch Van der Bellen ist weder geschmeichelt noch amüsiert, sondern eher „betroffen". Einerseits, sagt er, habe ihm diese Bekundung von Anerkennung natürlich schon sehr gut getan, weil man Zuspruch brauche, zudem die eigenen Leute – seine Mitarbeiter in der Grünen Partei – mit genau diesem Zuspruch eher sparsam umgehen würden. Es habe ihn auch natürlich gefreut, denn es sei ja keine Selbstverständlichkeit, daß jemand aus der Menge heraustritt, der ihn persönlich gar nicht kenne, und derartig positive Sachen zu ihm sagt. Aber über alledem steht die merkbare Unsicherheit, wie er mit solchen „Verehrungsgeschichten" umgehen soll.

Dieses Gefühl ist durchaus losgelöst von seiner eigenen Person zu verstehen. Mit „Verehrung" verbindet Van der Bellen so etwas wie „Kult", und das ist ihm in Zusammenhang mit Politikern ganz allgemein ein Dorn im Auge. Das ist einerseits sicher Resultat seiner Beschäftigung mit der Geschichte, rührt aber andererseits auch daher, daß die Grüne Partei manchmal damit kokettiert, in die verlockende Strategie zu verfallen, alles auf einen Politiker, nämlich auf ihren zugkräftigen Chef Van der Bellen, zu setzen. Gefühle – ein Bestandteil des Politikgeschäfts, mit dem Van der Bellen, der dem universitären Umfeld noch immer überaus eng – vielleicht auch enger als zuträglich – verbunden ist, erst lernen muß, umzugehen.

Das Irrationale, die Betonung von Emotionen in der Politik, befindet er, könne man offensichtlich nicht so einfach wegargumentieren. Politik ist eben nicht nur rational – eine Erkenntnis, die sich bei Van der Bellen nur langsam durchsetzt, zu der er aber, könnte er es sich aussuchen, lieber nicht gelangen würde.

Politik und der Entscheidungsprozeß vor dem Urnengang, wie sie ein Professor der Ökonomie gerne hätte: Die Menschen, die für sich eine Entscheidung treffen müssen, nämlich die, eine Partei mit ihrem Spitzenkandidaten zu wählen, denken zuerst in Ruhe über Politik und Politiker nach, und zwar tiefschürfend, gründlich und nach rein rationalen Gesichtspunkten. Sie analysieren: nicht so sehr die Personen an sich, sondern ihre politischen Inhalte, wie weit es mit ihren Konzepten her ist, ob sich darunter etwas findet, das ihren eigenen Vorstellungen entspricht. Und nach dieser Zeitspanne erst entscheiden sie, allerdings nicht aus dem Bauch heraus, sondern mit ihren Gehirnen, die jenseits von Parteigrenzen denken sollen. – Das wäre für den Bundessprecher wohl eine idealtypische Vorgangsweise. Natürlich weiß er genau, daß das eine Illusion ist. Daher rührt eben seine Erkenntnis über das Irrationale in der Politik.

„Ich denke mir: Was soll es. Das ist ja kein Seminar, wo die Leute 200 Seiten lesen sollen und dann etwas Kluges darüber sagen sollen. Die meisten Leute haben völlig andere Sorgen als die Politik, die berührt sie nur am Rande, aber am Rande berührt sie doch. Ihre Zeit ist total damit ausgelastet, sich zu überlegen, ob der Sohn den Fünfer in der Schule wiedergutmacht, wie das mit dem Job ist und der Familie. Mit welchem Recht könnte man jetzt auch noch verlangen, daß die Leute täglich ‚Presse‘, ‚Standard‘ und die ‚New York Times‘ lesen? Das heißt aber, selbst wenn sie einen rationalen Zugang haben, müssen sie ihre Entscheidungen aufgrund einer sehr unzureichenden Information fällen; müssen, da es nicht anders geht, jede Menge Wahrnehmungsfilter einbauen, die einen Sinn haben, nämlich den, daß sie politische Informationen wie in einem Brennpunkt konzentrieren. Die Wahrnehmung hat schon etwas mit Dingen zu tun, die der Politiker sagt, aber offensichtlich doch auch damit, wie er insgesamt wirkt.“

Mit Irrationalität in der Politik umgehen zu müssen, ist für Van der Bellen noch immer Neuland. Daran ändert auch die Tatsache nichts, daß der Wirtschaftsprofessor schon seit 1994 im Parlament sitzt und mittlerweile genug Gelegenheit gehabt haben könnte, mit irrationaler Politik in Berührung zu kommen. Von großer Bedeutung in diesem Zusammenhang ist Van der Bellens wissenschaftlich-universitäres Vorleben: Bereits in den siebziger Jahren war er Assistent am finanzwissenschaftlichen Institut der Universität Innsbruck. Es folgte ein Forschungsaufenthalt in Berlin, 1976 wurde er außerordentlicher Universitätsprofessor. Vier Jahre später ging er an die Universität Wien, um ordentlicher Professor für Volkswirtschaftslehre zu werden. In den neunziger Jahren agierte er schließlich auch als Dekan der Sozial- und Wirtschaftswissenschaftlichen Fakultät.

An der Universität habe man eben das Gefühl, daß irrationale Wirkungen, die in der Politik ihre Bedeutung hätten, unwichtig seien, sinniert Van der Bellen. Wenn man genauer hinsehe, würden zwar auch Dinge wie Bekanntschaften, Freund- und Feindschaften unter den Lehrenden eine Rolle spielen. Doch generell zähle in der Gesellschaft der Wissenschaft die „academic excellence", die Reputation, die sich der Wissenschafter erwirbt, nicht aufgrund subjektiver, sondern streng objektiver Kriterien. So sollte es zumindest sein. Diese Kriterien sind nachprüfbar und, wenn es sein muß, auch reklamierbar. Für Wissenschafter zählen Veröffentlichungen in wissenschaftlichen Zeitschriften und die Teilnahme an internationalen Kongressen – weltweit eine gemeinsame, manchmal dehnbare, aber im generellen doch allgemeingültige Richtschnur. Punktelisten führen zur Anerkennung. In der Politik läßt sich nur oberflächlich damit punkten, wer wie oft welche Vorschläge gemacht hat, wer wie oft welche Reden im Nationalrat geschwungen hat. Zwar gibt es einschlägige Listen, die ab und an auch im Interesse der Parlamentarier veröffentlicht werden. Immerhin halten sie zumindest ein bestimmbares Maß fest, was die physische Anwesenheit im Parlament anbelangt.

Das Interesse am quantitativen Kriterium wird auch manifest, wenn man sich vor Augen hält, wie hart oft darum gerungen wird, wenn es um die Anzahl der Fernsehauftritte von Politiker X oder Y geht. „Mediawatching" heißt hier das Schlagwort, und es ist nicht nur die Zahl der Auftritte, die zählt, sondern auch, wie viele Minuten sie dauern und vor allem, wie sich das alles im Verhältnis zum politischen Konkurrenten verhält. Machtpolitische Spielchen sind hier an der Tagesordnung; vom bloßen „Aufmerksammachen" der Mitarbeiter eines Politikers auf ihren Chef und eine gewisse Meinung, die er vertritt und die doch eigentlich veröffentlichenswert wäre, bis hin zu handfesten Interventionsversuchen. Doch wenn man längerfristig Erfolg haben will, muß es auf etwas ganz anderes ankommen. Hierbei ist das quantitative Element höchstens ein Mittel zum Zweck.

„Die Leute wollen Vertrauen zu dir haben. Nach welchen Gesichtspunkten bilden sie dieses Vertrauensverhältnis? Sollen sie das überhaupt? Sollten sie nicht ganz vernünftig kalkulierend fragen: Wer vertritt meine Interessen? Langsam denke ich mir, daß das falsch ist. Sie haben nicht die Zeit dafür, es überfordert sie. Man ist ja selbst schon überfordert, nur halbwegs den Kopf freizuhalten für das, was man längerfristig will bei dem, was täglich passiert. Irgendetwas kommt dann noch dazu, was mich bei dieser Frau, die mich angesprochen hat, zum Nachdenken brachte. Kann man so etwas überhaupt annehmen? Nicht als Floskel, sondern als Geschenk? Sie muten einem viel zu. Dieses Vertrauen dann zu enttäuschen … weil du einen Fehler machst … aber was wäre denn dieser Fehler? Da ist die Politik nicht nur irgendein Geschäft. Wenn man eine Firma mit 300 Leuten hat, dann fühlt man sich auch verantwortlich für das Schicksal dieser Leute. Dann geht es nicht nur darum, daß man Vermögen verlieren kann, sondern man denkt auch an sie. Da gehört es dazu, während es in der Politik etwas Zentrales zu sein scheint."

Daß Van der Bellen hier die Wahrscheinlichkeitsform wählt, ist kein Zufall. Nachdenken über Politik und politisches Denken – diese Unterscheidung ist wichtig und wird weiter unten erläutert – ist für den Universitätsprofessor ein Prozeß ohne abschließendes

Ergebnis. Er steht, so sieht er es wohl auch selbst, noch zu sehr am Anfang dessen, was man allgemein als politische Karriere bezeichnet, als daß er schon alles wissen müßte, was in der Politik verlangt wird. Doch er ist sich darüber bewußt, woran viele seiner Kollegen wohl keine Zweifel haben: daß man wie im Leben so auch in der Politik nicht alles wissen kann. Van der Bellens Denken ist ebenso reflexiv wie selbstreflexiv. Auslöser können auch kleine, unscheinbare Begebenheiten sein, wie eben das Zusammentreffen mit einer jungen Frau vor einer U-Bahn-Station.

Es heißt, daß es wichtig sei, sich auch und zunächst einmal dem Elternhaus näher zu widmen, wenn man über Politiker und ihr Politikverständnis berichten will. Schon in der Kindheit würden die Grundbausteine jenes Gerüstes gelegt, um das sich später die politischen Ansichten ranken. – Tatsächlich spricht vieles dafür, daß es sich im großen und ganzen so verhält, doch der grüne Parteichef, so scheint es zumindest, entspricht nicht dieser Annahme. Denn auch wenn Van der Bellens Blick zurück nicht ganz unbeeinflußt vom Verstreichen der Zeit und etwaiger Selbstzensur sein mag: Wirklich einschneidende Erlebnisse, die sich auf seine spätere Karriere bedeutend ausgewirkt haben könnten, gab es zu Hause offenbar kaum. Deshalb lassen sich die biographischen Aspekte kurz halten:

Am 18. Jänner 1944 wird Alexander Van der Bellen als Sohn einer Estin und eines Russen mit niederländischer Herkunft in Wien geboren; es folgt die Übersiedelung nach Innsbruck. An den Namen, der also aus dem Niederländischen kommt und dessen Stamm wohl etwas mit dem deutschen Wort „Glocke" zu tun hat, hat man sich in Österreich mittlerweile gewöhnt. Das war nicht immer so: Früher hätten die Leute ab und an statt Van der Bellen einfach „der Holländer" gesagt, wenn sie über ihn redeten, berichtet Van der Bellen. Das seien die gewesen, die es gut mit ihm meinten. Die anderen, die ihn nicht mochten, hätten ihn als „Ausländer" beschimpft. In einer rechtsextremen Zeitschrift sei er als „Immigrantenkind" bezeichnet worden. Das sei der Sache nach zwar durchaus zutreffend, aber die Autoren dieses Artikels hätten darin wohl eher einen Charakterfehler geortet, erzählt Van der Bellen.

Mittlerweile werde er kaum mehr auf seinen Namen angesprochen. Familiengeschichtlich sei verbürgt, daß seine Vorfahren unter oder nach Peter dem Großen nach Russland emigrierten, wo sie bis 1917 auch blieben. Was diese Vorfahren dort taten, wisse er nicht. Damals seien jedenfalls Tausende überredet worden, nach Russland zu gehen. Ein Teil der Familie ging danach nach Holland zurück; den Vater Van der Bellens habe es zuerst nach Estland und dann nach Österreich verschlagen. Andere Familienmitglieder zog es nach Kanada, in die USA und Australien. „Zu Hause", das war dann schon während der Volksschulzeiten Van der Bellens Innsbruck. Von politischen Erörterungen im Familienkreis weiß der grüne Bundessprecher kaum zu berichten. Es sei zwar immer ein bißchen über Politik gesprochen worden, aber nicht zu viel und auf nicht allzu einprägsame Weise. Die Mutter sei politisch nicht interessiert gewesen; der Vater zwar schon, aber eher beiläufig.

Eine wichtige Rolle spielte in diesem Zusammenhang Van der Bellens Großmutter, die er als „engagierte estnische Nationalistin" charakterisiert und die an politischen Debatten ihre Freude gehabt haben soll. Vielleicht könnte man aus diesem familiärem Umfeld und aus den Erfahrungen, die jemand zu machen gezwungen ist, der einen „nicht-österreichischen" Namen trägt, Rückschlüsse auf Van der Bellens besondere Sensibilität in Sachen Flüchtlings- und Integrationspolitik ziehen. Heute jedenfalls diskutiert Van der Bellen in seiner Familie über Politik, vor allem ganz ausführlich mit seiner Frau Brigitte.

„Hin und wieder sprechen wir darüber. Zum Beispiel über Schulpolitik, weil sie ja in einer Volksschule arbeitet, konkret etwa über die Integration fremdsprachiger Kinder. Aber auch sonst ist es, auf die Familie bezogen, einer der wenigen positiven Punkte meines Laufbahnwechsels, daß man viel mehr Sachen hat, über die man gemeinsam reden kann. Die Uni-Geschichten – was ich dort arbeite ist ja kein Konversationsthema. Anekdoten aus dem Klosterleben Universität haben in der Regel nur einen begrenzten Unterhaltungswert. Das ist für alle, die nicht in dieser doch etwas merkwürdigen Institution arbeiten, etwas ziemlich Fremdes. In der Politik kennt man gemeinsam die handelnden Personen, man überlegt sich taktisch-strategisch dieses und jenes, etwa, was die anderen machen werden und was wir. Die Kehrseite der Politik sind die langen Arbeitszeiten. Wenn ich nach Hause komme, schläft meine Frau in der Regel schon, da sie um 5.45 aufstehen muß. Da schlafe ich natürlich noch. Man sieht sich in der Regel also nur am Wochenende."

Van der Bellens Frau Brigitte hat großen Einfluß auf seine politische Tätigkeit: In der knappen Zeit, die gemeinsam verbracht wird, kommt es immer wieder zu politischen Gesprächen. Es kann als gesichert angenommen werden, daß der grüne Parteichef politische Entscheidungen von grundsätzlicher Bedeutung mit seiner Frau bespricht, bevor er sie trifft.

Wenn es aber – wie im Falle Van der Bellens – nicht das Elternhaus ist, das einen Menschen, der später Politiker wird, politisch prägt, was ist es dann?

Wenn man den jetzigen Partei-Chef nach Ereignissen befragt, die ihn beeinflußt haben könnten, wird deutlich, daß es Phasen in der österreichischen Innenpolitik gab, die zweifelsohne großen Einfluß auf den jungen Van der Bellen hatten. Sie stellen eine Art Fundament dar, auf dem sich vieles, was später kommen sollte, aufbaut.

„Einschneidende Erlebnisse, an die ich mich erinnern kann, waren zum Beispiel der Aufstand in Ungarn 1956. Das war ein großes Thema für uns. Hunderttausende Flüchtlinge kamen

30

über die Grenze. Und wir stellten uns die Frage: Was wird dort mit dem Sowjet-Regime? Meine Großmutter mütterlicherseits lebte damals noch. Da war ich zwölf. Ende der fünfziger Jahre, Anfang der sechziger Jahre war es dann ziemlich fad. Wirklich einschneidend war für mich die schwarze Alleinregierung."

Eine schwarze Alleinregierung, die vorher und nachher ohne Beispiel war. Bei den Nationalratswahlen 1966 erreichte die Österreichische Volkspartei 48,3 Prozent der abgegebenen Stimmen, die Sozialisten konnten 42,5 Prozent verzeichnen, die Freiheitliche Partei errang 5,3 Prozent. Dieses Wahlergebnis führte dazu, daß die ÖVP im Nationalrat eine absolute Mehrheit stellen (85 Mandate ÖVP, 74 SPÖ und 6 FPÖ) und bis 1970 eine monokolore ÖVP-Regierung mit Bundeskanzler Josef Klaus an der Spitze bilden konnte. 1970 verlor die Volkspartei die Nationalratswahlen. Die SPÖ gewann mit 48,4 Prozent der Stimmen deutlich hinzu, die ÖVP kam nur mehr auf 44,6, die FPÖ hielt bei 5,5 Prozent. Der Sozialist Bruno Kreisky zog daraufhin ins Kanzleramt am Ballhausplatz ein.

Jene Zeit also, in der Josef Klaus ohne Rücksicht auf einen Koalitionspartner regieren konnte, hinterließ bei Van der Bellen einen bleibenden Eindruck. Und zwar nicht gerade den besten: „Ich hatte das Gefühl, das ist Heimatfilm pur, was sich da abspielt, nämlich ein schlechter Heimatfilm. Die Gamsbärte haben die Macht übernommen, ohne, daß ich das damals so artikulieren hätte können." Die „Gamsbärte" sind dabei für Van der Bellen Symbol für alles, was sich unter den Begriff „konservativ" im schlechteren Wortsinn subsumieren läßt: Engstirnigkeit und Provinzialität. Als politische Kultur versteht man gemeinhin die Summe der in einem politischen System vorhandenen wahrnehmbaren Einstellungen und Gefühle des einzelnen dem System gegenüber. Gamsbärte waren in dieser Zeit offenbar ein unverzichtbares Utensil und halfen, die politische Kultur zu diesem Zeitpunkt sichtbar zu machen.

Die „konservative Welle" wiederholt sich neuerdings, und es sind wieder Symbole, die die politische Kultur auszudrücken vermögen: Von den „Gamsbärten" zu Politikern im Trachten-Look, die heutzutage wieder im wahrsten Sinne des Wortes die Runde im politischen Spiel machen, ist es offenbar nur ein ganz kleiner Schritt. Ganz gleich, ob hierzulande wieder ein verschrobener Heimat-Mythos beschworen wird oder die konservativen Parteien in Deutschland sich darin gefallen, den unsäglichen Begriff einer für alle verbindlichen „Leitkultur" zu kreieren. Das Bedürfnis, näher zu analysieren, was sich während dieser ÖVP-Alleinregierung abspielte, und sein Unbehagen auch selbst zu artikulieren, wurde bei Van der Bellen durch das berühmte Jahr 1968 ausgelöst, „so banal das heute auch klingen mag". In diesem Jahr manifestierte sich endgültig, was mit dem „Denken über Politik" gemeint ist. Denn das Jahr 1968 schuf die Voraussetzungen, die für „Denken über Politik" unumgänglich sind: Diskussionslust und Diskussionsebenen. Wieder kommt hierbei dem universitären Leben ein bedeutender Stellenwert zu, war doch dort der Ort für eine große und breit angelegte (gesellschafts)politische Debatte.

„Es war nicht so, daß sich damals weiß Gott etwas bewegt hat. Aber es war die Diskussionswut, die da plötzlich ausgebrochen ist. Aus heutiger Sicht ist das schwer nachvollziehbar. Da geht es nicht darum, daß da die Revolution ausgerufen worden wäre, was manche ja heute insinuieren. Von Pariser Zuständen waren wir meilenweit entfernt, es ging ja alles zivilisiert zu. Aber die Hörsäle waren gerammelt voll. Ich weiß gar nicht mehr, worüber wir diskutiert haben. Einmal mußte ich in einem überfüllten Hörsaal eine Diskussion moderieren und war restlos überfordert. Ich hatte so etwas noch nie vorher gemacht."

Wenn man sich also die Frage stellt, wann Van der Bellen tatsächlich begonnen hat, über Politik nachzudenken, und versucht, eine ungefährliche zeitliche Einordnung vorzunehmen, stößt man auf das Jahr 1968. Politisch zu denken bedeutet für Van der Bellen jedoch etwas anderes als Nachdenken über Politik. Der Unterschied zwischen diesen beiden Begriffen läßt sich so beschreiben: Nachdenken über Politik heißt, sich der Theorie-Ebene zu widmen, politische Ereignisse und Gedankengebäude zu analysieren und zu bewerten. „Politisch denken ist etwas anderes. Dreht Haider durch oder nicht, und wie agieren/reagieren wir?", so lautet Van der Bellens Definition; sie ist praxisnah und steht in enger Wechselwirkung mit politischem Engagement bis hin zum Politikersein.

Politisches Denken im allgemeinen Sinn begann bei Van der Bellen wohl noch bevor er „1975 oder 1976" der damals Sozialistischen, heute Sozialdemokratischen Partei beitrat.

„Die Beschäftigung mit der Ökonomie, der Finanzwissenschaft und der Volkswirtschaft ist ja etwas Politiknahes. Es ist manchmal schwer, irgendeine Ausnahmebestimmung zugunsten der Forstarbeiter zu verstehen, wenn man nicht gleichzeitig versucht, die politische Bewegung in Österreich im Kopf zu haben. Aber politisch engagiert im eigentlichen Sinn war ich nicht, bevor ich bei den Grünen im Nationalrat gelandet bin, weil auch in meiner Zeit bei den Sozialdemokraten hatte ich mit der SPÖ selbst wenig zu tun."

Van der Bellen und die SPÖ, das ist eine Geschichte für sich. Es muß, wenn man ihn darüber sprechen hört, keine besonders aufregende Zeit gewesen sein. Doch der Umstand, daß Van der Bellen damals einer politischen Partei beitrat, daß er begann, aus dem Nachdenken über Politik ein politisches Denken – wenn auch noch ohne übermäßige Begeisterung für die Organisation in einer Partei – zu formen, ist aus mehreren Gründen bemerkenswert. Erstens zeigt es, daß Van der Bellen schon damals mehr wollte, als sich lediglich für eine Politik bestimmten Inhalts zu interessieren. Zweitens, daß die negative Erfahrung mit politischem Engagement, die Van der Bellen in der SPÖ machte, nicht gleichbedeutend war mit dem Ende jeglicher Ambitionen in diese Richtung.

Und drittens könnte man vermuten, daß er schon damals – er war bereits Universitätsprofessor – ausloten wollte, ob es ihm gefallen würde, etwas politischen Einfluß – Macht wäre ein zu starker Ausdruck – zu erlangen. Für diese Vermutung spräche der Anlaß, aus dem Van der Bellen bei der SPÖ landete: Es war, wenn man es genau nimmt, ein Kräftemessen; ein universitäres und ein kleines zwar, aber immerhin.

„Die Sympathie war ab Bruno Kreisky bereits da, mir fehlte nur ein aktueller Anlaß, der dann für mich mit irgendeiner Streiterei auf der Uni, bei der ich auch persönlichen Angriffen ausgesetzt war, kam. Da habe ich gemerkt, daß die meisten meiner Unterstützer Sozialdemokraten waren. Einer von ihnen hat mich dann angesprochen, und so wurde ich Mitglied."

So richtig wohl gefühlt hat sich der Wirtschaftsprofessor in der SPÖ allerdings nicht, das wurde bald nach dem Erwerb des roten Parteibuches deutlich.

„Ich war für die SPÖ praktisch nicht tätig. Das kann man an einer Hand abzählen. Einmal hat mich Ferdinand Lacina, damals noch Kreiskys Klubchef (und später Finanzminister der SPÖ, Anm. d. Verf.), angerufen und mich ersucht, eine Stellungnahme zu einem Artikel in der ‚Neuen Zürcher Zeitung‘ zu verfassen. Salcher (Herbert, SP-Finanzminister von 1981 bis 1984, Anm. d. Verf.) hat damals einen Beirat im Finanzministerium eingerichtet, bei dem ich dabei war. Das war rot, schwarz und gesprenkelt und ist bald wieder eingeschlafen, weil wir uns schon im Beirat nicht einigen konnten. Ich war nur zwei- oder dreimal bei einer Sitzung der jungen

Generation in Innsbruck dabei. Da waren vielleicht fünf Leute, und damit war es dort auch schon voll. Da habe ich mich gefragt, was ich eigentlich dort mache. Auf reiner Vertrauensbasis war ich sicherlich 20 Jahre lang Mitglied in sozialpartnerschaftlichen Diskussionsgruppen. Das hätte sich auch so ergeben können, dafür ist die Partei-Mitgliedschaft keine Voraussetzung. Aber die Zuordnung ist dort wichtig, und im Nachhinein gesehen hat sich das als Hemmschuh für die Entwicklung sogenannter ‚Think tanks‘ herausgebildet. Was in den sechziger und siebziger Jahren kein Problem war, nämlich die Zugehörigkeit zu einer Partei, wurde in den achtziger und neunziger Jahren obsolet."

So blieb Van der Bellen bei den Sozialdemokraten weitgehend unausgelastet. Wenn man Mitglied einer Partei ist, glaubte er, gebe es eine gewisse Mitverantwortung für die Dinge, die mit einer Partei passieren oder nicht passieren. Bewußt wahrgenommen, nämlich als gestalterische Möglichkeit, habe er diese Mitverantwortung nicht. Als ihn die SPÖ Ende der achtziger Jahre aus den Archiven in der Löwelstraße, dem Sitz der SP-Zentrale, entfernte, sei dies deshalb eine „große Entlastung" für ihn gewesen. Entfernt übrigens, weil die Zahlung der Mitgliedsbeiträge eher schleppend verlief.

Der damalige Schritt, Van der Bellen „aus den Archiven zu entfernen", wird heute auf Seiten der Sozialdemokratie mehr oder weniger offen bedauert. Mit gutem Grund: In der Verfassung, in der sich die SPÖ derzeit präsentiert, hätte ein Van der Bellen als Personalreserve sicherlich nicht geschadet. Denn seit dem Rückzug des ehemaligen Bundeskanzlers Viktor Klima aus der Politik sorgt der personelle Zustand der Partei für Diskussionen. Der Umstand, daß Alfred Gusenbauer, wie selbst verkündet, bei der nächsten Nationalratswahl auf jeden Fall den Kanzlerkandidat der SPÖ stellen will, dürfte keineswegs überall auf Beifall stoßen. Noch dazu, wo sich für diese Partei ganz deutliche Schwierigkeiten bei ihrer politischen Arbeit auftun. So beantragte die SPÖ eigens eine Sondersitzung des Nationalrates zum vermeintlich populären Thema „Lohnsteuersenkung". Diese Sondersitzung wurde vom ORF live übertragen, sollte also der SPÖ auch medial nutzen. Das Gegenteil war freilich der Fall: In dem Antrag, mit dem die Sondersitzung begründet worden war, stand die Forderung nach einer „Senkung des steuerlichen Arbeitnehmer- und Pensionistenabsetzbetrages um je 3500 Schilling" zu lesen – was de facto einer Steuer*erhöhung* gleichkommt. Eingebracht hat diesen peinlichen Vorschlag niemand geringerer als der Vorsitzende der Sozialdemokraten selbst, Alfred Gusenbauer. Manch einer fragt sich da, was es eigentlich noch braucht, damit in der SPÖ eine Debatte über die Leistungen ihres Obmanns beginnt.

Es ist schwierig abzuschätzen, ob eine derartige Panne auch dem Partei- und Klubchef der Grünen passieren könnte. Ob etwa ein Antrag eingebracht werden könnte, der irrtümlich das Forcieren von Atomkraft fordert – das wäre wohl das passende Gegenstück zum Vorschlag der SPÖ. – Selbst bei vorsichtiger Bewertung der Dinge wird mal wohl eine verneinende Antwort geben können: Das gängige Vorurteil, daß Professoren stets so etwas wie Zerstreutheit anhafte, trifft zwar auch auf Alexander Van der Bellen zu (er teilt sich seine geistigen Ressourcen genau ein und verzichtet zum Beispiel auf ein Namensgedächtnis). Ein derart schwerer Fehler würde ihm dennoch kaum unterlaufen – schon alleine deshalb, weil Van der Bellen in der Regel die von ihm unterzeichneten Schriftstücke peinlich genau unter die Lupe nimmt. Da muß nicht nur der Inhalt stimmen, sondern auch Rechtschreibung und Beistrichsetzung. Gleiches gilt auch für die Erstellung von Redemanuskripten und dergleichen. (In dieser Hinsicht muß Van der Bellen als regelrechter „Tüftler" bezeichnet werden: Erst schreibt er einen Satz, dann den zweiten, dann löscht er den ersten wieder weg und so weiter. Eine Geduldsprobe für ihn selbst und alle Beteiligten.)

Ganz ohne Nutzen für die Sozialdemokratie war in den Augen manch prominenter Vertreter der Partei das frühere Engagement Van der Bellens jedenfalls nicht, zumindest, wenn man den Begriff der „Umwegrentabilität" bemüht. So tritt der frühere SP-Finanzminister und Industrielle Hannes Androsch dafür ein, bei einer entsprechenden Mehrheit im Nationalrat das Projekt einer rot-grünen Bundesregierung ins Auge zu fassen. Seine Begründung dafür: Van der Bellen habe schließlich in der Sozialdemokratie mit Politik begonnen. Das spreche für die Stimmigkeit einer rot-grünen Koalition.

Van der Bellen selbst war nach seinem Ausschluß aus der SPÖ, so formuliert er es, erleichtert, sich endlich nicht mehr für diese Partei verantwortlich fühlen zu müssen. Am Anfang war freilich nicht Ernüchterung, sondern Begeisterung gestanden, Begeisterung wie bei vielen, die sich damals für die politischen Verhältnisse im Land interessierten und sich von einer Person dabei ganz besonders angesprochen fühlten. Van der Bellen hatte sich von der Lichtgestalt der SPÖ, Bruno Kreisky, verführen lassen, „ein Stück des Weges" mit ihm zu gehen.

Bruno Kreisky gab Österreich als Bundeskanzler von 1970 bis 1983 eine Perspektive wie kein anderer Politiker der Zweiten Republik. Außenpolitisch spielte Österreich in dieser Zeit, gemessen an seiner geographischen Größe, eine überproportionale Rolle. Und in der Innenpolitik sorgte Kreisky für einen frischen Reformwind, vor allem in der Bildungs- und Sozialpolitik. „Vollbeschäftigung" war das Ziel, dem vieles untergeordnet wurde. Das alles hatte seinen Preis, und zwar durchaus im Wortsinne. Kreisky verpackte sein politisches Credo in einen Satz, der sich in den Geschichtsbüchern findet und zu denen gehört, die auch lange Zeit nach ihrer Äußerung noch in Erinnerung bleiben, in den nämlich von den paar Milliarden Schilling Schulden, die ihm, Kreisky, weniger schlaflose Nächte bereiten würden als ein paar hunderttausend zusätzliche Arbeitslose.

Diese Art der Arbeitsmarktpolitik belastete das Bundesbudget natürlich, und noch heute meinen manche Politiker, sie müssten eigentlich nur deshalb Politik machen, um den Schaden von damals, an dem Österreich bis heute zu knabbern habe, wiedergutzumachen. Bruno Kreisky weckt noch immer, mehr als ein Jahrzehnt nach seinem Tod, ein hohes Maß an Emotionen. Für die einen war dieser Bundeskanzler einfach zu groß für Österreich oder größenwahnsinnig; für die anderen der „Sonnenkönig", in dessen Schein Österreich auf der Weltbühne endlich zu glänzen vermochte. Zwischen diesen beiden Polen gibt es kaum Abstufungen in der Begeisterungs- bzw. Ablehnungsskala.

Van der Bellen bemüht sich um ein differenziertes Bild. Ein Bild, das nicht unkritisch ausfällt und jedenfalls anders als in seinen jungen Jahren.

„Über Kreisky sollte ich noch ein paar Sätze sagen, denn meine damalige Einstellung zu ihm unterscheidet sich sehr von meiner heutigen. 1970 war ich erst 26 Jahre alt. Sicherlich ein Alter, in dem man Heldenverehrung noch nicht mit allzu gerunzelter Stirn betrachten muß wie etwa bei einem Fünfzigjährigen. Kreisky hat für mich die kulturell-liberale Öffnung verkörpert wie niemand zuvor und niemand danach. Rückblickend ist schwer zu verstehen, warum wir uns auch so vieles von Kreisky bieten haben lassen. Die ausfallenden Worte gegen Simon Wiesenthal und gegen Israel. Er hat Wiesenthal unterstellt, ein Nazi-Kollaborateur gewesen zu sein. Kreisky war nicht davor gefeit, Dinge zu tun und zu sagen, die wir heute allenfalls von Haider erwarten würden. Es gab damals zwar Diskussionen, aber unter dem Strich hat er das alles überstanden. Einem politischen Genie wie Kreisky passiert es nicht, daß er drei oder vier ehemalige Mitglieder der NSDAP in seinem Kabinett hat. Das hat er wohl mit Absicht gemacht. Ein Signal an diese Wählerschicht, um die ‚victory margin' um ein paar Prozente zu vergrößern. Solche Dinge sind für mich im nachhinein besonders störend. Die Nichtbeschäftigung mit der Nazi-Vergangenheit eines Teils von Österreich im Gegensatz zu Deutschland: Eine Ironie der Geschichte ist nicht zuletzt das Versagen Kreiskys in diesem Punkt. Das ist mein ambivalentes Verhältnis zu Kreisky, ganz abgesehen von seinen autoritären Zügen, die ja schon damals bekannt waren und denen sich die SPÖ unterworfen hat. Es gab zwar keine Statutenänderungen wie bei der FPÖ, aber es ging doch in Richtung Führerkult. Mir ist das damals nicht so aufgefallen."

Van der Bellen geht heute mit Kreisky hart ins Gericht. Im Gespräch ist ihm anzusehen, daß es ihm nicht leichtfällt. Was aber bleibt, ist die Anerkennung jener von Kreisky bewirkten politischen Öffnung, die heutzutage in den Augen des grünen Parteichefs deutlich gefährdet ist. Um die Aufrechterhaltung dessen, was Kreisky damals in Österreich geschaffen hat, müsse man nun wieder recht mühsam kämpfen.

„Diese Öffnung, das ist nicht etwa ein sicheres Fundament, das man errichten kann, sondern etwas, das man alle zehn Jahre neu erstreiten muß. Das Weltbild, das die FPÖ gerne verwirklichen würde, ist nun gerade das Gegenteil von dem, was ich mir unter einem liberalen und weltoffenen Österreich vorstelle. Das ist nicht nur die FPÖ alleine, was sehr deprimierend ist. Der ÖVP ist das egal oder sie sympathisiert damit. Die Volkspartei nimmt das nicht als langfristiges Problem wahr. Hatte nicht ein Nachrichtenmagazin Schüssel mit dieser ihm absolut nicht passenden Lodentracht auf dem Cover? Mit der Musikkapelle und dem Taktstock? Ich möchte nicht mißverstanden werden, ich habe nichts gegen Musikkapellen. Alles, was den Leuten Spaß macht, ist okay. Wenn ich ein Bub auf dem Land wäre und halbwegs musikalisch, natürlich. Ich war ja selber Mitglied im evangelischen Posaunenchor in Innsbruck. Aber die Symbolik, die da rüberkommt: Das ist Josef Klaus 1968. Oder das unselige Liederbuch! Daß der

Molterer (Wilhelm, ÖVP-Landwirtschaftsminister, Anm. d. Verf.) bei so etwas mitmacht. Ein hochintelligenter und gebildeter Mensch, wie ich vermute, daß der sich auf diese Symbole einläßt. Es geht nicht darum, den Leuten etwas zu vermiesen. Dabei muß man sehr vorsichtig sein. Nur weil einem selbst der Villacher Fasching nicht gefällt, muß man den Leuten, die ihn super finden, nicht den Spaß vermiesen. Aber der Bundeskanzler als Repräsentant … Ich meine, ich weiß ja, wie solche Sachen passieren: Man kommt wohin und irgendjemand hängt dir etwas um und du kannst es halt nicht ablehnen. Aber um so etwas zu konterkarieren, muß man halt dann andere Sachen machen, andere Signale aussenden. Wenn du das unterläßt, dann bleibt dieses eine Bild an dir hängen."

Ist Kreisky also der Mann, der Van der Bellens politischen Instinkt geweckt hat? Mit Sicherheit hat ihn diese Persönlichkeit dazu animiert, aktiv ins politische Geschehen einzusteigen. Er war der Impulsgeber, der den Wirtschaftsprofessor veranlaßte, über das vorhandene Interesse an den Ideen Kreiskys hinaus politisch tätig zu werden. Doch nach der „Heldenverehrung", wie es Van der Bellen selbst formuliert, kam die nüchterne, nicht ganz schmerzfreie Analyse. Taugt ein Politiker wie Bruno Kreisky nun als Vorbild für einen, der heute selbst politisch tätig ist? Den Grünen-Parteichef befällt ein deutliches Unwohlsein, wenn er das Wort „Vorbild" vernimmt, das für ihn offenbar deutlich negativ besetzt ist. Im Begriff „Vorbild" schwingt für ihn etwas mit, was man als „autoritären Beigeschmack" bezeichnen könnte. Oder hält Van der Bellen etwa aus mangelnder Fähigkeit zur Selbstkritik nichts davon, sich an anderen Politikern ein Beispiel zu nehmen? Auch der gesprächsweise Versuch, den ungeliebten Ausdruck durch das viel freundlicher besetzte Wort „Inspiration" zu ersetzen, kann den grünen Parteichef nicht dazu bewegen, zu erzählen, welche politischen Köpfe dazu geeignet wären, sich an ihnen zu orientieren.

Ganz so originär, wie man nach diesen Ausführungen glauben könnte, ist Van der Bellens Denken jedoch natürlich nicht: Anstöße, die er in seine praktische politische Arbeit aufnimmt, gibt es. Nur entspringen sie in den seltensten Fällen den Klassikern der politischen Theorien- und Ideenlehre. Seine Frau Brigitte etwa wurde schon erwähnt. Und „beeindruckend" – ein weiteres jener Wörter, um das im Gespräch gerungen wurde – aus der Welt seiner Artgenossen findet er natürlich auch jemanden:

„Zwischen 15 und 25 Jahren hat mich Kennedy beeindruckt, der, wenn er nicht ermordet worden wäre, vermutlich zehn Jahre später für die USA so etwas bedeutet hätte wie Kreisky für uns. Vorbilder? Das klingt mir zu schülerhaft. Gerade in der Zeit, in der man sonst so geprägt wird, also in der Oberstufe des Gymnasiums und während des Studiums – also meine Freunde und ich hatten keine Vorbilder. Wir waren kulturelle Anarchisten. In der Deutschstunde mußte ich einmal einen Vortrag halten. Dafür hatte ich mir ‚Warten auf Godot' ausgesucht. Niemand kannte das Stück oder Beckett, und außerdem war den Leuten der Inhalt unbegreiflich. Mir aber hat es gefallen. Im nachhinein kann es kein Zufall sein, daß dieses Stück, das von nichts handelt, für meine Freunde und mich sicherlich ein besseres Bild für die Realität war als irgendein physisches positives Vorbild. Wir waren sehr brave Schüler. Wenn ich denke, daß ich jahrelang Klassensprecher war und wie viel wir uns damals haben bieten lassen. Da treibt es mir heute noch die Schamesröte ins Gesicht."

Das aus dem Griechischen stammende Wort „Anarchie" bedeutet bekanntermaßen „Herrschaftslosigkeit". Ihr Prinzip ist die Abschaffung jeglicher äußerer Zwänge auf den einzelnen (wenn es denn sein muß, auch mit Gewalt) und die Betonung der Freiwilligkeit. Wenn sich Van der Bellen im Rückblick als „kultureller Anarchist" bezeichnet und sich an keine Vorbilder, dafür aber

41

an das Beckett-Stück „Warten auf Godot" erinnert, fügt sich das alles stimmig zusammen und läßt tatsächlich auf etwas schließen, was einer anarchistischen Phase in diesem Lebensabschnitt gleichkommen mag. Das wiederum zeigt: Nicht jeder, der später einmal Politiker werden will, muß sich schon in seinen jungen Jahren den Kopf über Grundsatzfragen der Politik zerbrechen. (Problematisch wird es nur, wenn sich daran nichts ändert, sobald man zum Berufspolitiker geworden ist.)

Doch zurück zu jenen Menschen, die Van der Bellen „beeindruckend" findet: Nelson Mandela ist so einer, wenngleich er ihn nicht bei seiner politischen Arbeit inspiriert („Wir leben halt nicht in Südafrika").

„Beeindruckt hat mich auch, wie der spanische König den Übergang von der Franco-Diktatur in die Demokratie gefördert und begleitet hat. Bei diesem einen Putschversuch hat er absolut richtig, korrekt und spontan gehandelt. An Politikern bin ich zu nahe dran, um sie inspirierend zu finden. Olof Palme war auch eine bedeutende Figur. Ähnlich wie Kreisky fuhr er mit dem kleinen Schweden einen sehr eigenständigen Kurs und war beispielgebend in der Entwicklungspolitik und in der Entwicklungshilfe, im Verhältnis zur sogenannten Dritten Welt. Eine Inspiration spielt sich für mich viel indirekter ab, mehr assoziativ, nicht auf der kognitiven Ebene. Wenn ich mich zum Beispiel vor dem Fernseher verhocke mit einem Film über die britischen Soldaten in Bosnien während des Krieges, dann ist das für mich viel prägender, also das beschäftigt mich dann, ist prägender in meinem Versuch, Positionen zu finden, wie man sich in Krieg und Frieden verhält, Positionen zur Einstellung zum Militär und den Einsätzen, als wenn ich mir eine Rede von Solana (früher Generalsekretär der NATO und nun „Hoher Repräsentant" einer gemeinsamen europäischen Außenpolitik, Anm. d. Verf.) durchlese. Wobei ich mich jetzt gar nicht erinnern kann, je eine Rede von Solana gelesen zu haben. Was wichtig ist, läuft anders ab. Zum Beispiel: Dein Blick fällt auf die Birke vor dem Schlafzimmerfenster, die dich plötzlich darüber nachdenken läßt, was Schönheit in der Stadt sein kann."

Die Sache mit der Inspiration für die politische Arbeit scheint also viel einfacher zu sein, als man es zunächst annehmen möchte, zumindest bei Van der Bellen. Der Wirtschaftsprofessor greift gerne zum Buch und holt sich dort Anregungen. Er gehört aber vor allem zu jenen Menschen, die selbst zu später Stunde ihr Fernsehgerät einschalten, um sich Informationen zu besorgen, die ihn wiederum zum Nachdenken anregen.

Es gibt allerdings einen Akteur in der Geschichte, mit dem sich der grüne Parteichef intensiver auseinandersetzt als mit allen anderen. Über ihn liest er Bücher und sieht einschlägige Dokumentationen; er möchte ihn genau kennen- und so verstehen lernen, was sich in den Zellen dieses Gehirnes abgespielt hat: Adolf Hitler. Ausgerechnet dieser Mann ist es, der in Van der Bellen die Neugier nach mehr Wissen weckt; Wissen, um zu verstehen. Aber läßt sich dem Unfaßbaren überhaupt durch Wissen beikommen?

„Ich rätsele wie Millionen: Wie war das möglich. Daß so eine Figur, die man heute als lächerlich empfindet, unter den damaligen Verhältnissen die Katastrophe auslösen konnte. Daß er das, was schon da war, noch potenzieren konnte. Daß sich ausgerechnet die Deutschen auf den eingelassen haben. Eine Art Negativ-Inspiration ist er."

Bei allen Bemühungen ist Van der Bellen nicht sehr zuversichtlich, dieses Rätsel für sich lösen zu können. Er hat keine zureichende Antwort auf die Frage nach dem Warum. Vergebens ist die Beschäftigung mit der Person Adolf Hitlers freilich nicht:

„Bis zu einem gewissen Punkt wird man klüger. Wenn man sich die ganze Vorgeschichte vergegenwärtigt, den verbreiteten Antisemitismus vor 1933, das anti-demokratische Ressentiment in den sogenannten gebildeten Klassen, seine Dominanz an den Universitäten und den bürgerlichen Schichten. Alles, was schon da war und von Hitler benutzt und auf die Spitze getrieben wurde – bis hin zum ‚point of no return‘. Neulich kam ich um Mitternacht nach Hause, ich trinke noch ein Bier, schalte den Fernseher ein und da lief eine Dokumentation über Hitler. Mit vielen Bildern über die Zustimmung in der Bevölkerung, inklusive der geradezu erotischen Identifikation von Frauen mit Hitler. Wenn man diese Gesichter anschaut ... das kann man dann höchstens noch mit den Beatles vergleichen. Das kontrastiert völlig mit der Person, so wie man sie heute sieht. Mit diesem relativ häßlichen, uninteressanten Menschen, mit einer Stimme, die man heute nicht hören kann, der heute auch etwas Lächerliches an sich hat. Das gehört mit Sicherheit zu den Punkten, die mir unbegreiflich sind. Die Akzeptierung, oder besser: das Nicht-Wahrhaben-Wollen der physischen Vernichtung, das Wegschauen – es kann mir niemand einreden, daß das niemand gewußt hat. Das ist ja lächerlich. Es bleibt einfach ein unerklärlicher Rest. Sowohl, was die Faszination der Person Hitler anbelangt wie die Bereitschaft, zu akzeptieren, mitzugehen und keine Fragen zu stellen. Ich weiß schon, daß man in einem totalitären Staat ab einem gewissen Zeitpunkt keine Fragen mehr stellt, aber das gilt ja im wesentlichen erst nach dem Kriegsausbruch oder später. Vorher war die Begeisterung da. Das alles kann man aus solchen Büchern lernen: Wie sich die Dynamik der Zustimmung entwickelt hat, nämlich durch die Erfolge, die er in den ersten fünf Jahren, einen nach dem anderen, eingefahren hat und dadurch sein Prestige erhöhen konnte. Ich frage mich manchmal, wie so etwas beginnt. Deswegen bin ich auch so übertrieben etikettebewußt, was den Respekt vor Institutionen angeht. Das Hohe

44

Haus und den Umgangston dort oder die Beschimpfungen gegen den Bundespräsidenten. Bei diesen Attacken geht es nicht nur darum, daß man so etwas (nämlich: den Bundespräsidenten einen Lumpen zu nennen oder die österreichische Polizei mit der Gestapo zu vergleichen) nicht macht, sondern was alles sein kann, wenn das systematisch über längere Zeit passiert. Ich bin der letzte, der irgendeinen Präsidenten für sakrosankt erklärt, aber in welchem Stil kritisiert man ihn, wenn man ihn kritisiert? Das Untergraben von Institutionen kann auf vielfältige Art passieren, und eine davon ist diese Art der unflätigen Artikulationen."

Der Hilflosigkeit, das Rätsel Hitler nie völlig auf- und erklären zu können, entspringt also ein Gefühl des Unbehagens, der Unsicherheit, aber auch der Gewißheit, daß Wachsamkeit not tut.

„Das Unbehagen wird bleiben. Fünfzig Jahre nach seinem Ende werden noch immer sehr kluge, aber nicht abschließende Bücher über dieses Phänomen geschrieben, wie die beiden Bände von Kershaw (Ian Kershaw, britischer Historiker und ausgewiesener Experte mit zahlreichen Veröffentlichungen zu Adolf Hitler, Anm. d. Verf.). Das Unbehagen bleibt. Wenn das den Deutschen passieren kann, kann es anderswo auch passieren. So sicher man sich auch fühlen mag."

Gleich, ob man sich der Politik über die Philosophie oder über die eingehende theoretische Beschäftigung mit den dunkelsten politischen Kapiteln der Menschheitsgeschichte nähert, ob man sich in der Praxis und als Politiker versucht oder auch nur ein durchschnittliches Grundinteresse an Politik aufweist – eines schließt das andere nicht aus: Irgendwann stößt man mit seinen Gedanken einmal auf die Grundfrage: der, was Politik sei. Was ist es, worüber die Menschen reden, worüber sie schreiben, worüber sie schimpfen, worüber sie begeistert sind – mit all den damit verbundenen Folgen? Politiker machen Politik. Aufs erste wird die Richtigkeit dieser Behauptung wohl niemand bestreiten wollen. Auch, was Politiker sind, ist relativ unumstritten: Menschen, die sich für die Gesellschaft, in der sie leben, interessieren, sie zum besseren hin beeinflussen wollen und sich für diesen Zweck engagieren – in Parteien, doch das ist keine zwingende Voraussetzung, in Interessensvertretungen oder in politischen Ämtern. Oft sitzen sie auch im einen oder anderen Parlament.

Manchmal, wie im aktuellen Fall, kommen auch mehrere Funktionen zusammen: Van der Bellen ist Chef einer Partei, gleichzeitig im Nationalrat und Klubobmann der Grünen im Parlament. Auch er gehört zu jener Gruppe von Menschen, an denen der Philosoph Karl Jaspers kein gutes Haar läßt: „Diese Politiker scheinen heute wie die der zwanziger Jahre (mit wenigen Ausnahmen) unsichere und ungewisse Gestalten zu sein. Ihre Gebärde täuscht. Sie möchten, was sie nicht können. Sie stehen nicht aufrecht, wenn es wirklich ernst wird." Jaspers macht in einer atemberaubenden Aufzählung deutlich, was für ihn ein Politiker leisten muß:

„(…) damit meine ich einen Menschen, der es wagen kann, offen zu sein, der glaubwürdig spricht, sich nicht entzieht, nicht ausweicht, – der einfach und überzeugend wirkt –, der zu sich und seiner Sache steht, – der unter der Macht einer großen Sache, mit ihr identisch, ohne Eitelkeit, aber mit hohem Ehrgeiz, jene Zuverlässigkeit gewinnt, die noch angesichts der Katastrophe standhält, – der sichere Urteilskraft auch im Augenblick der Gefahr hat, – der Mut hat in hoher Besonnenheit, – der die Angst der Freiheit kennt, – der keine unnoblen Mittel anwendet. Er weiß, was er will. Er wird nicht ratlos. Er steht freien Hauptes unter dem Himmel und fest auf der Erde. Er erblickt die weitesten Horizonte und handelt im Nächsten, Gegenwärtigen. Seine Rede ist klar und einfach und in ihr ist er selbst. Er sagt immer dasselbe, das in der Undeutlichkeit der Realität alles zusammenhält, aber selber nicht geradezu aussagbar ist, sondern durch die

Denkungsart und die Urteilskraft sich in jeder Lage neu bezeugt. Mit ihm kann jeder, der er selbst, das heißt frei ist, reden und sich verstehen. Er sagt es, wenn er nicht weiß. Er erkennt, wo er geirrt hat, gibt es zu und korrigiert. Er kennt sein Maß; er überschätzt nicht seine Kräfte. Er kann verzichten, aber er ist seiner gewiß im Rahmen dessen, was er kann und auf sich nimmt. Er läßt sich nicht vergöttern, sondern will überzeugen. Er ist frei und will, daß jeder frei sei. Er scheitert, wo diesem Anspruch nicht genügt wird. Er hat keine Gebärde persönlicher Größe, setzt sich nicht in Positur. Und bleibt ein begrenzter Mensch."

Was Jaspers hier beschreibt, ist wohl ein realiter unerreichbares Idealbild des Berufspolitikers. Es würde den Rahmen sprengen, hier die Untersuchung anzustellen, inwieweit alle wichtigen derzeit in Österreich handelnden Politiker diesen zitierten Eigenschaften entsprechen. Wenn man nachprüft, wie es sich in dieser Hinsicht mit dem Chef der Grünen Partei verhält, wird man feststellen, daß er doch zumindest das eine oder andere Jaspersche Kriterium zu erfüllen vermag. Welche das sind, darüber will nicht zuletzt auch dieses Buch Aufschluß geben.

Wenn man Van der Bellen selbst danach fragt, was es brauche, um ein guter Politiker zu sein, vernimmt man keine aufwendige Aneinanderreihung von Kardinaltugenden. Der Wirtschaftsprofessor faßt sich in diesem Punkt kurz, ohne kurzsichtig zu sein: „Um ein guter Politiker zu sein", sagt er, „muß man Geduld haben und Nerven behalten. Den richtigen Zeitpunkt abwarten können, ihn intuitiv einschätzen können. Es gibt unzählige Beispiele für Situationen, in denen jemand zwar Recht hatte, aber zum falschen Zeitpunkt." Warum er eigentlich Politiker geworden ist, darüber muß Van der Bellen lange nachdenken:

„Was war damals, als man mich gefragt hat, die Alternative? Noch 15 bis 20 Jahre an der Universität zu sein? Das mache ich zwar wirklich gerne, aber ich kannte es schon einigermaßen. Ich war wirklich neugierig, und wenn man 50 ist, hat man nicht mehr so viele tolle Möglichkeiten. Außerdem hatte ich damals noch die Illusion, etwas gegen die Haider-FPÖ beitragen zu können."

Neugier, Nerven und das Gefühl für den richtigen Zeitpunkt, diese Qualitäten sind es also für Van der Bellen, die einen guten Politiker ausmachen. Doch mit der zunehmenden politischen Bedeutung des Klubobmanns werden auch die Schattenseiten des Politikerseins mehr:

„Wenn ich an meinem Beruf etwas nicht mag, ist es, wieviel Energie man aufwenden muß, um nicht jede Zeitsouveränität zu verlieren. Einerseits muß man sie verlieren, denn es ist unmöglich, meinen Terminkalender selbst zu führen, das geht nicht. Andererseits ist die Gefahr, alle zwanzig Minuten zu einem neuen Termin rennen zu müssen und dann aus dem Kopf heraus etwas zu sagen, schon sehr groß. So bin ich froh, nicht die natürliche Tendenz zu haben, immerzu im Mittelpunkt stehen zu wollen. Ich mag auch den Verlust der Anonymität nicht. Allerdings ist es nett, wenn ich zum Beispiel nach Gersthof zum Frisör gehe und mich drei Leute begrüßen. So etwas Dörfliches wäre mir früher nie passiert. An der Grenze ist manchmal auch die physische Beanspruchung. Es gelingt mir oft nicht, diese Grenze richtig einzuschätzen."

Womit die Nachteile des Politikerdaseins aufgelistet wären: Enorme Arbeitsbelastung, die physisch und psychisch Kraft kostet, auch wenn eine breite Öffentlichkeit diesem Faktum Vorurteile à la „Die tun eh nix außer reden" entgegenhält. Verlust der Privatsphäre. Auch, wenn Van der Bellen sagt, daß er es nett findet, wenn er auf der Straße gegrüßt wird: Sein Bekanntheitsgrad ist nicht etwas, worüber er sich übermäßig freut. Als Konsequenz daraus versucht er, seine Privatsphäre so weit wie irgend möglich zu schützen und sich räumliche Rückzugsgebiete zu erhalten, die etwa für Journalisten weitestgehend tabu sind.

Was es mit dem Politikersein also auf sich hat, wurde damit kurz angedeutet. Doch was macht ein Politiker? Politik, ja – aber was versteht man darunter? Und vor allem: Was verstehen die Politiker unter Politik? – ‚Konflikt und Konfliktlösung‘ wäre eine mögliche Beschreibung. Doch Beschreibungen dafür, was Politik eigentlich sei, gibt es viele, und häufig kommt dabei die „Macht" ins Spiel. Politik kann also auch bedeuten, „machiavellistisch" zu denken und zu handeln. Machiavelli hat Politik folgendermaßen definiert: Politik sei die Summe der Mittel, die nötig seien, um zur Macht zu kommen, sich an der Macht zu halten und von der Macht den nützlichsten Gebrauch zu machen.

Max Webers Definition klingt recht ähnlich: Politik, meint er, würde das Streben nach Machtanteil oder nach Beeinflussung der Machtverteilung heißen, sei es zwischen den Staaten selbst oder den Menschengruppen, die in einem Staat leben. Macht, die Chance also, den eigenen Willen durchzusetzen (wieder Max Weber), ist demzufolge ein entscheidender Bestandteil der Politik. Politik ist Macht und Macht ist eigener Einfluß. Mit dieser sehr reduzierten Ansicht müssen zunächst auch die Grünen leben, selbst, wenn der eine oder andere in der Partei das nicht gerne sieht. Sie nehmen an Wahlen teil, um Wählerstimmen zu gewinnen und damit ihre Durchsetzungsmöglichkeiten zu verstärken. Und sie wollen Regierungskoalitionen bilden, sich am Prozeß des Regierens beteiligen, damit sie ihre eigenen politischen Vorhaben besser als in der Opposition durchsetzen können. Das alles scheint, wenn man sich an die Anfänge der Grünen Bewegung in Österreich zurückerinnert, aus deren damaliger Sicht widersprüchlich – nicht aber, wenn man sich die Entwicklung der Partei vor Augen hält.

Diesen Politik-Definitionen, die das Machtelement streng betonen, stehen wieder andere gegenüber. Die anglo-amerikanische Politikwissenschaft versucht, sich der Problematik mit der sprachlichen Teilung des Politik-Begriffes zu nähern. „Polity" ist die institutionalisierte Politik; „politics" bedeutet den politischen Prozeß an sich, und „policy" meint die Politikinhalte. So umfaßt das Begriffsfeld Politik drei Dimensionen: Politik heißt demnach, sich mit der Verfassung und den Organen eines Staates auseinanderzusetzen, sie zu benützen, gleichsam die Spielregeln zu beherrschen und auf der inhaltlichen Ebene die eigenen Vorstellungen einzubringen. Soweit die Theorie. Aber nützt sie dem, der sich mit Politik professionell auseinandersetzt? Tatsächlich kann sie Impulse geben, den Politiker, der sich mit ihr auseinandersetzen sollte, zum Nachdenken anregen über das, was er eigentlich tut. Reflexion und Selbstreflexion, dieses Begriffspaar ist auch für Van der Bellen von großer Bedeutung.

„Der Max Weber und sein Wille zur Macht – ich glaube, Politik ist viel mehr als das. Ich denke mir, ob es nicht das Wesentliche ist, Sicherheit zu geben." Politik ist laut – dem als Ökonom in dieser Sache eigenen Angaben zufolge „belasteten" – Van der Bellen also das Bemühen, den Menschen Sicherheit zu vermitteln.

„In unseren Augen ist der Staat da, um gewisse Rahmenbedingungen festzulegen, sie kalkulierbar zu machen, so daß dann die Anarchie des Marktes funktionieren kann. Für mich übrigens ein positiver Begriff: ungesteuert, dezentral, das meine ich damit. Anarchisch in diesem Sinn. Der Staat ist die Zentralisierung von Gewalt. Das ist vielleicht ein starker Ausdruck, aber bei der Polizei sieht man ja, daß er auch das ist. Man muß ihn dort einsetzen, wo der sich selbst überlassene Markt nicht die Ergebnisse bringt, die man sich wünschen würde."

Der grüne Parteichef beschreibt damit ein System, das aus zwei grundlegenden Eckpfeilern besteht: dem Markt, der im Idealfall von außen unbeeinflußt funktioniert, und dem Staat. Der Staat hat das Gewaltmonopol. Nicht nur im eigentlichen und angesprochenen Sinn der exekutiven Gewalt, der Staat muß auch in den Markt steuernd eingreifen, wenn von dort Ergebnisse kommen, die den Zielvorstellungen der Politik nicht entsprechen.

Genau hier kommt der Begriff der „Sicherheit" zum Tragen. Die vornehmste Aufgabe der Politik, denkt Van der Bellen, sei es, den Menschen jene Sicherheit zu vermitteln, die sie im System des anarchischen Marktes brauchen. Dieser Sicherheitsbegriff ist jedoch kein eindimensionaler, er geht vielmehr weit über den ökonomischen Aspekt hinaus:

> „Es gibt die wirklich großen Sachen und die Details. Etwa die Sache mit dem FP-Justizminister Dieter Böhmdorfer (ehemaliger Anwalt des FPÖ-Parteichefs Jörg Haider, Anm. d. Verf.): Da habe ich das Gefühl, daß es ums Eingemachte des Rechtsstaats geht. Ob die Familienbeihilfe um hundert Schilling gekürzt oder erhöht wird … das ist halt die Technik der Sozialpolitik, wo man sagen kann, das kann man so oder so machen. Das geht nicht so tief wie diese Rechtsstaat-Geschichte. Auch über die Pensionsreform kann man verschiedener Ansicht sein. Aber, daß die Leute die Sicherheit haben müssen, damit sie nicht unter die Räder kommen, wenn sie einmal älter werden, das ist eine zentrale Staatsaufgabe und damit die der Politik. Vielleicht ist es leichter, sich dem Thema zu nähern, wenn man negative Beispiele hat. Was funktioniert in Russland alles nicht? In erster Linie der Rechtstaat: die Gerichte, die Polizei, daß man sich darauf verlassen kann, was im Gesetzbuch steht. Unter solchen Bedingungen kann man weder ökonomisch noch sonst irgendwie reüssieren."

Was so einfach klingt, wenn Van der Bellen über Politik- und Politikmachen räsonniert, trifft beim zweiten Hinsehen den Kern der Sache: Politik ist die Summe jener Handlungen, die den Menschen, die in einem politischen System leben, Sicherheit im weitesten Sinne des Wortes ermöglichen. Eine schöne, warmherzige Definition – aber ist das realpolitisch auch machbar? Und mit welchen Mitteln? Und wieder kommt die „Macht" ins Spiel. Die meisten Politiker wollen die Wähler verständlicherweise glauben machen, sie hätten damit am liebsten nichts zu tun. „Machtbesessen" zu sein ist nicht gerade das förderlichste Attribut; machtbesessen zu sein, das schadet eigentlich dem Ruf. Auch deshalb sagen die wenigsten Politiker offen, daß sie „an die Macht" wollen, obwohl sie eigentlich an nichts anderem interessiert sind, als in der einen oder anderen Regierungsfunktion gestalterisch tätig zu werden.

Wenn es um die Auslotung des Begriffsfeldes „Macht" geht, ist Van der Bellen ganz er selbst: Nüchtern, augenzwinkernd und mit der Untertreibung spielend.

„Nach dreißig Jahren an der Universität bekomme ich ein realistischeres Bild dafür, was man als Nicht-Nobelpreisträger an realistischen, didaktischen und persönlichen Zielen verfolgen kann. Unabhängig davon, ob man sie erreicht oder nicht. Soweit bin ich in der Politik noch lange nicht. Mittlerweile habe ich mich daran gewöhnt, der Sprecher der vierten Partei zu sein, aber was sind schon diese Jahre? Der Schüssel macht das dreißig Jahre! Politik ist auch eine Mischung aus Zufällen, Gelegenheiten ergreifen und Notwendigkeiten akzeptieren. Als ich 1994 ins Parlament kam, war das mit gemischten Gefühlen von allen Seiten verbunden. Auf meiner Seite genauso wie im Klub. Einige wichtige grüne Persönlichkeiten meinten, ich wäre in Ordnung, aber halt kein Politiker. Sie meinten, es wäre doch gescheiter, ich würde ihnen im Hintergrund helfen, auf der Universität oder mit sachlichen Informationen, aber im Parlament? Es war in keiner Weise vorhersehbar, daß es so ,enden' würde. Wäre ich Obmann der SPÖ, müßte man über die Sache naturgemäß anders denken. Die Grünen, die aus dem Widerstand zu Hainburg gewachsen sind, bringen traditionell ein anderes Verhältnis zur Staatsmacht mit sich; nämlich, daß sie Gegenmacht zur Staatsmacht sind, die die anderen verkörpern. Das ändert sich natürlich schrittweise aufgrund der politischen Situation. Wir befinden uns in einer Übergangsphase, denn in fünf oder zehn Jahren wird man vermutlich anders darüber reden müssen, als jetzt. Jetzt ist es ein Politik- und ein Machtverständnis, daß sehr stark aus dem Gespräch lebt. Aus Aktionen auf der Straße, Aktionen wie in Lambach (Widerstand gegen den Bau eines umstrittenen Wasserkraftwerks in Oberösterreich, Anm. d. Verf.) oder dem Gespräch mit Journalisten und Medienvertretern. Das alles, ohne die traditionellen Machtsymbole herumzutragen. Ich glaube, ich kann jetzt viel besser damit umgehen, daß die Politik in einem ganz besonderen Maße über Symbole vermittelt wird oder über das, was die Leute das Herz oder ‚Gmiat' nennen."

Zufälle, Gelegenheiten ergreifen und Notwendigkeiten akzeptieren, auch das macht laut Van der Bellen Politik aus. Nicht selten ginge es jedoch auch darum, den Zufällen etwas nachzuhelfen. Und vieles spricht dafür, daß er die Gelegenheit, auch einmal in einer Bundesregierung zu sitzen, vielleicht sogar an ganz maßgeblicher Stelle, ergreifen würde, wenn sie sich ergäbe. Doch das alles braucht vor allem eines: Zeit. Diese Zeit nimmt sich Van der Bellen, und zwar so lange, wie es ihm notwendig erscheint. Das kann in manchen Fällen überraschend schnell sein, doch im allgemeinen ist er kein Freund rascher Entschlüsse.

„Ich merke es immer wieder, wie lange es dauert, bis eine Botschaft zu den Leuten durchsickert. Entweder inhaltlich, oder, daß sie dich einfach nur wahrnehmen. Unser Tagesgeschäft besteht darin, untereinander zu sprechen und zu überlegen, mit Journalisten zu reden oder eine Rede zu halten, die medial wahrgenommen wird oder auch nicht. Jede einzelne dieser Aktionen ist so, als würde man versuchen, mit einem Zahnstocher Wellen im Attersee zu machen. Man muß also noch zwei Zahnstocher mehr nehmen und jeden Tag heftig rühren, damit die Welle von A nach B kommt. Jede Einzelaktion hat nur beschränkte Bedeutung, aber man kann hoffen, daß im Laufe der Zeit etwas durchsickert. Es gibt viele Kollegen, die unendlich bessere Kontakte zu Journalisten haben als ich, aber das ist doch nur ein winziger Ausschnitt der Wirklichkeit. Wenn man nur in diesem Milieu lebt, bekommt man ein verzerrtes Bild der Wirklichkeit. Für bestimmte Sachen braucht man zehn Jahre Zeit."

Das Zeit-Bedürfnis Van der Bellens wird auch im Alltag sichtbar. Grundsätzlich ist ihm die Zeit stets zu knapp bemessen; darin sieht er sich als Leidensgenosse vieler seiner Politikerkollegen. Er habe, sagt er, zwar auch als Professor an der Universität schon sehr viel gearbeitet, aber nicht soviel wie jetzt. Seine Hauptbeschäftigung als Politiker läßt ihm nicht mehr viel Spielraum, was die freie Einteilung seiner Stunden betrifft. Gewisse Tage, also etwa Wochenenden, gänzlich freizuhalten, das ist ihm nahezu ein Ding der Unmöglichkeit. Viele parteiinterne Sitzungen können etwa nur an Samstagen abgehalten werden.

Eine Schwäche, die Van der Bellen mit vielen anderen teilt, ist, daß er zuwenig Ausgleich zu seinem zeit- und nervenaufreibenden Beruf hat. Früher, als sein Hund noch gelebt habe, sei er wenigstens am Morgen in den Wald mit ihm gegangen. Erst danach habe der Tag so richtig begonnen. Er könnte natürlich auch alleine in aller Herrgottsfrühe in den Wald gehen. Dazu überwinde er sich jedoch nur selten, vor allem, weil er dazu ohne eigentliche Notwendigkeit eine Stunde eher aufstehen müßte.

Im Grunde genommen hat Van der Bellen genauso viel oder wenig Zeit wie andere Politiker oder Top-Manager. Doch im Gegensatz zu vielen anderen, die die Anzeichen ihrer Überlastung wie eine Fahne stolz vor sich her halten, gibt der Grünen-Chef einem anderen Extrem-Verhalten den Vorzug: Er nimmt sich Zeit, die er eigentlich nicht hat, und stellt es bewußt zur Schau; etwa wenn er bei Fernsehauftritten ausgiebig nachdenkt. Man kann ihm dann förmlich dabei zusehen, wie er in aller Ruhe und ohne sich von irgend jemanden drängen zu lassen seine Gedanken formt.

Das alles hat natürlich viel mit der Persönlichkeit Van der Bellens zu tun. Wenn die Annahme, daß der Persönlichkeit in der Politik eine immer wichtigere Rolle zukomme und daß diese die inhaltlichen Positionen in den Hintergrund dränge, eines schlagenden Beispiels bedürfte, dann könnte man den Parteichef der Grünen dafür ins Treffen führen. Wenn Van der Bellen punktet, tut er das in den seltensten Fällen mittels überraschender Inhalte. Seine sachliche Kompetenz in Fragen der Finanz- und Budgetpolitik wird zwar auch von politischen Gegnern nicht bestritten, die breitere Wirkung erzielt Van der Bellen jedoch eher, zumindest in einem ersten Schritt, aufgrund seiner Persönlichkeit, mit der er sich von übrigen Mitbewerbern abhebt. Was schnell sicht- und fühlbar wird, ist das, was man gemeinhin „Understatement" nennt; hinzu kommt eine lässige, manchmal zu betont lässige Unaufgeregtheit, die in der Erkenntnis wurzeln zu scheint, daß Fehler im politischen Leben zum Unvermeidlichen gehören.

Van der Bellens Auftreten, seine Art und Weise, sich und damit auch die Ansichten der Grünen bei Auftritten in der Öffentlichkeit und über die Medien zu transportieren, kommt ganz besondere Bedeutung zu. Wahlforscher haben herausgefunden, daß in Österreich abseits der ganz offensichtlichen Veränderungen weitere im Gange sind: Das Land, meint etwa der Politikwissenschafter Fritz Plasser, befinde sich im Transformationszustand von einer traditionellen Parteiendemokratie hin zu einer, wie er es bezeichnet, „Tele-Demokratie". Vieles spricht dafür, daß diese Phase des Übergangs eher als abgeschlossen denn als bevorstehend bezeichnet werden kann. Diese „Mediatisierung der Innenpolitik" ist nach Plasser vor allem durch unterschiedliche Wähler-Mobilisierungs-Strategien gekennzeichnet. Die traditionelle Aktivierung des jeweiligen Wählerspektrums erfolgt, vereinfacht dargestellt, über die Parteiorganisation und gesellschaftliche Gruppen, die der Partei nahe stehen. Was heutzutage jedoch von entscheidender Bedeutung ist, ist die Mobilisierung über die Massenmedien. Bei jedem Medien-Auftritt kommt es darauf an, die Themen strategisch zu platzieren und attraktive Persönlichkeiten mit Ausstrahlung an der Hand zu haben. Diese letzteren müssen zusätzlich ihre Politik rhetorisch geschickt verkaufen können.

Vor allem dem Fernsehen kommt hierbei eine ganz außerordentliche Rolle zu, denn die Informationsbeschaffungsgewohnheiten der Österreicher haben sich geändert – auch das ein starkes Indiz dafür, daß die Phase der „Tele-Demokratie" längst in vollem Gang ist. Stillten politisch Interessierte bis vor nicht allzu langer Zeit ihr Informationsbedürfnis vorwiegend durch die Lektüre von Tageszeitungen, ist mittlerweile das Fernsehen das Massen-Informationsmedium schlechthin.

Sich den Anforderungen der „Tele-Demokratie" stellen und ihre Chancen nutzen, das ist eines der Gebote für den modernen Politiker. Wie dies am besten zu bewerkstelligen sei, darüber läßt sich trefflich streiten. Die Zahl der Auftritte alleine will noch nichts heißen. So gibt es Politiker, die sich mit Interviews im Fernsehen, aber auch in Printmedien stark zurücknehmen. Diese geschickte Taktik führt dazu, daß dem Seher bzw. Leser suggeriert wird, es müsse sich um etwas außerordentlich Wichtiges handeln, wenn dieser sonst so zurückhaltende Politiker sich zu einem Interview herbeiläßt. Diese Strategie des sich Zurücknehmens funktioniert natürlich nur dann, wenn eine gewisse Grundpopularität schon erreicht ist, man aufgrund seiner Funktion eigentlich jederzeit in den Medien vorkommen kann und damit die Spielregeln mehr oder weniger selbst bestimmt. Das gilt vor allem für eine öffentlich-rechtliche Rundfunkanstalt.

Die zunehmende Wichtigkeit von Medienauftritten in der heutigen Politikwelt hat weitere Folgen. Ob man es unangebracht findet oder nicht, das optische Erscheinungsbild eines Politikers rückt mehr und mehr in den Blickpunkt des öffentlichen Interesses. „Telegen" zu sein ist zwar nicht Voraussetzung für das Gelingen einer politischen Karriere, doch förderlich ist es allemal. Umgekehrt hat ein Politiker, über dessen äußeres Erscheinungsbild in der Öffentlichkeit mehr diskutiert wird als über seine politische Linie, ein ernsthaftes Problem.

Eine zusätzliche Konsequenz der „Tele-Demokratie" ist die Unterwanderung der Politik durch die Phrase. Weil Politiker-Auftritte im Fernsehen im allgemeinen nur von kurzer Dauer sind, wird versucht, die politische Botschaft in kleine Informations-Häppchen zu portionieren. Wenn das nicht gut gemacht wird, können die Folgen äußerst kontraproduktiv sein. Statt konkrete Antworten zu geben, verstecken sich die Politiker dann – sei es aus Bequemlichkeit, oder weil es ihnen ihr vermeintlich geschickter Berater so eingetrichtert hat – hinter Allerweltsphrasen. Und weil sie allzu ernst nehmen, daß Politik die Kunst der Wiederholung sei, neigen sie dazu, diese Phrasen immer und immer wiederzukäuen.

Van der Bellens öffentliche Auftritte sind in der Regel nicht durch den übermäßigen Gebrauch von Phrasen gekennzeichnet. Eine seiner Stärken ist, daß er versucht, sich auf die Situation insofern einzustellen, als er sein Gegenüber ernst nimmt. Daraus resultiert, daß er regelmäßig nachfragt, wie noch gleich die Frage lautete, die man gestellt hatte. Daraus resultiert auch, daß er auf gestellte Fragen zumeist eine Antwort gibt, die mit der Frage zu tun hat – bei Politikern keine Selbstverständlichkeit. Zu erwähnen ist hier aber auch die Offenheit, mit der Van der Bellen eingeräumt, auf Fragen keine adäquate Antwort parat zu haben oder keine Antwort im wörtlichen Sinn zu wissen. Aus inhaltlichen Schwächen macht er auch vor laufenden Kameras kein Geheimnis.

„Als ich in die Politik kam, war ich kein Neuling im TV-Bereich. Ich hatte aber im wesentlichen nur negative Erfahrungen damit gehabt. Ich war über die Jahre öfters Gast im ‚Club 2‘ gewesen und hatte dort die größten Schwierigkeiten, überhaupt zu Wort zu kommen. Mit der Politik hat das neu begonnen. Für mich war ungewöhnlich hilfreich, vor dem Wahlkampf 1999 mit einem Menschen zusammenzuarbeiten, der vom Fernsehen etwas versteht und die Philosophie vertritt, daß man normal sein muß, wenn man ins Fernsehen geht. Im Optimalfall sollte man sich etwa bei einem Sommergespräch nach dem Hintergrund erkundigen, damit das Sakko nicht ablenkt. Im übrigen sollte man von der Vorstellung ausgehen, daß man in den Wohnzimmern der Leute sitzt. Man sollte also nicht die großen Botschaften verbreiten und als Bußprediger auftreten, sondern einfach nur normal sein. Ich vergesse nur allzu leicht, wie hilfreich das für mich war."

Daß es vor dieser Art der sanften Medienberatung für Van der Bellen das eine oder andere Waterloo in Fernsehdiskussionen gab, bleibt im Hinterkopf des Professors als Mahnung präsent.

„Ich bin einmal mit einem SP-Politiker in der ‚Zeit im Bild 2‘ zu einer Diskussion über die NATO gesessen. Der wollte der NATO beitreten und ich habe gesagt: Unerhört! Da habe ich mir zuvor vier, fünf Punkte, die gegen einen Beitritt sprechen, überlegt. Da nützt einem ein Zettel nichts, denn du siehst deinen Gesprächspartner ja an und du schaust nicht auf den Zettel. Also habe ich mir diese Punkte eingeprägt. Und wenn Sie mich fragen, was der SPÖ-Mann gesagt hat … keine Ahnung! Ich war so damit beschäftigt, meine Punkte im Kopf zu behalten. Als ich dann zu Wort kam, sagte ich nur: ‚Gegen Nato-Beitritt, weil Punkt eins, Punkt zwei und so weiter. In diesem Fall hat das so halbwegs gepaßt. Im Normalfall geht das so aber nicht. Beim Anschauen der Videobänder fragt mich

dann mein Coach: ‚Warum haben Sie diese Frage nicht beantwortet?' Und tatsächlich habe ich diese Frage nicht beantwortet, was ich als schweren Schlag empfand, wo ich vorher die
Illusion hatte, ein guter Zuhörer zu sein und deswegen
imstande sein würde, eine Frage zu beantworten.“

Was für Van der Bellen folgte, war das schon angesprochene
mehr oder weniger intensive Medientraining. Das Coaching ist
heute auf eine gute Handvoll Termine im Jahr reduziert – Wahl-
kampfzeiten natürlich ausgenommen.

„Nach einem mühsamen Kleinkrieg mit diesen Videobändern
sind wir dann auf ein paar Sachen draufgekommen. Für mich
waren diese sogenannten ‚messages' das größte Handicap:
Vorher den Auftrag zu bekommen, ‚du mußt', also du bist
jetzt im Fernsehen und wir haben folgende vier Hauptbot-
schaften. Man geht also hinein, memoriert diese Sachen und
gleichzeitig soll man dem anderen zuhören? Ich finde das verdammt schwierig. Durch das Memorieren der Botschaften
habe ich die Frage nicht verstanden. So etwas wirkt im Fernsehen unmöglich, weil der Zuseher den Eindruck bekommt,
daß man der Frage ausweicht. Also muß man hinhören und
beantworten. Wenn man dann auch noch seine Botschaft
anbringt, ist es gut, aber wenn es sich nicht ergibt, muß man
es sein lassen. So etwas nervt die Leute. Immer, wenn ich diese
Regel nicht befolgt habe, war es peinlich.

Das zweite, auf was wir draufgekommen sind, war wieder
etwas Handwerkliches, was meinen Bereich betrifft. Es kam
die Frage des Interviewers ... und wieder hatte ich die Frage
nicht beantwortet. Das ist eine Unsitte aus dem Universitäts-
bereich. Dort hat man Zeit. Jemand stellt eine Frage, man
beginnt zu antworten, zieht einen Kreis über die letzten 300
Jahre, und am Schluß fragt man wieder nach der Frage. So
ähnlich war es dort. Da kam die Frage, ich rekapitulierte sie

und beginne, meinen Bogen zu spannen über die Begründung meiner Antwort, und nach eineinhalb Minuten war ich dann bei der Antwort. Das ist falsch und das leuchtet mir auch ein. Eine Frage wird gestellt und dann muß zuerst die Antwort kommen. Erst danach kann man die Antwort begründen und motivieren. Wenn ich aber diesen Bogen mache, verliere ich Interviewer und Zuhörer. Die haben dann den Eindruck, man weicht der Frage aus. Das sind einleuchtende Sachen, und ich kann mich nur wundern, daß andere das nicht auch befolgen. Es ist allerdings nicht leicht."

Seit seinen ersten TV-Auftritten im „Club 2" hat sich Van der Bellen durchaus zu einem Medienprofi gewandelt. Dabei ist er jedoch keiner, der sich ins Rampenlicht drängt, sondern eher jemand, der von seinen politischen Beratern dazu gedrängt wird. Durch die im allgemeinen sehr positive Wirkung seiner öffentlichen Auftritte laufen die Grünen allerdings auch Gefahr, in eine Falle zu tappen: Weil Van der Bellen im Fernsehen „gut rüberkommt" und zweifelsohne der Partei damit einen großen Dienst erweist, gab es – in der Vergangenheit noch stärker – und gibt es bisweilen die vordergründig aus Eigeninteresse berechtigte Tendenz, im Zweifelsfall immer „den Chef" auf die Bühne zu bitten. Selbst dann, wenn es nicht sein Haus- und Hofthema ist, zu dem er sprechen soll, und die Grünen eigentlich jemanden hätten, der mehr fachliche Kompetenz aufweisen würde. Damit wurde die Drehung einer Spirale in Gang gesetzt, die sich nur schwer aufhalten läßt. Denn weil die Medien um diese Wirkung Van der Bellens wissen, wollen sie wiederum lieber ihn als irgendeinen anderen grünen Politiker zu Gast haben – eine Problematik, die dem Parteichef einiges an Kopfzerbrechen bereitet:

„Ich gebe Interviews an sich gerne. Bei einem guten Interviewer bzw. einer guten Interviewerin ist es ein echter Gewinn, weil man beim Reden oft auf etwas draufkommt. Medien und

Grüne, da fällt mir ein Beispiel ein. Einer meiner Kollegen im erweiterten Bundesvorstand und ich überlegten uns einmal, wie wir ‚Sicherheit' vermitteln könnten. Er meinte, daß Sicherheit auch durch eine gewisse personelle Kontinuität entstehen würde und durch die Wiederholung von Dingen. Damit habe ich Probleme. Wenn es Jahre dauert, bis Sachen sickern, da Tausende von Österreichern keine Zeitung lesen, dann mußt du diese Sachen wiederholen. Nicht mit Zynismus, sondern immer mit der gleichen Überzeugung. Das ist sauschwierig. Warum soll ich etwas wiederholen, das ich erst vor drei Wochen gesagt habe? Dabei vergesse ich völlig, daß sich das niemand merkt. In Zusammenhang mit den Interviews gibt es ein weiteres Problem: Was sage ich? Und was sagen meine Kollegen? Im Klub und in der Partei ist es total akzeptiert, daß der Bundessprecher das Recht hat, sich zu allem zu äußern. Nur: Ist das klug? Wir haben oft mit dem ORF zu kämpfen. Mich laden sie ein, aber andere aus der Partei ... Ich verstehe den ORF schon, die sagen, entweder kommen Sie, oder es kommt gar niemand. Wir müssen dann immer einschätzen, ob das ein Spiel ist oder ob sie es wirklich wahr machen. Wenn sie es wahr machen, nehmen wir das dann in Kauf oder nicht? Einerseits will man, daß sich in den Köpfen der Leute verdichtet, daß es bei den Grünen unwahrscheinlich viele eigenständige Persönlichkeiten gibt. Auf der anderen Seite repräsentiere ich die Partei in einem gewissen Sinn, also ist klar, daß ich immer wieder hinkomme. Darum reiße ich mich aber überhaupt nicht. Wenn es sich verdichtet, daß eine Angelegenheit nur dann wichtig ist, wenn ich persönlich sie jede Woche erwähne, dann kann das nicht der Weisheit letzter Schluß sein."

Offenbar betrachtet Van der Bellen das Geben von Interviews eher als notwendiges Übel, obwohl er sie nach eigener Auskunft gerne gibt. Das hat vermutlich mehrere Gründe: Zum einen steht er in der Regel den Kapazitäten der Interviewer, intelligente Fragen zu stellen, mit einer gewissen Grundskepsis gegenüber. Dazu kommt eine Art Scheu, die Van der Bellen an den Tag legt. Und überdies ist Van der Bellen der Meinung, sich mit öffentlichen Auftritten eigentlich auch zurücknehmen zu können. Und zwar mit dem – weiter oben ausgeführten – Sinn, daß das gesprochene oder geschriebene Wort desto mehr an Gewicht erhält, je seltener man es vernimmt. Solange Van der Bellen Chef einer Oppositionspartei ist, die auf Medienpräsenz überdurchschnittlich angewiesen ist, läßt sich dies allerdings kaum umsetzen. Vieles spricht jedoch dafür, daß Van der Bellen seine öffentlichen Statements einschränken wird, sobald er es sich politisch leisten kann.

Wenn der Wirtschaftsprofessor auftritt, steckt dahinter in den seltensten Fällen eine konkret und bis ins kleinste Detail durchgeplante Vorbereitung. Der Grünen-Chef ist zur Überzeugung gelangt, daß eine solche Vorgangsweise für den Politik-Alltag nicht sinnvoll ist.

„In der Theorie hat die Planung von Auftritten eine hohe Bedeutung, inwieweit man das dann in der Praxis einhält, ist eine andere Sache. Vor zwei Jahren war ich vor jeder Sendung genau vorbereitet, auf allen Gebieten. Davon bin ich abgekommen. Das hat keinen Sinn. Das führt zu keinen Erklärungen, sondern man tritt auf wie ein angestreberter Student, der wegen all dieser Details die einfachsten Fragen nicht mehr beantworten kann. Viel wichtiger ist es, ausgeschlafen zu sein und Selbstvertrauen zu haben und es auch darauf ankommen zu lassen, denn letztes Endes ist es ein Spiel. Ich denke jetzt einfach vorher nur an ein bis zwei Sachen, die mir wichtig sind und die ich vermitteln will."

Eine strategische Leistung vor wichtigen Auftritten hat der Chef der Grünen Partei freilich schon zu absolvieren: In der Regel wird zuvor ausführlich mit der Bundesgeschäftsführung kommuniziert, denn die, so sagt er, habe ein hervorragendes Feeling dafür, was in der Partei gerade los sei oder nicht. Manchmal schützt aber auch diese Rückversicherung nicht vor verärgerten E-Mails oder Telefonanrufen der Basis, denen das Interview des Professors mit seinem demonstrativen Pragmatismus wieder einmal zu weit gegangen ist.

Wie gesagt, es ist nicht die Sache des Alexander Van der Bellen, um jeden Preis ins Fernsehen zu kommen. Medienauftritte sind wichtig, um Popularität zu erlangen und um sich in das Bewußtsein der Menschen zu rufen. Doch Übertreibung kann auch den gegenteiligen Effekt bewirken, wie etwa auch jüngste Beispiele einiger österreichischer Politiker zeigen. Einem prominenten Ex-SPÖ-Politiker brachte seine mediale Omnipräsenz kritische Stimmen ein. Die Aufmerksamkeit einer breiten Öffentlichkeit auf sich zu lenken, sagt Van der Bellen, war und ist für seine Partei zwar grundsätzlich enorm bedeutend, „nur hängt es davon ab, was sonst noch passiert. Wenn die anderen Negativ-Reklame machen, dann muß man nicht noch mit dem Finger aufzeigen. Einmal, in der Weihnachtszeit 1999, waren wir drei Wochen lang kaum präsent und unsere Umfragewerte sind trotzdem gestiegen." Eine Wahrnehmung, die seine innere Überzeugung, daß er nicht zu allem und jedem seinen Kommentar abgeben muß, einmal mehr bestärkt.

Van der Bellens unaufgeregte, mit einem Schuß Ironie gepaarte Art, sich auch vor laufenden Kameras auszudrücken, ist mittlerweile zu einem seiner Markenzeichen geworden. Ein Markenzeichen, auf das er gerne zurückgreift und das er gelegentlich bis an die Grenzen der Geduld strapaziert.

„Zu einem Sommergespräch hat ein Journalist einen liebenswerten, aber spöttischen Kommentar geschrieben. Der lautete in etwa so: Auf die Frage ‚Was meinen Sie denn zur SPÖ?‘ wirkte der interviewte Van der Bellen völlig überrascht und hat sich mit der Beantwortung 90 Sekunden Zeit gelassen und sagte etwas, daß er gleich hätte sagen können. Aber während der Sekunden, in denen er nachdachte, dachte man selbst: Mein Gott, was wird der jetzt alles denken und sagen. – Das ist nicht gestellt. Ich habe mich wohl gefühlt bei dem Sommergespräch, nicht unter Druck, erholt. Die Interviewerin plauderte angenehm mit mir und in dem Moment, in dem sie mich das fragt, da schießen mir die Gedanken wie ein Expreß durch den Kopf. Die Frage betraf meine Meinung zum Zustand der SPÖ. Die Frage kam ja nicht völlig unerwartet, aber trotzdem: der Zustand einer anderen Partei? Das ging in meinem Kopf vor: Was sage ich jetzt diplomatisches, was zwar deutlich macht, daß es der SPÖ ziemlich schlecht geht, aber auch, daß ich mich darüber nicht sonderlich freue und, daß sinngemäß rüberkommt: Liebe Interviewerin, fragen Sie das doch bitte die SPÖ und nicht mich. Im übrigen hätte ich das auch alles so ruhig sagen sollen."

Dieses lange Warten mit der Antwort kann man einerseits zu Recht als bewußt angewendetes Stilmittel des Professors ansehen. Hinzu tritt das immer wieder betonte „Understatement", das ihm, wie er selbst einräumt, „einfach liegt". Diese Vorliebe habe ihren Ursprung wahrscheinlich in seiner intensiven Beschäftigung mit der englischen Literatur. „Das Englische eignet sich mehr für die ironische Andeutung von Dingen. Die deutsche Sprache halte ich in diesem Bereich für etwas schwerfälliger."

Andererseits zeigt dieses Warten auch eine Schwäche Van der Bellens auf, die weit über das bloße Zögern beim Beantworten von Interviewfragen hinausgeht.

„Dieses lange Zögern bei Entscheidungen ist etwas, was Leute, die mich besser kennen, an mir kritisieren. Manchmal sagen meine Kollegen nur noch: Sag einfach, was passieren soll, egal was, aber wir halten das Warten nicht mehr aus. Als ich vor sieben Jahren in die Politik eingestiegen bin, hatte ich bei den einfachsten Sachen Schwierigkeiten, mich zu positionieren. Sofort dafür oder dagegen zu sein, anstatt zu versuchen, die Frage eingehend zu analysieren und dann zu sagen: It's your choice. Genau das macht man aber auf der Uni. Ich kann in einer Vorlesung über die große Lacina-Steuerreform analysieren, aber ich ziehe als Lehrender dann keinen Pro- oder Kontra-Schlußstrich, sondern sage, was aus unterschiedlichen Kriterien dafür oder was dagegen sprach. Diese Kriterien muß ich aber nicht alle gewichten. Das ist als Lehrender nicht meine Aufgabe und wäre sogar verkehrt. In der Politik ist das Alltag. Da wollen die Leute keine Analyse, sondern Meinungen und Überzeugungen, und das mit Recht. Bis dorthin, was man als politische Führung bezeichnet, also der Versuch, eine Nasenlänge vorne zu sein, wie das Herr Dichand (Hans Dichand, Herausgeber der „Neuen Kronen Zeitung", Anm. d. Verf.) formuliert hat. Und zwar für die eigenen Leute und für die anderen."

Wenn man Van der Bellen fragt, was er ändern würde, wenn er die Zeit zurückdrehen und noch einmal mit seiner politischen Arbeit von vorne beginnen könnte, erhält man eine Antwort, die zu dieser Darstellung paßt: „Ich hätte mich manchmal mehr trauen und daher auch schneller agieren können. Man muß die Geschichte lernen, seine eigenen Fehler leidvoll erfahren. Insofern hätte ich es nicht von Anfang an anders machen können, weil ich damals ein anderer Mensch war."

Sich selbst und seine politischen Mitbewerber bzw. sein Verhältnis zu ihnen in Kategorien einzuordnen, damit hat Van der Bellen auch heute noch Probleme. Genauer: Er hat Probleme damit, daß die meisten anderen Protagonisten der politischen Szene eben kein Problem damit haben, ständig sich selbst, die anderen und vor allem die entsprechenden politischen Inhalte, Ideen und Konzeptionen unreflektiert einem Schwarz-Weiß-Schema unterzuordnen.

„Mir persönlich hat geholfen, daß ich meinen Weg gemacht habe: Von einem arroganten Antikapitalisten zum großzügigen Linksliberalen. Es ist hilfreich, wenn man diesen Prozeß bewußt miterlebt hat, und insofern ist die Uni-Karriere auch wichtig, weil du einfach gelernt hast, daß es absolut möglich ist, im Unrecht zu sein. Einfach, weil die anderen die richtige Sicht haben und du nicht. Das hat nichts mit Klugheit, Intelligenz oder sonst etwas zu tun. Denn Aristoteles war auch kein Idiot.“

Diese relativierende Sicht der Dinge spielt für Van der Bellen eine große Rolle. Sie schärft ihm in seiner Partei den Blick für Anschauungsunterschiede. Und sie ermöglicht ihm, in der Praxis ungeniert über den eigenen Tellerrand zu blicken.

„Die FPÖ macht das seit Jahren systematisch und erfolgreich. Immer dieses: Wir und die. Wir, die Guten, und die, die Bösen. Du hast nicht einen politischen Gegner, du hast einen politischen Feind. Das ist eine ganz andere politische Philosophie, wie wir sie haben. Ich meine, es hängt damit zusammen, daß sie diese völlig skrupellose Benutzung der Sprache haben. Da geht es nicht darum zu prüfen, ob Beamte vielleicht ihre Gewichte in einer Befragung einseitig legen, sondern hier wird von vornherein unterstellt, daß die roten Brüder dort im Ministerium den Rechtsstaat unterlaufen. Man unterstellt dem Feind prinzipiell die Dinge, die man selbst praktiziert. Die Verkehrung von Begriffen und Worten ist ein System dieser Partei. Zum Teil kommen sie auch damit durch. Ich weiß nicht, wie Soziologen das heute testen würden: der Ausdruck ‚Gutmensch‘, daß das ein Schimpfwort ist. Das ist ein abfälliges und abwertendes Wort für Leute, die sich in der Caritas oder für die Asylbetreuung engagieren und den Rechtsstaat nicht für etwas beliebiges halten. Daran ist auch die ÖVP beteiligt. Etwa mit den Äußerungen ‚Rot-Grüner-Mob‘, die

‚gewalttätigen Demonstranten'. Bei Demonstrationen, die in Westeuropa noch ganz anders verlaufen würden. Mir ist die Art, wie in Wien demonstriert wird, noch weitaus lieber, ich muß keine Pariser Zustände haben, das flößt mir Angst ein."

Klassifizierungen der genannten Art sind im allgemeinen nicht die Art des grünen Parteichefs: Das absolute „Kastendenken" in Rot, Grün, Blau oder Schwarz ist etwas, womit er nicht zurechtkommt und was er in der täglichen politischen Arbeit auch nicht unbedingt praktiziert. Daß er dabei ab und an auch eine lobende Äußerung über diese oder jene Maßnahme der Regierung abgibt, daß es auch Initiativen gibt, die er unterstützenswert findet, obwohl sie nicht seiner Partei entspringen, kann also nur jemanden überraschen, der diesem Freund-Feind-Schema selbst hoffnungslos verfallen ist.

Stilmittel sind in der Politik – und gerade in einem politischen System, das auf dem Weg zur „Tele-Demokratie" ist – ein mittlerweile unersetzliches Instrument geworden, sich zu inszenieren, sich von den übrigen Politikern, die ja nichts anderes wollen als man selbst, nämlich möglichst viele Wähler zu gewinnen, positiv zu unterscheiden.

Manche Politiker schlagen die Taktik ein, bewußt keinen Stil erkennen zu lassen und ergehen sich dann etwa in Beschimpfungen des Gegenübers. Dabei sind diese Schritte meist wohlüberlegt. So unappetitlich diese auch sein mögen, so erfüllen sie doch ihren Zweck, nämlich die Befriedigung der eigenen Wählerklientel. Auch Van der Bellens Stil, sein Verhalten bei Medienauftritten, ist Berechnung, aber dabei keine Verstellung, sondern Überzeugung.

„Diese Fragen sind zum Teil eine Frage der Einstellung. Das hat auch schlicht mit meiner Uni-Sozialisation zu tun, die unter dem Strich dazu führen, daß man sieht, wie sehr sich auch die klügsten Leute in der Wissenschaft irren können.

Warum soll das auch nicht für die Politik gelten. Niemand hat die Wahrheit und die Weisheit gepachtet. Wenn jemand offensichtlich eine Dummheit sagt, dann ist das eine Sache. Aber bei komplexeren Dingen ist es oft schwierig, im voraus zu sagen, was richtig und was falsch ist. Man billigt dem politischen Gegner da schon mal eine Irrtumsmöglichkeit zu. Zu meinem Erstaunen habe ich am Anfang erkennen müssen, daß das in der Politik als etwas ungewöhnliches gilt: Dieses Verständnis dafür, daß der andere nicht von Haus aus böswillig sein muß, sondern sich einfach irren kann oder in der Entscheidung zwischen zwei Dingen unsicher daneben tappt. Wenn man das versucht, irgendwie rüberzubringen, dann sorgt das für Aufsehen, obwohl ich das für eine Selbstverständlichkeit halte. Seit dem ich Bundessprecher bin, habe ich mich natürlich an das Milieu angepasst. Ich verstehe mittlerweile auch die sogenannten Verkürzungen besser. Oder ein Ausdruck, den ich noch weniger leiden kann: Zuspitzungen. Das ist halt manchmal notwendig, um eine gewisse Aufmerksamkeit zu erregen."

Diese Sätze sind für einen Politiker in gewissem Maße erstaunlich. Das Eingeständnis der permanenten Möglichkeit, sich zu irren, ist aus philosophischer Sicht wohl unbestreitbar; es heißt, daß der Mensch irrt, solange er strebt. Aber darf das auch für einen Politiker gelten? Der Politiker muß üblicherweise vorgaukeln, sofort für jedes Problem eine Lösung in der Schublade zu haben, und wenn er sie nicht hat, dann muß er zumindest so tun, als hätte er sie. Politik nicht als Sein, sondern als Schein. Schließlich will man die Leute mit der eigenen Unsicherheit nicht verunsichern.

Van der Bellen kann es sich (noch) leisten, bei diesem Spielchen nicht mitzuspielen. Das hat zum einen mit der Wählerschicht zu tun, die er ansprechen will, zum anderen mit seiner Rolle als Grün-Politiker, der sich noch in der Opposition befindet. Wird sich das ändern, wenn Van der Bellen einmal Mitglied eines Bundeskabinetts sein oder ein anderes hohes politisches Amt bekleiden sollte? Dieses Eingeständnis der eigenen Grenzen wird dann vielleicht nicht mehr so offensichtlich sein; allerdings ist es zu manifest, als daß es so einfach verschwinden könnte.

„Wenn man irgendwie auch nur an der Wissenschaftsgeschichte streift, dann sieht man, wie fragwürdig ein linearer Forschungsbegriff ist. Wir türmen ja nicht täglich ein Steinchen Wahrheit auf das andere, um am Ende ein riesiges Wissenschaftsgebäude zu haben, sondern es hat immer wieder Umwälzungen gegeben, nach denen kein Stein auf dem anderen geblieben ist. Die Leute, die die Steine zuvor zusammengetragen haben, waren deshalb noch lange nicht dümmer als jene, die ihnen nachfolgten. Das berühmteste Beispiel ist wohl das Weltbild der Griechen, das die Erde als Scheibe sah, und seine Umstürzung 2 000 Jahre später. Deswegen waren die Griechen nicht die schlechteren Wissenschafter, unter ihren Annahmen und Bedingungen war ihr Weltbild recht plausibel. Nur hat sich dann leider herausgestellt, daß es mit der Wirklichkeit zu wenig übereinstimmt."

Ist Wahrheit, um mit Ingeborg Bachmann zu fragen, dem Menschen wirklich zumutbar? Auch in der Politik? Aber auch diese Ansicht greift zu kurz, zumindest für Alexander Van der Bellen. Denn die Wahrheit ist etwas Relatives.

„Es gibt mehrere Wahrheiten. Es gibt sie immer und es gibt sie immer parallel", postuliert der Professor. Daß ihm Persönlichkeiten wie der St. Pöltner Bischof Kurt Krenn „unverträglich" sind, liegt demzufolge nahe. Über diese Art von Kirchenfürst kann sich der Grünen-Chef durchaus erregen, auch wenn er ansonsten mit der Religion nicht viel gemein hat. Denn Menschen, die behaupten, sie wüßten, wie es sich mit der Wahrheit verhält und daß allein sie es seien, die diese Wahrheit verstünden, sind ihm suspekt. Auch, wenn es sich dabei um Bischöfe handelt. Dabei müßte er sich über sie erst gar nicht echauffieren, denn mit dem christlichen Glauben verbindet Van der Bellen nach eigener Angabe nicht mehr allzu viel.

„Ich bin kein gläubiger Mensch. Leider nein, um Hannes Androsch zu zitieren. Jedenfalls nicht im traditionellen Sinn. Das Mysterium des Glaubens ist mir irgendwann im jugendlichen Alter abhanden gekommen. Darauf folgte bei mir eine anti-klerikale Phase. Mittlerweile sehe ich die Kirche als großes Haus, mit Zimmern, die bewohnbar und angenehm sind und anderen, die ich für inakzeptabel halte. Bischof Krenn verkörpert alles, was ich für inakzeptabel halte. Der Wahrheitsanspruch, das Totalitäre; Wahrheiten, die in Wahrheit nur schlichte Behauptungen sind. Auf der anderen Seite habe ich seit vielen Jahren gute Kontakte zu Jesuiten. Ich nehme seit 25 Jahren jährlich an einem einwöchigen Seminar über wirtschaftspolitische Fragen im Rahmen eines längeren Blocks teil, der von der katholischen Sozialakademie veranstaltet wird. Im Laufe dieser Jahre habe ich einfach so viele Leute kennen gelernt, die ein in jeder Hinsicht positives Engagement haben, die kommen zum Beispiel aus der katholischen Arbeiterjugend und haben mit der Institution Kirche weniger zu tun. Was mich so beeindruckt, ist dieses idealistische Engagement, das sie haben. Ich selbst brauche die Religion nicht, um mich für die gleichen Dinge zu engagieren. Ich finde es beeindruckend und beneidenswert, wenn jemand diesen Bezugspunkt hat, mir ist das aber verloren gegangen. Ich war auch nicht katholisch. Ich komme aus einer evangelischen Familie und bin vor vielen Jahren im Zorn über meinen Pfarrer ausgetreten."

Die Ablehnung des Autoritären als Prinzip prägt also auch Van der Bellens Verhältnis zur Religion und zu Teilen der katholischen Kirche. Der Glaube an eine absolute Wahrheit paßt eben nicht zum Chef einer grünen Partei, erst recht nicht, wenn er Alexander Van der Bellen heißt.

„Van der Bellen und Politik" – was also bedeutet das bis hierher? Es hat zunächst viel mit Persönlichkeit zu tun. Der Stärke seiner Persönlichkeit ist sich Van der Bellen voll bewußt, und er setzt sie dementsprechend ein; allerdings ohne sich dabei zu verstellen. Die Ironie dabei: Obwohl ihm das Irrationale in der Politik nicht geheuer ist, weiß er, daß er in erster Linie auf dieser Ebene „wirkt". Allem voran ist hier sein Stilmittel des „Understatement" zu nennen, das sich einerseits aus Berechnung, andererseits aus der Grundauffassung ergibt, es sich leisten zu können, auch als Politiker nicht alles wissen zu müssen. Solange er den Bogen dabei nicht überspannt, wird das auch weiterhin gut gehen; vor allem, wenn die Ansätze zur Selbstgefälligkeit dabei nicht stärker hervortreten.

Prägend für seine politischen Ambitionen war vor allem Bruno Kreisky, auch und gerade weil ihn Van der Bellen nicht als Vorbild verstanden wissen will.

Van der Bellen und Politik, das ist vor allem anderen jedoch eines: ein Experiment. Der Chef der Grünen Partei hat den Prozeß seiner Selbstdefinition als Politiker noch nicht abgeschlossen. Man hat den Eindruck, daß er immer noch sehr stark „Professor", noch immer sehr eng dem universitären Denken verbunden ist. Das ist in vielen Fällen sicherlich von Vorteil, weil er sich dadurch wohltuend von Mitbewerbern in der politischen Arena unterscheidet und einen anderen intellektuellen Hintergrund aufweist.

Im „universitären Vorleben" liegt allerdings auch der Ursprung von Van der Bellens Schwäche. In Alternativen zu denken; seine eigene Sichtweise anderen gegenüberzustellen; abzuwägen, ob man selber im Recht ist oder ein anderer; selbstkritisch zu sein und nicht automatisch anzunehmen, die eigene Position sei die angemessene – das ist auch in der Politik angebracht. Man kann sogar – und einiges spräche dafür – der

Ansicht sein, daß solche Denkprozesse bei den Darstellern in der politischen Landschaft viel zu selten stattfinden. Allerdings muß dem Nachdenkprozeß auch eine Entscheidung folgen. An der Universität müsse man ganz selten Entscheidungen treffen, sagt Van der Bellen. Doch die Fähigkeit zum „Decision making" ist in der Politik ein ganz entscheidendes, wenn nicht sogar zentrales Element. Entscheidungen müssen getroffen werden; es genügt nicht, sich selbst oder dem Beraterstab Alternativen zu präsentieren. Und es ist ein wichtiges Kriterium für einen guten Politiker, wie oft und wie schnell er dazu in der Lage ist, eine Entscheidung zu treffen, die sich im Nachhinein als richtig herausstellt. Daß es dabei auch eine Fehlerquote gibt, und daß jede getroffene Entscheidung diese Fehlerquote erhöhen könnte, heißt es mit zu bedenken, denn was richtig war und was falsch, läßt sich im Augenblick des Handelns kaum bestimmen.

Van der Bellen ist (noch) kein ausgewiesener „Decision maker". Er scheint ihm ganz recht zu sein, wenn andere ihm die Entscheidungen abnehmen. Wenn er selbst welche treffen muß, wird der Nachdenkprozeß bis zum Exzeß ausgereizt, ehe – dann endlich, vielleicht auch halbherzig – eine Vorgangsweise festgelegt wird. Van der Bellen selbst meint, diese Schwierigkeiten im großen und ganzen mittlerweile abgelegt zu haben. Zweifel sind angebracht.

Die Bezeichnung „Berufspolitiker" verdient Alexander Van der Bellen jedenfalls nicht, obwohl er an der Spitze einer der vier Parlamentsparteien im Lande steht. Damit soll freilich nicht gesagt sein, daß nur ein „Berufspolitiker" ein guter Politiker sein kann. Vielleicht ist es ja eines der politischen Ziele Van der Bellens, diese Bezeichnung nie zu verdienen. Politiker zu sein gehört jedenfalls nicht zu seinen Traumvorstellungen, auch wenn es ihn gereizt hat, in die Politik zu gehen: „Wenn es einen Traumberuf gibt, heißt der Schriftsteller oder erfolgreicher Künstler. Ein Beruf, in dem man unabhängig ist und seine Leiden mit sich selbst austrägt." Und eben nicht, wie in der Politik, mit den anderen.

# ZWEITER TEIL

---

# ÖKOLOGIE, ÖKONOMIE UND PARTEI

Prophezeiungen in der Politik haben etwas gefährliches an sich. Obwohl es reizvoll ist, sich durch die eine oder andere apodiktische Behauptung Aufmerksamkeit zu verschaffen, haftet ihnen ein entscheidender Nachteil an: Der beste Beweis für die Möglichkeit, wird gesagt, ist immer noch die Wirklichkeit. Und die Wirklichkeit ist es auch, die dann manch gewagte Prophezeiung alt aussehen läßt.

Im Oktober 1997 konnte man in der einflußreichen „Neuen Kronen Zeitung" einen Artikel lesen, der heute einen Eindruck von der damaligen Wirklichkeit vermittelt. Nur mit der Prophezeiung im Titel, „Grüne vor dem politischen Aus!", war es, wie sich im nachhinein herausstellte, so eine Sache. Folgendes stand also geschrieben:

„Die politische Selbstzerfleischung der Grünen ist voll im Gang: Gestern warf der bisherige Bundessprecher Chorherr aus Frust über brutale und hinterhältige Methoden von ‚Parteifreunden' das Handtuch, um mögliche Chorherr-Nachfolger gibt es wilde Machtkämpfe und in den Meinungsumfragen stürzen die Grünen ab. Den Startschuß für das neue grüne Chaos gab Bundessprecher Chorherr gestern im ORF-Morgenjournal: Er gab bekannt, daß er sich um den Parteivorsitz nicht mehr bewerbe und, daß er seine Funktion schon in nächster Zeit zurücklegen wolle. In Zukunft werde er nur noch auf der Wiener Kommunalebene arbeiten. In der Folge rechnete Chorherr mit seinen Gegnern bei den Grünen ab: So seien die ‚andauernden Streitigkeiten', die er ‚einfach satt' habe, ein Hauptgrund für den Rückzug gewesen. Außerdem sei er vielleicht etwas zu weich für die Führungsposition gewesen, habe ‚zu oft den Konsens gesucht' und ‚Parteifreunden' einen Vertrauensvorschuß entgegengebracht. Dabei schaue man oft nicht genau, ob der Rücken abgesichert sei, und es gehe oft entsetzlich brutal zu. Diese Brutalität habe er, Chorherr, unterschätzt. Für Wien habe er sich deshalb entschieden, weil er die Kommunalpolitik lieber mache und es dort ein loyaleres Team mit Menschen gebe, mit denen er gerne zusammenarbeite, fügte Chorherr hinzu. Daß Chorherr ‚Einsicht‘ gezeigt und seinen Rücktritt eingeleitet habe, damit zeigte sich dessen politischer Intimfeind Voggenhuber ‚mit Respekt‘ zufrieden. Bekanntlich hatte Voggenhuber Chorherr letzten Endes gestürzt, als er diesen beim jüngsten Bundeskongreß anläßlich einer Programmdebatte öffentlich der Lächerlichkeit preisgab. Was die Chorherr-Nachfolge anlangt, so hat der grüne Sozialsprecher, Abgeordneter Öllinger, blitzartig seine Anwartschaft, ‚aber nur unter klaren Bedingungen‘ angemeldet. Zugleich gibt es aber auch Gerüchte über Comebacks von Madeleine Petrovic oder Peter Pilz bzw. ‚Überraschungen‘ wie Monika Langthaler, Terezija Stoisits und Van der Bellen. Sicher scheint, daß die Grünen nach dem Chorherr-Intermezzo weit nach links ‚abdriften‘ und – wie der ‚grüne Ajatollah‘ Voggenhuber im Radio schon vorpredigte – ‚klar gegen den Strom schwimmen und nicht mehr Zünglein an der Waage oder Mehrheitsbeschaffer‘ spielen werden. Die Rechnung für grüne Streitereien hat unterdessen bereits der Wähler präsentiert: Laut aktueller Meinungsumfragen liegen die Grünen bei knapp vier Prozent Wähleranteil, was zuwenig ist, um bei der nächsten Wahl ins Parlament zu kommen. Demgegenüber hält das Liberale Forum bei bis zu sieben Prozent. In den anderen Parteien reibt man sich schon die Hände: Ohne Grüne werden die Mandate im Parlament billiger.“

Gleich, wie man zum – offenbar ein gewisses Wunschdenken ausdrückenden – Grundton dieses Artikels stehen mag: Die Zustände, in denen sich die Grünen damals befanden, suchten – selbst für eine Partei, die damals als konfliktträchtig galt – ihresgleichen. Das Wort „Chaos“ war in diesem Zusammenhang sicher nicht zu hoch gegriffen. Womit der Verfasser dieses Zeitungsartikels aber offensichtlich nicht rechnete, war, daß sich die Partei aus ihrer verfahrenen Position selbst befreien konnte und nicht, wie verheißen, in sich selbst zusammenfiel.

Aus heutiger Sicht verantwortlich dafür, daß es nach diesem Chaos nicht vorbei war, ist der richtige Mann am richtigen Ort: Alexander Van der Bellen. Für die politischen Beobachter kam seine Wahl zum Bundessprecher im Dezember 1997 durchaus überraschend; aber sie erwies sich als stimmig. Nach den endlos scheinenden Querelen, die drohten, die Partei aufzureiben, installierte sich mit ihm etwas wie eine – schon aufgrund seines Alters – natürliche Autorität, die von den Grünen respektiert wurde. Schließlich hatte er sich durch seine Arbeit im Parlamentsklub Anerkennung erworben, und auch die hohe Erwartung an seine mediale Außenwirkung war schon damals ein wichtiges Argument.

Van der Bellen selbst ist sich bis heute noch nicht ganz sicher, warum er damals eigentlich für die Funktion des Parteichefs kandidierte. „Die einfachste Antwort wäre: Weil sich kein anderer gefunden hat", erzählt der Wirtschaftsprofessor. Diese Antwort klingt einfach, aber Zweifel an ihrer Richtigkeit sind angebracht. Die Namen eventueller KandidatInnen wurden schon genannt, und der bzw. die eine oder andere dürfte sich tatsächlich Chancen ausgerechnet haben, Christoph Chorherr zu beerben.

„Mir ging es jedenfalls lange Zeit so, daß mir plötzlich der Gedanke kam: Wie konnte das passieren? Mittlerweile habe ich mich daran gewöhnt. Es gab eine Krise. Chorherr war unter Beschuß geraten, in einer Phase, in der es uns gar nicht so schlecht ging, wir hatten gerade bei den Landtagswahlen im Sommer Oberösterreich hinzugewonnen. Im September oder Oktober sagte er dann: Jetzt reicht es, das soll ein anderer machen. Aber wer? Es gab da zahlreiche Gespräche, und ich habe lange Zeit gebraucht, um mir das vorstellen zu können. Ich habe mich um den Job nicht gerissen. Im Laufe des Prozesses muß ich es mir offensichtlich zugetraut haben, wenn auch mit Bauchweh. Ich muß mir auch zugetraut haben, es besser machen zu können als eine Reihe anderer. Ich bin selber überrascht, wie schnell das alles gegangen ist. Heute, wenn ich mit Journalisten oder mit Leuten auf der Straße rede, habe ich das Gefühl, die Menschen glauben, daß ich ohnehin schon seit zwanzig Jahren im Parlament bin. Es sind aber nur relativ wenige und es liegen nur etwas mehr als drei Jahre zwischen dem totalen Neuling und dem Repräsentanten, dem Sprecher einer Partei. Wenn Chorherr nicht die Lust verloren hätte, dann wäre es anders gekommen. Ich habe mir halt gedacht: Das Projekt hat Zukunft und es ist sehr spannend. Das war 1997 und ich wußte, die Wahlen würden spätestens im Herbst 1999 stattfinden und dann würde ich es ja sehen. In diese zwei Jahre werde ich nach bestem Wissen und Gewissen investieren und wenn die Wahlen schief gehen, dann war es das. Wenn sie gut ausgehen, kann ich es mir neu überlegen. Und selbst in der ärgsten Zeit, während dieser Streitigkeiten, waren wir nie schlechter als sechs Prozent."

Die Abstimmung im Bundesvorstand über die Person Van der Bellens als neuen Bundessprecher fiel eindeutig aus: 34 Mitglieder des Gremiums votierten für den Wirtschaftsprofessor als ihren neuen Chef. Nur ein einziger, Johannes Voggenhuber, enthielt sich der Stimme, und zwar mit der veröffentlichten Begründung, er habe aus Termingründen die Präsentation Van der Bellens verpaßt und könne deshalb nicht abstimmen. Dies sei ein wichtiger, allerdings formaler Grund und kein Zeichen des Mißtrauens. Die erste, freilich gleich unverhältnismäßig große Herausforderung für einen frisch gewählten Parteichef war die innere Befriedung der Grünen nach dieser „unguten, selbst verschuldeten Situation". Van der Bellen bestand diese Bewährungsprobe und legte damit eine Art Grundstein seiner innerparteilichen Verankerung als Bundessprecher. Daß er zunächst einmal als Krisenfeuerwehr aktiv werden und später als grüner Parteichef enorme Popularitätswerte erreichen würde, das hätte sich Van der Bellen bei seinem ersten zaghaften Engagement für die

Grünen nicht träumen lassen. Ein Beweis dafür, daß so etwas wie „Lebensplanung" in der Politik, die so gerne angeführt wird, wenn es darum geht, zu erklären, warum man die eine oder andere Spitzenposition eben nicht anstrebe, nur relative Gültigkeit hat.

Der Brückenbauer zwischen dem Wirtschaftsprofessor – nach seinem Ausscheiden aus der Sozialdemokratie – und den Grünen war der damals schon versierte Grün-Politiker Peter Pilz, selbst einmal Bundessprecher der Partei.

„Ich kannte Peter Pilz schon über Jahre hinweg. Wir haben uns Anfang der achtziger Jahre kennengelernt, aber der erste Parteikontakt kam bei der Geschichte mit dem Rechnungshofpräsidenten 1992. Es stand die Wahl des Rechnungshofpräsidenten im Parlament an, und die Grünen haben damals drei alternative Kandidaten präsentiert, von denen einer ich war. Da dachte ich mir: Warum nicht? Ich habe mich noch bei meinen Universitäts-Kollegen erkundigt, ich war ja noch Dekan, ob es ihnen etwas ausmachen würde, wenn ich diese ziemlich aussichtslose Kandidatur schlagen würde und sie meinten auch: Wieso nicht? Damals habe ich zum ersten Mal den Grünen Klub kennengelernt. Wer mich damals von den Grünen angerufen hat, weiß ich nicht mehr, aber Pilz scheint mir plausibel."

Rechnungshofpräsident ist Van der Bellen erwartungsgemäß, wie er selbst sagt, nicht geworden. Doch seine Bewerbung ermöglichte ihm, Berührungspunkte nicht nur mit grüner Politik, sondern auch mit der Grünen Partei für sich zu entdecken. Was folgte, waren einige Veranstaltungen mit grünen Thematiken, für die sich Van der Bellen zur Verfügung stellte, etwa eine Diskussion über Abfallbeseitigung, die an der Wiener Börse stattfand. Ein Jahr später, 1993, machte man sich bei den Grünen daran, den Wirtschaftsprofessor für eine Nationalrats-Kandidatur zu gewinnen. Das gelang mit einem Trick, der erfolgreich mit der normativen Kraft des Faktischen operierte und auf den Van der Bellen, heute reicher an Erfahrung, wohl kein zweites Mal hereinfallen würde:

„Das war eine geschickt eingefädelte Intrige. Es ging Schritt für Schritt. Der Peter Pilz hat mich irgendwann im Frühsommer 1993 angerufen und gesagt: ,Es könnte sein, daß im ,Profil' steht, daß du für uns für den Nationalrat kandidierst. Ich sage es dir nur, überleg es dir. Ich war total verblüfft. Jedenfalls habe ich nicht nein gesagt. Ich bin in jenem Moment gar nicht auf die Idee gekommen, naiv, daß diese Geschichte natürlich absichtlich gestreut wurde. Das stand dann tatsächlich im ,Profil', und wenn man so etwas nicht sofort dementiert, bekommt es eine Eigendynamik. Ich habe mich aber darum nicht gekümmert, bin nach Tirol in die Berge gefahren, dachte vielleicht noch daran, doch etwas zu unternehmen und schrieb Madeleine Petrovic einen Brief mit dem Motto: Ich möchte mich da nicht unabgesprochen hineinziehen lassen. Wenn ich wieder zurück bin, reden wir darüber. Jedenfalls hat mir der Peter nicht gesagt, was das bedeutet. Ich hatte ursprünglich den Eindruck: Na gut, wenn der Klub das will, dann komme ich halt auf eine Liste und dann bin ich halt im Nationalrat. Der Peter hat mir aber nicht gesagt, daß es bei den Grünen keine einfachen Sachen gibt. Ich mußte zum Bundeskongreß nach Klagenfurt fahren, damit mich die Leute erst einmal kennenlernen. Da gab es dann die größten Vorbehalte: Ein Ökonom und ein Professor? Ein EU-Befürworter? Nach etlichen Wahlgängen in Klagenfurt kam ich schließlich auf die Bundesliste. Wobei es dann auch weiterhin sehr amüsant war, zu sehen, wie sie dich bei den Grünen testen. Was ich in meiner Kurzrede bei meiner Vorstellung sagen könnte, da hat mir niemand einen Tip gegeben. Für welche Stelle in der Liste ich mich bewerben soll, hat mir auch niemand gesagt. Das durfte ich mir alles selbst überlegen. Instinktiv habe ich dann in beiden Punkten halbwegs richtig reagiert. Wenn jemand das werden will, muß er halbwegs ein Gefühl dafür haben, was geht und was nicht. Jedem kann man das nicht zumuten. In meinem Fall war das egal, wenn ich das hinnehme. Ich bin Beamter, ein Uni-Mensch, von niemandem abhängig. Wenn es nicht geklappt hätte, hätte es halt nicht geklappt und aus. Aber wenn du beispielsweise einen Angestellten irgendwo herauswerben willst, und ihn in dieses Risiko stößt – das kann man eigentlich gar nicht machen. Wir informieren jetzt sehr genau: Überlege dir das gut, welche Risiken gibt es, was kann abgesprochen werden und was nicht. Damals war das nicht so."

Hier denkt Van der Bellen ein Problem an, das für die Grünen von größerer Bedeutung ist als für andere Parlamentsparteien. Man könnte meinen, bei oberflächlicher Betrachtung dürfe es keinen unverhältnismäßigen Aufwand darstellen, politisch Interessierte für ein Engagement in der Grünen Partei zu gewinnen. Wenn auch viele Punkte dafür sprechen, daß es sich tatsächlich so verhält – zumindest solange die Grünen eher das Image des „Winners" und nicht das einer Partei, der die Wähler davonlaufen, besitzen: Ein gewichtiger Umstand, der wohl mit „sozialem Gewissen" zu tun hat, bereitet Van der Bellen dabei Kopfzerbrechen:

„Es gibt natürlich ein Problem bei uns, das jede Partei hat, die nicht in den alten Strukturen verhaftet ist, nämlich, was, wenn jemand ausscheidet. Wir bemühen uns jetzt zwar viel mehr als früher, den Leuten die Chancen und Risiken einer politischen Tätigkeit vor Augen zu führen, das also nicht nur der persönlichen Entscheidung zu überlassen. Was aber, wenn jemand mit 35 oder 42 aussteigt und nicht beamtet ist? Bei der SPÖ und bei der ÖVP war das traditionell nie ein Problem. Die meisten sind Beamte, es gibt die Kammern oder sie haben irgendwo einen Wirtschaftsbetrieb, wo sie die Leute dann untergebracht haben."

Und auch die Freiheitliche Partei, das darf ergänzend hinzugefügt werden, ist allen Anzeichen nach dabei, sich solche „Auffangbecken" zu schaffen.

Doch zurück zu Van der Bellens Weg in der Grünen Partei: Der Ökonom landete nach seiner Darstellung auf dem Klagenfurter Bundeskongreß schließlich auf Platz fünf der Kandidatenliste für die Nationalratswahl am 9. Oktober 1994. Die Grünen kamen auf 7,31 Prozent der Stimmen und errangen 13 Mandate. Damit verschlug es Van der Bellen von seinem bisherigen Arbeitsplatz, der Universität, ins Hohe Haus am Ring.

Das Parlamentsgebäude sorgt mit seinen zahlreichen Gängen, Türen, Toren und Stiegen wohl immer für einige räumliche Verwirrung beim unerfahrenen Benutzer. Wenn man sich *einen* Eingang einprägt, alle andere Möglichkeiten rechts und links liegen läßt und nur *eine* Standardroute für seinen Wege benützt, dann kann ein Fortkommen gelingen. Cafeteria und Zentralgarderobe können gute Orientierungspunkte bieten. Mißachtet man diese Regel, sind alle weiteren Versuche, im wahrsten Sinne des Wortes vorzugehen, mit der Erfahrung von „trial and error" verbunden. Ohne die Hilfe einer liebenswürdigen Person, die schon mit den Tücken des Hauses vertraut ist, oder eines Angehörigen der Parlamentswache kann man schnell einmal verzweifeln. Auch Alexander Van der Bellen blieb in seinen ersten Wochen als Parlamentarier von dieser Erfahrung nicht verschont: „Für mich war alles neu. Ich wußte weder, wie man in das Haus kommt, noch, wie man es verläßt. Einmal bin ich in der Nacht dort umhergeirrt und wurde schließlich von Helmut Peter, dem ehemaligen Abgeordneten des Liberalen Forums, gerettet. Er hat mich im finsteren Gang aufgeklaubt. Ich habe überhaupt kein Ortsgedächnis. Wenn man mich dreimal umdreht, bin ich schon desorientiert."

Doch nicht nur das Parlamentsgebäude selbst, auch die – zumindest am Anfang einer Tätigkeit als Parlamentarier scheinbar recht komplizierten – organisatorischen Abläufe erwiesen sich für den Professor als Herausforderung, die es erst einmal zu bewältigen galt:

„Was sagt man da in einer Rede, wie legt man das an, wie geht man mit der Zeit um? Am Anfang habe ich allen Ernstes geglaubt, wenn da steht ‚20 Minuten Redezeit‘, dann muß man wirklich zwanzig Minuten lang reden. Natürlich kann man aber auch nur zwei Minuten reden, denn niemand wird dich zwingen, die 20 Minuten auszuschöpfen. Das war schon ein Streß. Ich bin es gewöhnt, vor Leuten zu sprechen, aber Vorlesungen sind etwas ganz anderes. Wenn ich jetzt Neulinge im Parlament sehe und es noch so komisch ist, versuche ich mir, das Grinsen zu verkneifen, weil ich genau weiß, wie das damals war. Meine ersten Reden im ersten Jahr waren sicher nicht das Gelbe vom Ei. Johannes Voggenhuber hat mich damals für einen guten Analytiker, aber nicht für einen guten Politiker gehalten. Das ist ein Grundwiderspruch, für dessen Auflösung ich Jahre gebraucht habe.“

Seit dieser Zeit hat sich für die Grünen und für Alexander Van der Bellen einiges geändert. Der Wirtschaftsprofessor hat 1999 eine Nationalratswahl als Spitzenkandidat erfolgreich geschlagen und ist längst kein Neuling mehr im Parlament. In den wenigen Jahren, in denen er im Plenum sitzt, hat er sich den Ruf eines launigen Redners erworben, der die Ausführungen des politischen Mitbewerbers je nach Ausrichtung mit sichtbarer Anerkennung, mit Ironie, manchmal aber auch mit scharfer Häme und locker vorgetragenem Spott bedenkt; oft so, daß er sich der Grenze des Verträglichen nähert.

Die meisten seiner Ausführungen unterscheiden sich von denen der politischen Mitbewerber naturgemäß nicht nur inhaltlich, sondern auch in der Art und Weise des Vortrages. Vorgefaßte Notizzettel hindern Van der Bellen nicht daran, seine Rede in der Regel frei zu halten. Konzepte sind nicht mehr als ein Grundmuster, das beliebig abgewandelt werden kann. Augenscheinlich besteht für ihn keine Notwendigkeit, sämtliche Inhalte, die er sich eigentlich für die Ausführungen am Pult vorgenommen hat, auch „durchzubringen". Das Programm wird im Zweifelsfall lieber zugunsten der Reaktion auf Zwischenrufe aus dem Plenum gekürzt. Ein gutes Beispiel für seine angewandte Spontaneität ist folgende Begebenheit: Im Zuge einer heftigen Parlamentsdebatte – Van der Bellen ist am Wort – schmettert ihm aus der freiheitlichen Ecke des Plenums der Anwurf „Ein Wolf im Schafspelz!" entgegen. Van der Bellen überlegt kurz, ob er darauf reagieren soll, dreht sich dann in Richtung der FPÖ-Mandatare und murmelt, zwar gut hörbar, aber ohne wahrnehmbare Emotion, ins Mikrofon: „Jaja. Besser ein Wolf im Schafspelz als ein Schaf im Wolfspelz." – Gelächter und 1:0 für Van der Bellen; dieses Mal zumindest. Doch das nur als kleines Beispiel, wie Debattenbeiträge des Wirtschaftsprofessors gewöhnlich ablaufen.

Was sich unter Parteichefin Madeleine Petrovic schon abgezeichnet hat, nämlich die Wandlung der Grünen von einer „Protestpartei" zu einer „Veränderungspartei", wie sie es selbst einmal formulierte, das wurde und wird unter Alexander Van der Bellen noch verstärkt, sowohl in inhaltlicher als auch zeitlicher Hinsicht – ein Prozeß, der allerdings nicht ohne Kritik abläuft. Die Geschichte der Grünen ist, vor allem in ihrer Anfangsphase, eine Geschichte des Widerstandes: Ganz am Anfang stand der noch weitgehend unorganisierte Widerstand gegen die Inbetriebnahme des Atomkraftwerkes in Zwentendorf, dann der Widerstand gegen den Bau des Wasserkraftwerkes in den Donauauen bei Hainburg. Viele lokale Bürgerinitiativen hatten eine Vorreiterrolle in „grüner" Politik. In der Stadt Salzburg etwa konzentrierten sie sich thematisch und organisatorisch zur „Bürgerliste" und erreichten schon 1977 den Einzug in den Gemeinderat. Gelungen war das mit den „Kernthemen" Altstadterhaltung bzw. Altstadterneuerung und Schutz der Grünflächen. Eine erste erfolgreiche Kandidatur bei Nationalratswahlen scheiterte zunächst an internen Konflikten, die ebenfalls mit zur Entwicklung der Grünen gehören.

1986 konnte schließlich ein „Grundsatzvertrag" beschlossen werden, der alle „Bewegungen für Demokratie und Umwelt in Österreich" einen und sammeln sollte. Als „Sammelbecken" dafür wurde eine neue Partei geschaffen, die sich „Die Grüne Alternative" nannte. Freda Meissner-Blau war Spitzenkandidatin für die in diesem Jahr stattfindende Nationalratswahl. Tatsächlich gelang den Alternativen mit 4,82 Prozent der Stimmen der Einzug ins Hohe Haus. Sie erkämpften sich acht Mandate. Die Grande Dame der Grünen, Freda Meissner-Blau, ist mit dem Kurs der Partei heute nicht unbedingt zufrieden. In einem Nachrichtenmagazin übte sie Kritik an der Entwicklung der Grünen unter Van der Bellen: „Die Grünen sind eine übliche Partei geworden. Wie viele andere auch. Die Wahl eines Professors der Nationalökonomie als Grün-Sprecher ist an sich bedenklich. Von ihm kann man ja gar nicht verlangen, daß ihm eigentliche Grün-Themen ein Anliegen sind. Van der Bellen ist als Grün-Sprecher nicht überzeugend, nicht einmal glaubwürdig." Zwar kenne und schätze sie Van der Bellen als „netten und lieben Menschen". Allerdings: „So wie die Grünen repräsentiert werden, zeigt sich, daß es in erster Linie nur um die Macht geht. Für mich ist das eine große Enttäuschung. Ich habe das Gefühl, die Luft ist draußen. Zielsetzung ist die Stimmenmaximierung durch generelle Anpassung."

Harte Worte, angesichts derer es sich lohnt, den einen oder anderen Gedanken darauf zu verschwenden, ob Alexander Van der Bellen tatsächlich ein guter Parteichef für die Grünen ist. Wenn Stimmenmaximierung ein Kriterium ist, dann fällt die Antwort eindeutig mit Ja aus. Auch die Befriedung der Partei, von der schon die Rede war, ist als Erfolg zu verbuchen. Durch seine persönliche Sicherheit, seine Ruhe und Gelassenheit habe Van der Bellen auch anderen ermöglicht, ihren Platz zu finden, sagt man in der Partei. Braucht man also vor allem Ruhe und Gelassenheit, um ein guter grüner Parteichef zu sein? Unbeantwortbare Fragen für jenen, um den es eigentlich geht.

„Das läßt sich so überhaupt nicht sagen. Vor ewigen Zeiten habe ich mit einem Kollegen, der Soziologe an der Wirtschaftsuniversität ist, Seminare über sogenanntes Führungsverhalten gemacht. Damals war es en vogue, das Situative zu betonen. Wenn sich jemand die Mühe machen will, zwanzig Jahre grüne Parteigeschichte zu beschreiben, dann wird er Rücksicht darauf nehmen müssen, daß meine Periode von 1997 bis was weiß ich wann etwas anderes ist als die Zeit davor und danach. Meine Wahl war für alle ein Risiko. Es war überschaubar, weil spätestens zwei Jahre später die Wahlen waren, und das war der erste Test. Ich glaube, daß es in diesem Fall ein Vorteil war, von außen zu kommen, nur eine kurze grüne Vorgeschichte zu haben und älter zu sein. In bestimmten Situationen ist es ein Vorteil, alles, was vorher war, nicht so genau zu kennen. Wer mit wem und warum wann gestritten hat, das weiß ich bis heute nicht und ich habe auch kein Gedächtnis für solche Sachen. Ich kann mir gut vorstellen, daß es eine lange Zeit ein Problem bei den Grünen war, daß alle praktisch gleich alt waren. Ich war zwar schon da, wenn auch mit drei Jahren relativ kurz, aber ich habe keinen Rucksack von Beziehungen mitgeschleppt."

Wenn Van der Bellen also bei sich selbst einen Grund dafür suchen möchte, warum es ihm als Parteichef offensichtlich nicht so schlecht geht, ist es der, daß er eben *keine* einschlägige grüne Vergangenheit aufweist. Van der Bellen hat sich eingearbeitet, er hat ein Team um sich geschaffen, mit dem er zufrieden ist. Sich gute Leute zu Mitarbeitern auszusuchen ist ja angeblich eine der Eigenschaften, die Politiker besitzen sollten, wenn sie Erfolg haben wollen. Van der Bellen scheint es gelungen zu sein, und er gibt sich in diesem Fall aus gutem Grund bescheiden. Wenn die Öffentlichkeit den Professor als Chef der Grünen Partei ansieht, offenbart sich ihr nur die halbe Wahrheit: Die Bundesgeschäftsführerin der Grünen, Michaela Sburny, wird gelegentlich als „geheime Parteichefin" bezeichnet. Abgesehen davon, daß sie zwar im Stillen, aber keineswegs im Geheimen agiert, kann man diese Einschätzung im wesentlichen teilen. Sie kümmert sich um jene Angelegenheiten, die für das eigentliche Funktionieren der Partei unabdingbar sind. Sie schüttelt – im Gegensatz zu Van der Bellen – die Statuten der Partei aus ihrem Ärmel und ist sicher in ihrer Anwendung.

Michaela Sburny als „Seele der Partei" zu bezeichnen, träfe vielleicht den Kern, doch darf bezweifelt werden, ob ihr selbst diese Beschreibung recht wäre. Van der Bellen ist sich ihrer Rolle jedenfalls sehr genau bewußt:

„Wenn das Team um dich herum gut ist, dann funktioniert alles auch gut. Ich alleine könnte gar nichts machen. Es war wirklich ein Glücksfall ersten Ranges, daß Michaela Sburny zu dem Zeitpunkt Lust hatte, Geschäftsführerin zu werden, verfügbar war, sich das vorstellen konnte. Das bekommt die Öffentlichkeit kaum mit. Die schauen auf Pilz und Petrovic. Das Wirken in der Partei möchte ich nicht gewichten. Nach meinem Gefühl ist die Aufgabe der Michaela mindestens so wichtig wie meine. Die Leute müssen ernst genommen werden, damit sie sich auch ernst genommen fühlen."

Seine Wahl zum Bundessprecher, erzählt Van der Bellen, war „keine Machtübernahme, niemand hat sich durchgesetzt. Es war in diesen drei Jahren wichtig, daß keiner das Gefühl gehabt hat, man wolle ihn ausbremsen oder ausschließen. Wenn sich jemand engagiert, dann bekommt er oder sie auch den Raum. Die Leute müssen verschieden sein und sich ergänzen. Sie müssen gerade in diesem Prozeß eine Kohäsion vermitteln, die sich dann auch überträgt."

Diese Schilderung kann allerdings nicht darüber hinwegtäuschen, daß es in seiner Geschichte als Parteichef Situationen gegeben hat, bei denen sich sehr wohl jemand durchgesetzt hat, nämlich Van der Bellen selbst – und zwar in einer Weise, die bei den Betroffenen auch Spuren hinterlassen hat, die die Annahme rechtfertigen, daß vielleicht doch „ausgebremst" oder „ausgeschlossen" wurde. Es kommt einem dabei etwa die Ablöse von Madeleine Petrovic als Klubobfrau im nach der Nationalratwahl 1999 neu konstituierten Nationalrat in den Sinn; doch dazu später. Die interne Kritik an Alexander Van der Bellen hält sich jedenfalls noch in Grenzen, und solange die Grünen in den Meinungsumfragen gut plaziert sind und Wahlerfolge erzielen können, wird dies vermutlich auch so bleiben. Die Frage ist, ob im Zuge dieser positiven Stimmung nicht das ein oder andere Thema, über das offen diskutiert werden müßte, unbeachtet bleibt.

Formuliert man die Kritik Meissner-Blaus als Analyse, so wird man sie als teilweise zutreffend bewerten müssen: Die Grünen sind dabei, die klassischen Themen der Anfangsjahre zusehends in den Hintergrund zu drängen; sie verbreitern sich von einer „Single issue"-Partei hin zu einer Partei, die in möglichst vielen Politikbereichen punkten will und auch punkten kann. Aber leidet darunter nicht, was man gemeinhin unter klassischer Grün-Politik versteht, nämlich die Umweltpolitik? Sicherlich können sich die Grünen schon alleine ihres Namens und ihrer Parteifarbe wegen noch einige Zeit darauf verlassen, daß mit ihnen Naturschutz- und Umweltpolitik verbunden wird. Auch wirkt die in der Vergangenheit aufgebaute und symbolisierte Sachkompetenz in diesen Fragen noch weiter. Mittelfristig gesehen wird es jedoch einer Strategie bedürfen, Kern-Wähler, denen

genau dieses Politik-Segment ein Anliegen ist, und neu hinzuge-
wonnene Wähler gleichermaßen zu binden.

Van der Bellen wird noch einige Überzeugungsarbeit dafür
leisten müssen, daß ihm persönlich Umweltpolitik ein echtes
und kein sekundäres Anliegen ist. Daß er als Ökonom „das Grüne" nicht verinnerlicht hätte wie vielleicht andere seiner Parteikollegen, und daß genau dieser Umstand vielleicht eines Tages
zum Problem werden könnte – wenn Umfragen und Wahlen
nicht mehr positiv ausfallen und deswegen eine Debatte über
den inhaltlichen und personellen Kurs der Partei einsetzt –, will
Van der Bellen nicht glauben. Kritik dieser Art prallt (noch) an
ihm ab.

„Eine politische Partei, die sich jenseits der zehn Prozent ansie-
deln möchte, muß eine Partei sein und nicht Greenpeace. Es
kann keine ‚Single issue'-Partei in dieser Hinsicht geben, das
funktioniert nicht. Gerade, wenn man diesen grünen, ökologischen Kern ernst nimmt, dann muß man schauen, daß man als
Partei überlebt, dazu braucht man auch Sozialpolitik, Frauen-
politik, Friedenspolitik. Die erwähnte Kritik nehme ich mit
einem gewissen Zynismus hin, weil mir schon aufgefallen ist,
daß auf manchen Ausflügen mit meinen grünen Freundinnen
und Freunden ich der einzige war, der am Waldesrand stehen
geblieben ist und eine Blume oder einen Strauch sinnend
betrachtet hat, während alle anderen ins politische Gespräch
vertieft waren. Blind für die Natur, die vor dir wächst! Eines
stimmt aber schon: Meine Leidenschaft liegt nicht unbedingt
in der Reform der Abfallsammlung, wobei ich zugebe, daß das
enorm wichtig ist, vor allem dann, wenn es fehlgelagert ist, wild
deponiert und diese Schweinereien. Emotional-sentimental bin
ich aber vermutlich viel grüner als viele meiner Kollegen, die
vielleicht in der Öffentlichkeit viel mehr mit diesen Dingen
assoziiert werden."

Man könnte nun freilich zu dem Schluß kommen, daß sich die angesprochene mangelnde Leidenschaft nicht nur auf die Abfallsammlung beschränkt. Vielmehr scheint „Abfallsammlung" eine Chiffre für konkrete umweltpolitische Aktivitäten im weitesten Sinne zu sein. Van der Bellen macht kein Geheimnis daraus, daß ihn die Raffinessen der Budgets und die Tücken des Finanzausgleichs ungleich mehr faszinieren als eben andere, eigentlich „grüne" Politikfelder. Kann man daraus einen Vorwurf konstruieren? Man kann, wenn man sich vor Augen halten will, daß der Wirtschaftsprofessor der Bundessprecher einer gemeinhin als „Öko-Partei" bezeichneten politischen Bewegung ist. (Daß man außerdem darüber nachdenken muß, ob man die Grünen heute überhaupt noch als Öko-Partei bezeichnen soll, hängt mit dieser Problematik zusammen.) Würde dieser Maßstab für andere Parteien gelten, müßte man voraussetzen, daß sich etwa der Parteichef der ÖVP unbedingt für Wirtschaftspolitik interessieren muß oder daß der Vorsitzende der Sozialdemokraten in Arbeitsmarktpolitik versiert sein soll. Nachdem beides weitgehend zutrifft, sollte sich der Parteichef der Grünen wohl auch für umweltpolitische Projekte begeistern und hier einen Schwerpunkt seiner Arbeit setzen.

Auf der anderen Seite gibt es Argumente, die dafür sprächen, daß sich ein solcher Vorwurf nicht schlüssig führen läßt. Die Grünen haben, als sie Alexander Van der Bellen zu ihrem Chef machten, natürlich gewußt, daß er Ökonom und kein Umweltbiologe ist. Man konnte auch nicht erwarten, daß der Wirtschaftsprofessor seine Vergangenheit abstreift, plötzlich die Ökologie der Partei wegen zu seiner Lieblingsbeschäftigung macht und für sie seine bestehenden Interessen beiseite schiebt. Hinzu kommt, daß Van der Bellen an grundsätzlichen ökologischen Fragestellungen durchaus Gefallen findet und sich durchaus seine Gedanken darüber macht, wie man noch sehen wird.

Die Grünen sind jedenfalls im Umbau begriffen, und Van der Bellen selbst weiß um die Unterschiede in der Partei zwischen seiner ersten Zeit als Nationalrat und heute zu berichten:

„Wir sind professioneller geworden, aber was heißt das? Die Verantwortung der einzelnen Funktionsträger ist viel größer geworden, etwa als Delegierter in einzelnen Parteigremien. Das hatte damals etwas Spielerisches und Beliebiges an sich, war zu kurzfristig orientiert, auf Personen und nicht auf Inhalte bezogen. Irgend etwas hat gefehlt. Ich hatte in den beiden ersten Jahren nicht das Gefühl, daß das Gremium, in dem ich sitze, tatsächlich etwas will. Als Kollektiv. Sei es, Wahlen zu gewinnen oder sei es, zu etwas Heiklem eine gemeinsame Meinung zu formulieren. Die Sitzungskultur im Klub war nicht hoch und ist es immer noch nicht. Doch jetzt habe ich das Gefühl, daß wir trotz verschiedener Ausgangspositionen ein gemeinsames Ziel haben. Damals hatte ich dieses Gefühl nicht immer. Es waren mehr Leute unterwegs, die genau zu wissen vorgaben, was Parteilinie ist. Im nachhinein frage ich mich, woher sie diese Gewißheit hatten. Mit gleichem Recht hätte ich das Gegenteil behaupten können. Es gab immer wieder verschiedene Ad-hoc-Bemerkungen, was Grün ist und was nicht. Das hat mit einer etwas übertriebenen Interpretation von Basisdemokratie zu tun. Ich kann mich an Sitzungen erinnern, wo man eine Stunde lang darüber debattierte, wann und wo die nächste Klubsitzung stattfinden würde und wer darüber zu entscheiden hätte. Ich habe gesagt: Laßt doch einfach die Madeleine entscheiden und fertig. Das hat man mir schwer angekreidet. Ich hätte offenbar nicht verstanden, was Demokratie bedeutet, was Partizipation und Einbindung heißt. Es müsse jeder gefragt werden. Das stimmt natürlich alles, aber bitte nicht bei jedem Thema. Jetzt gibt es bei uns ein stärkeres Gemeinschaftsgefühl, mehr Disziplin, Loyalität zur Sache und nicht zu Personen."

Was Van der Bellen überhaupt nicht leiden kann, ist die Feststellung, mit ihm sei die Partei „normaler" geworden. Woran es liegt, daß sehr viele politische Beobachter genau zu diesem Schluß kommen, hat der Wirtschaftsprofessor jedoch ausgemacht:

„Vermutlich meint man damit die Reduzierung von sogenanntem Aktionismus. Er wird jetzt gezielter eingesetzt, man überlegt sich was dabei, warum man es machen kann und soll. Wie kann man unsere Anliegen versinnbildlichen und verstehen es die Leute dann? Natürlich gelingt das nicht immer. Früher waren das Ad-hoc-Entscheidungen mit der Gefahr, daß die Leute gründlich mißverstehen, was du eigentlich mit deiner Aktion machst. Wir waren vorher jedenfalls nicht abnormal, sondern anders. Man kann darüber nicht wirklich reden, ohne die handelnden Personen miteinzubeziehen. Die sind alle normal, aber anders. Im Parlamentsklub gibt es eine ganze Reihe von Veteranen, was in den Bundesländern nicht zutrifft, da dort die Einzüge in die Parlamente, auch in jüngster Zeit, erfolgt sind. Wenn sich die Partei verändert hat, müßten sich auch die Veteranen verändert haben. Oder die Rahmenbedingungen haben sich so verändert, daß andere Auffälligkeiten entstehen, nämlich die, daß man sich zu einer ganz normalen Partei entwickelt hat. Der Gedanke, daß wir zu einer ganz normalen Partei geworden sind, bereitet mir allerdings Unbehagen. Ich möchte auch nicht so ganz normal sein."

Normal oder nicht, die annähernde Absenz von Aktionismus im Vergleich zu früheren Zeiten hat in der Öffentlichkeit sicherlich den Eindruck erweckt, die Grünen seien „braver" geworden. Inhaltlich gesehen gibt es jedenfalls eine Probe, die von den Grünen und damit von ihrem Parteichef mehr denn je zu bestehen ist: die Auflösung des Konfliktes zwischen Ökologie und Ökonomie. Das gilt insbesondere in einer Phase der umfassenderen Orientierung, die von den Grünen derzeit durchlaufen wird.

Keine andere Partei als eine, die sich „grün" nennt, wird an das globale und regionale Wirtschaftswachstum und den damit verbundenen Folgen im positiven und negativen Sinn strengere Maßstäbe legen können; keine andere wird sich aber auch so sehr daran messen lassen müssen, ob sie dieser Verantwortung tatsächlich nachkommt. „Verantwortung" ist ein zentraler Begriff für diese Problematik, wie auch aus den Ausführungen des Ökologen Josef H. Reichholf ersichtlich ist:

„Wir wollen nicht nur mehr, wir brauchen mehr. Unser Wohlergehen hängt ab von der Wirtschaft und ihrer Entwicklung. Ökonomie ist uns nicht gleich Ökologie. Aber auch in dieser Hinsicht gleichen wir durchaus den anderen Lebewesen. Jeder strebt danach, seine Möglichkeiten zu nutzen und auszubauen. Das geht nur auf Kosten anderer. Wir können keinen Schritt machen, ohne ein anderes Lebewesen zu beeinträchtigen oder zu zerstören: Wir essen Lebewesen oder Produkte davon, wir atmen Luft, verbrauchen dabei Sauerstoff und geben Kohlendioxid ab. Unser Energieumsatz übertrifft ein Vielfaches den sogenannter natürlicher Ökosysteme. Wir leben von der fernen Vergangenheit, indem wir Erdöl und Kohle als Energiequellen verbrauchen, die vor mehreren Hundert Millionen Jahren von Pflanzen gebildet worden sind. (...) Aber in einer Eigenschaft unterscheiden wir uns aller Wahrscheinlichkeit nach von den übrigen Lebewesen: Wir können über unser Tun nachdenken und für die Zukunft vorsorgen. Wir leben nicht mehr in den Tag hinein. Damit hat der Umweltschutz eine weitere, ganz wesentliche Dimension, die den Beziehungen der einzelnen Arten von Lebewesen zu ihrer Umwelt fehlt: die Vorsorge. Umweltschutz ist auch Vorsorge für die Zukunft und nicht nur das Verhindern oder Reparieren von Schäden in Gegenwart und Vergangenheit. Die Kontrolle für die Art Mensch und für die zahlreichen Populationen, die unsere Art bilden, haben wir der Natur abgenommen. Wir handeln in Eigenregie. Deshalb reichen Grenzwerte und Vorschriften nicht, wenn sie sich nur am gegenwärtigen Zustand orientieren und das Fortwirken im System, in unserem Fall im Ökosystem der ganzen Erde, in der Biosphäre, außer acht lassen."

Dieses Handeln in Eigenregie, das Reichholf beschreibt, gilt für die Ökonomie und für die Ökologie gleichermaßen. Doch noch immer siedeln wir unseren Bewußtseinsschwerpunkt im wirtschaftlichen Bereich an. Im Zweifelsfall, daran ändert auch das dritte Jahrtausend nichts, hat die Menschheit noch immer die unangenehme Eigenschaft, der ökonomischen (Über-)Entwicklung auf Kosten der Umwelt den Vorzug zu geben. Die Chance auf Veränderung dieser Einstellung muß realistischerweise als gering bezeichnet werden. Eine Linderung dieses Zustandes könnte vielleicht eine – wenn wahrscheinlich auch illusorische – System-Adaptierung bringen, wie sie der ehemalige Vizepräsident der Vereinigten Staaten Al Gore andenkt:

„Unbestreitbar ist unser wirtschaftliches System teilweise blind. Es ‚sieht' manche Dinge und andere nicht. Es mißt und berechnet sorgfältig den Wert jener Dinge, die für Käufer und Verkäufer am wichtigsten sind, wie etwa Nahrung, Kleidung, Industriegüter, Arbeit und das Geld selbst. Aber seine komplizierten Kalkulationen vernachlässigen oft vollständig den Wert anderer Dinge, die nicht oder nur schwierig zu kaufen und zu verkaufen sind: Süßwasser, reine Luft, die Schönheit der Berge, die Vielfalt des Tierlebens, um nur einige zu nennen. Tatsächlich ist die teilweise Blindheit unseres gegenwärtigen Wirtschaftssystems die mächtigste Triebkraft, die hinter unseren irrationalen Entscheidungen über die Umwelt steht."

Gore sieht Möglichkeiten zur Behebung dieses Dilemmas, indem wirtschaftliche Kenngrößen wie etwa das Bruttosozialprodukt um den Kosten- und Nutzenfaktor Umweltschutz erweitert werden.

Der Parteichef der österreichischen Grünen hält auch in seiner Einstellung zu diesem Spannungsfeld zwischen Ökologie und Ökologie an seinem Grundprinzip, dem Pragmatismus, fest:

„Mein Verhältnis zu beiden Sachen ist völlig unverkrampft, aber theoretisch. In jedem Lehrbuch der Ökonomie ist es ganz klar, daß sogenannte Umweltprobleme in den Kontext des sogenannten Marktversagens führen. In einem sich selbst überlassenen Markt also nicht gelöst werden. Auch der liberalste Ökonom wird nicht leugnen, daß das ein Punkt ist, in dem der Staat intervenieren sollte. Die Frage ist nur: Was heißt das konkret? Ist es ein Gebot, ein Verbot, eine Steuer, eine Auktionierung von Verschmutzungsrechten? Das alles steht nicht im Lehrbuch. Grüne, die nicht Volkswirtschaft studiert haben, gehen von einem ganz anderen Erfahrungs- und Erlebniskontext aus. In der Kommune oder Gemeinde hat man irgendeinen Betrieb, der Umweltauflagen nicht einhält, der Abwässer einleitet, der vielleicht die Auflagen sogar einhält, diese aber so schwach sind, daß das Wasser immer noch vergiftet wird. Aus dieser Perspektive erlebt man einen typischen Gewerbe- oder Industriebetrieb als Gegner, wenn nicht sogar als Feind. Da gibt es dann natürlich ein Spannungsverhältnis, da sich jeder Betrieb dagegen wehrt, kostentreibende Auflagen zu erfüllen."

Ein überzeugendes Argument, das helfen könnte, ein derartiges Konfliktpotential aufzulösen, wäre der „first mover advantage", wie Van der Bellen erläutert.

„First mover advantage bedeutet, daß jene Länder, die in bestimmten Sektoren die ersten waren, die scharfe Umweltauflagen erfüllt haben, neue Märkte damit geschaffen haben, in denen sich die Firmen ihres Landes damit wiederum Wettbewerbsvorteile verschafft haben. Ein typisches Beispiel dafür ist Japan, das schon sehr früh, in den siebziger Jahren, für seine Luftemissionen Auflagen einführte. Die haben dafür gesorgt, daß Know-how und eine Technologie entsteht, etwa im Bereich der Filteranlagen, mit der dann im Zeitablauf auch

Geschäfte gemacht werden können. Das heißt: Durch die Auflage, die der Staat auferlegt, wird ein neuer Markt geschaffen, in dem allerdings in der Regel andere Firmen profitieren und nicht die, denen die Auflagen erteilt worden sind. Politisch gesehen ist das oft ein Problem, weil sich diejenigen, die negativ betroffen sind, in der Regel weitaus lauter artikulieren als diejenigen, bei denen in Zukunft die Vorteile entstehen."

Ökologie und Ökonomie sind für Van der Bellen nichts, was sich nicht vereinbaren ließe. Zumindest, wenn man beim Nachdenken darüber von einer größeren Perspektive ausgeht: „Ich sehe dieses Spannungsverhältnis, wenn überhaupt, dann nur in solchen Interessenskonflikten und technischen Details, aber nicht grundsätzlich. Ich sehe auch keinen Widerspruch zwischen wirtschaftlicher Entwicklung oder Wachstum und ökologischen Fragen." Diese Antwort ist alles andere als naheliegend für den Chef einer Grünen Partei. Als Beispiel dafür, daß seine Annahme gerechtfertigt ist, führt Van der Bellen „die ehemalige Sowjetunion und die Länder der Dritten Welt" an: „Dort sind die Umweltprobleme regelmäßig größer als in den entwickelten Industriestaaten." Allerdings räumt der Wirtschaftsprofessor ein, daß es sich nicht immer so verhält. In Sachen Treibhauseffekt seien es die Industrieländer, die jenen Schaden anrichten, mit dem auch die Länder der Dritten Welt konfrontiert seien. Und das, obwohl sie nach dem Verursacherprinzip völlig schuldlos an dieser Entwicklung seien.

Van der Bellen also löst den Konflikt zwischen Ökologie und Ökonomie auf, in dem er die Existenz dieses Konfliktes in Frage stellt. Spannungen ergeben sich, so seine Sicht der Dinge, aber dann, wenn es darum geht, in konkreten Einzelfällen die Kosten und die Nutzen abzuwägen. Gerade aber wenn es um die Umweltverträglichkeit einzelner Projekte im weitesten Sinn geht, kommt auf die Grünen stets eine Belastungsprobe zu; ein Umstand, der mit Van der Bellens genereller Sichtweise des Problems selten in Einklang zu bringen ist. Dennoch beteuert Van der Bellen, diese Auseinandersetzung behindere ihn bei seiner Arbeit als Bundessprecher der Grünen nicht:

„Zumindest nicht in meiner Periode ab Weihnachen 1997. Das waren in der Regel innenpolitisch nicht die großen Themen, vom Kyoto-Desaster einmal abgesehen. Innenpolitisch hatten wir ganz andere Schwerpunkte, wo wir auch Profil gezeigt haben: Bürger- und Menschenrechtsfragen, teilweise Militärpolitik und NATO, die Kosovo-Krise, Sozialpolitik- und Frauenfragen hängen in den seltensten Fällen mit Umweltpolitik zusammen. Wir wenden uns gegen die Anwendung der sogenannten Gentechnik in der Landwirtschaft und die Patentierung auf Leben. Angekommen ist das dann teilweise als Technologiefeindlichkeit der Grünen. Leider."

Man könnte natürlich ebenso kecker- wie berechtigterweise einwenden, daß es doch vor allem an einer grünen Partei liegen sollte, Umweltpolitik zu den innenpolitischen Schwerpunkten hinzuzufügen. Manchmal gelingt es auch, allerdings selten aufgrund eigener Initiativen, sondern eher aufgrund eines „Agenda settings" von außen.

Wenn Van der Bellen über die Kernpunkte einer Umweltschutzpolitik, wie sie sein sollte, räsonniert, gelangt er schließlich und konsequenterweise zu einem Begriff, von dem schon im ersten Teil die Rede war: dem Begriff der „Sicherheit".

„Es gibt sozusagen ,traditionelle' und andere Probleme in der Umweltpolitik. Traditionell ist, wo sich Widerstandsprojekte entwickeln, wenn etwa das Lechtal aufgestaut werden soll. Oder Widerstand gegen die Atomkraftwerke, wenn man sich einmal entschieden hat, das Risiko steht nicht dafür, also versucht man sie zu verhindern beziehungsweise die existierenden schrittweise auszubremsen und stillzulegen. Oder noch ein anderes Beispiel wegen der BSE-Krise: Da werden langfristige Positionen von uns bestätigt. Die artgerechte Haltung von Tieren, daß du Grasfresser nicht mit Tierkadavern füttern sollst und solche irgendwie einsichtige Dinge, wie man meinen möchte. Die ‚Industrialisierung‘ der Landwirtschaft als Stichwort, obwohl der Begriff zu eingängig ist, denn wie groß ein Hof ist, ist letzten Endes von sekundärer Bedeutung, da es auf die Produktionsweise ankommt. Bei anderen Fragen treten die üblichen ‚Trade-offs‘ auf. Zum Beispiel, wenn man sich die bei der Glasflaschensammlung rapide ansteigenden Grenzkosten ansieht. Wenn man 70 Prozent zurückbringt und recycled, dann kostet das – Hausnummer – einen Schilling pro Flasche, wenn man auf 80 Prozent kommt, kostet es 1,50 Pro Flasche und ab 90 Prozent steigt es dann exponentiell an. Für einen Ökonomen wie mich ist das eine völlig triviale Fragestellung, ob man das machen soll oder nicht. Aber für einen gestandenen Biologen oder Ökologen? Die gehen gerne auf 100 Prozent. Was halt nicht sinnvoll ist.

Auf einer Metaebene hat Umweltschutzpolitik viel mit Sicherheit zu tun. Die Sicherheit eines Wanderers, der im Jahr t einen Waldpfad beschreitet und im Jahr t+1 da nicht einen drei Meter breiten Forstweg haben möchte und im Jahr t+5 eine Bundesstraße. Ich denke mir, daß viel dieses Naturschutz- und Umweltbewußtseins von Leuten, die deswegen noch lange nicht grün wählen, auf solchen mehr oder weniger bewußten oder unbewußten Gefühlen beruht. Das hat natürlich etwas Konservatives: daß das, was da ist, was man kennt, daß das geschützt wird und, daß der Lebensraum, in dem man sich bewegt, der bleibt. Wenn ich jetzt ein Haus baue, dann will ich nicht fünf Jahre später nebenan eine Schottergrube haben und alle zehn Minuten einen 20-Tonnen-Lkw vorbeifahren sehen. Da hat dann die Gemeinde immer eine schwierige Abwägungsfrage. Die bäuerliche Ideologie entspricht dem eigentlich ganz gut: nämlich, daß man den Hof in seiner

Substanz nicht schlechter übergibt, als man ihn übernommen hat. Die Praxis der bäuerlichen Landwirtschaft läßt da viel zu wünschen übrig. Daß diese Dinge für viele Menschen enorm wichtig sind, liegt auf der Hand, denn sonst könnte man nicht erklären, warum wir, zwar noch immer unterdurchschnittlich, aber doch wachsend auch unter den älteren Leuten soviel Zuspruch haben. Wenn jemand 70 oder 80 ist, muß er eine Perspektive haben, die nicht ihn selbst betrifft, sondern die Kinder und Enkel. Also einen Nachhaltigkeitsbegriff haben, der über die eigenen Interessen hinausgeht.

Letzten Endes hat Umweltschutz- und Naturschutzpolitik schlicht und einfach etwas mit dem Schönheitsempfinden zu tun. Manchmal ist es ziemlich eindeutig, was schöner ist und was nicht. Die meisten Leute, glaube ich, finden eine gegliederte Landschaft schöner als ein Feld mit 300 Hektar Monokultur Mais. Auf der anderen Seite stellt sich die Frage: Was ist denn noch Natur? Gerade in unseren Breiten ist klassischer Naturschutz im Grunde genommen Kulturschutz. Wo ist da schon die unbeeinflußte Natur? Vielleicht dort, wo die Bären hausen. Sonst gibt es das nur höchst kleinräumig, wenn überhaupt. Voggenhubers Politik in Salzburg war die Bewahrung der italienisch-mediterranen Kultur, was von der Architektur her glaube ich stimmt. Da geht es aber nicht darum, überall eine weitere Topfpflanze hinzustellen. Also ich persönlich finde die Palmen am Wiener Graben nicht passend. Mit grüner Politik hat das nichts zu tun. Der Graben ist eine Stadtstraße und kein Palmenhain.

Die Ökonomen befassen sich natürlich auch mit der Frage: Was ist Natur- und Umweltschutz und wieviel darf er kosten. Es gibt verschiedene Möglichkeiten, sich dem zu nähern. Einmal über die schlichte Verwertbarkeit. Du hast die Wahl, ein Naturreservat in ein Kohlenrevier zu verwandeln. Sollst du das machen oder nicht? Dann bewertet man den Nutzen des Naturreservates über die Anzahl der jährlichen Besucher und was diese Besucher zu zahlen bereit sind. Wobei das offensichtlich nur einen Teil des Problems umfaßt. Es gibt auch Versuche, die Nachfrage zu bewerten, die nie akut wird. Gibt es Leute, die die Option haben wollen, die Wasserfälle zu sehen und bereit sind, dafür zu bezahlen, obwohl sie vermutlich niemals hinfahren werden? Das ist kein unmittelbarer Nutzen, sondern ein Optionsnutzen, das heißt, die prinzipielle Möglichkeit der Nutzung soll bestehen bleiben. Auch wenn ich weiß, daß ich einen sibirischen Tiger niemals live sehen werde, ist es mir trotzdem wichtig, daß es ihn gibt, wo es ihn immer gegeben hat. Das ist dann völlig jenseits einer Verwertung oder eines touristischen Nutzens. Das ist, was die Ökonomen ‚Existence value' nennen, wobei dies nur eine Umschreibung für eine Restgröße ist. Tatsächlich geht es darum, ob die Leute die Existenz dieser aussterbenden Spezies so werten, daß sie auch bereit sind, dafür zu zahlen, daß sie nicht ausstirbt."

Van der Bellens Ausführungen zur Umweltschutz-Politik erfordern eine kurze Nachbetrachtung. Das erste zentrale Element für diesen Politikbereich, das er – abgesehen von dem des Widerstandes gegen manchmal langfristige, manchmal aktuelle Projekte – nennt, ist das der Sicherheit. Was Van der Bellen damit meint, scheint relativ klar. Das zweite Element könnte man das des „erhaltenden Prinzips" nennen. Das dritte ist das des „Kostenfaktors". Hier wird es interessant, denn in diesem Zusammenhang ist ganz offensichtlich wieder die ökonomische Grundausrichtung des Wirtschaftsprofessors erkennbar. Umweltschutz darf, ja muß etwas kosten dürfen, doch scheint in letzter Konsequenz alles eine Frage der Berechnung zu sein. Daß der Wert nicht unbedingt ein materieller sein muß – also etwa resultierend aus den verkauften Einrittskarten für das Naturreservat – ist an sich eine beruhigende Erkenntnis. Bemerkenswert ist freilich, daß ein Grün-Politiker – wenn auch nur in diesem erwähnten theoretischen Beispiel – überhaupt in Erwägung zieht, ein Naturreservat in ein Kohlenrevier umzuwandeln.

Hier stellt sich einmal mehr die Frage, was grüne Politik eigentlich wirklich bedeutet. Was kann grüne Politik, was andere nicht kann? Worin unterscheidet sie sich? Das erste, was dem Parteichef dazu einfällt, hat nur auf den ersten Blick eine amüsante Note:

„Ich glaube, wir sind lustbetonter. Das ist in der Regel gut, freilich nicht immer. Es kann sein, daß jemand aus purer Lust an der Aufregung etwas inszeniert, wo man sich denkt: aus Parteiräson hätte ich jetzt gerne darauf verzichtet. Wir haben einfach autonomere Persönlichkeiten, was dann von manchen als ‚Flohzirkus‘ karikiert wird. Positiv gesehen glaube ich, daß in der Fraktion im Parlament verglichen mit den anderen etwas Buntes, Lebendiges drinnen ist, etwas Aufmüpfiges. Das ist bei den anderen Parteien ist dieser Form nicht möglich. Das liegt vielleicht auch am Alter, beziehungsweise an der Jugend der Partei. Dazu kommt der Versuch der langfristigen Orientierung in der Politik. Sich Themen zuzuwenden, von denen man weiß, man kann kurzfristig nichts gewinnen, wenn der Boden nicht da ist. Das mit dem Treibhauseffekt etwa. Das ist eine mühsame Geschichte, die beschäftigt uns schon mindestens zehn bis fünfzehn Jahre. Irgendwie ist der Boden dafür nie reif. Man macht sich eher unbeliebt: die Autofahrer-Geschichte, der ÖAMTC – obwohl wir uns mit dem schon ganz gut arrangiert haben. Dort gibt es inzwischen ganz vernünftige Leute. Man beschäftigt sich damit über Jahre, und eines Tages geht man damit an die Öffentlichkeit. Die, die sich sozusagen ideologisch sehr mit der Partei beschäftigen und von der Öko-Seite kommen, für die ist das mit der Kernpunkt: nämlich, daß Umweltpolitik langfristig orientiert sein muß, was im Deutschen mit diesem Begriff der Nachhaltigkeit finde ich immer unvollkommen wiedergegeben wird. ‚Sustainability' heißt so etwas wie ‚Aufrechterhaltbarkeit' und nicht ‚Nachhaltigkeit'. Dann natürlich die Unbefangenheit einer Oppositionspartei über die Jahre, das hatten wir mir der FPÖ gemeinsam. Wobei die FPÖ immer eine Spur skrupelloser war. Heilsversprechender, was ihr jetzt mit Recht auf den Kopf fällt."

Diese „Autofahrer-Geschichte", auf die Van der Bellen zu sprechen kommt, liegt den Grünen schwer im Magen und ist noch immer nicht aufgelöst. Gemeint ist damit konkret wohl die berühmt-berüchtigte „Benzinpreis-Falle", die von den Grünen mit schöner Regelmäßigkeit umgangen werden muß. „Benzinpreis-Falle" bedeutet, daß die Grünen aus Steuerungsgründen eigentlich einen deutlich höheren Treibstoffpreis fordern müßten, damit eine mengenmäßige Verschiebung vom Individualverkehr in Richtung öffentlicher Verkehr eintreten kann. Dieses Vorhaben öffentlich anzukündigen, zieht jedoch Irritationen in der Öffentlichkeit nach sich; vor allem dann, wenn Grün-Politiker früher oft „ihren" Benzinpreis gleich bei einem Vielfachen von dem ansiedelten, was er gemeinhin beträgt. Diese Irritationen waren – verstärkt durch die Berichterstattung in den Medien – einer Zunahme an Wählerstimmen nicht unbedingt förderlich. Man machte sich, wie der Wirtschaftsprofessor befindet, eher „unbeliebt". In die „Benzinpreis-Falle" will Van der Bellen nicht stolpern; die Erhöhung der Energiekosten bleibt aber Thema. Doch dazu mehr im vierten Teil des Buches.

Wenn der Parteichef der Grünen das besondere Gewicht der „Nachhaltigkeit" betont, die „Sustainability" ins Spiel bringt, tut er es deshalb, weil sie für ihn einer der Eckpfeiler grüner Weltanschauung ist, die irgendwann auch ein politisches Programm und in weiterer Folge konkrete Politik tragen. Es gibt so etwas wie ein erkennbares grünes Koordinatensystem, innerhalb dessen sich die grüne Politik bewegt. Dieses Koordinatensystem, diese Eckpfeiler, das alles zusammen bezeichnet Van der Bellen als die „Basic principles" grünen Denkens. Es sind eigentlich ganz wenige Parameter, die für Van der Bellen wichtig sind, um diese „langfristige Orientierung" zu ermöglichen.

„Da ist eben der Begriff der Nachhaltigkeit in der Umweltpolitik, der Versuch, die Umwelt und die Natur so zu erhalten, daß man nach wie vor gerne spazieren geht und nicht alles sofort der ökonomischen Verwertbarkeit unterordnet. Das sozialpolitische und das umweltpolitische Engagement haben vermutlich eine gemeinsame Wurzel, denn beides entsteht aus Sorge um die Schwächsten, ich bin mir da aber nicht ganz sicher. Die Sorge um die berühmte Libelle im hintersten Lechtal, die Bileksche Azurjungfer, die so geschützt werden muß, daß man nicht einmal ihren genauen Aufenthaltsort bekannt gibt – die also etwas ist, das sich selbst nicht verteidigen kann, sondern des Schutzes bedarf, weil es sonst aus mit ihr ist – hat eine gewisse Ähnlichkeit mit dem sozialpolitischen Engagement; ein „Basic principle" ist auch, daß man einfach sozialistische und humanistische Wurzeln gleichzeitig hat, daß niemand untergehen soll. Dazu kommt der Versuch einer friedlichen Orientierung in außenpolitischen und militärpolitischen Belangen und die Abwehr von unreflektierten Hierarchieverhältnissen. Im Grünen Parteiprogramm steht ‚Basisdemokratie', aber das Wort versteht außerhalb der Partei niemand. Ich verstehe darunter die Abwehr von Machtkartellen, die individualistische Orientierung, den Anspruch, informiert zu werden, partizipieren zu können und sich nicht von wem auch immer überfahren zu lassen."

Mit diesen vier Grundprinzipien also ist beschrieben, was grünes Denken ausmacht: Zunächst einmal geht es darum, daß nicht alles einen wirtschaftlichen Wert hat, der sich als solcher berechnen läßt. Das ist die umweltpolitische Maxime. (Sie bestimmt auch Van der Bellens Ansichten, unberührt von jener Kritik, er interessiere sich in der politischen Alltagsarbeit zu wenig für konkrete umweltpolitische Projekte.) Jenen stützend unter die Arme zu greifen, die das Leben alleine und ohne die Hilfe anderer nicht bewältigen können, ist das zweite Grundprinzip, die sozialpolitische Maxime. Das dritte Grundprinzip postuliert, Konflikte ohne Gewalt zu lösen. Das ist die außenpolitische Maxime. Und schließlich heißt das vierte Grundprinzip Wachsamkeit gegenüber ungerechtfertigten offenen oder versteckten Autoritätsverhältnissen. Das ist die gesellschaftspolitische Maxime.

Inwieweit diese Maximen bei der täglichen politischen Arbeit tatsächlich befolgt werden können, sei dahingestellt. Man erkennt allerdings bei gutem Willen sowohl in der Programmatik der Grünen als auch in den Ansichten, die ihr Bundessprecher verkörpert, Übereinstimmungen. Manchmal deutlicher, wie etwa im Engagement gegen die unproportionale finanzielle Belastung von sozial Schwächeren durch den Staat, manchmal, wie schon erwähnt, auch weniger. Verglichen mit anderen Parteien, findet Alexander Van der Bellen, sei jedoch die grundlegende Ausrichtung der Grünen überaus scharf und klar erkennbar, auch, wenn diese Programmatik natürlich gewissen Veränderungen durch einen Entwicklungsprozeß unterworfen sei.

„Die starke Orientierung hin zur Verteidigung liberaler Grundrechte war zwar am Anfang da, in Form dieser verklausulierten Basisdemokratie, aber das deckt natürlich nur einen Teil davon ab. Das entstand deshalb, weil es keine andere Partei gibt, die diese liberalen Grundfreiheiten verteidigt. Das Liberale Forum hätte es tun sollen, aber die waren irgendwie zu schlaff. Das hätte das liberale Engagement schlechthin sein müssen, aber sie haben sich auf irgendwelchen Nebengebieten verzettelt. Wir beanspruchen dieses Gebiet energisch für uns: Medienfreiheit, Unabhängigkeit des ORF, wie man mit Ausländern umgeht, die Causa Omofuma 1999 war da auch ein

Auslöser. (Der Schubhäftling Marcus Omofuma protestierte gegen seine Abschiebung, wurde daraufhin während des Rückfluges von österreichischen Beamten mittels Klebeband daran gehindert, zu schreien. Er überlebte seine Abschiebung nicht, Anm. d. Verf.) Ich bin iterativ zu dem ganzen gekommen. Ich habe im Laufe der Zeit festgestellt, daß die grüne Programmatik genau das ist, was ich gerne vertrete, ohne je das Parteiprogramm gelesen zu haben. Das unterscheidet uns auch von den anderen Parteien. Von der FPÖ sowieso, denn die sind illiberal, autoritär, wenn nicht sogar totalitär von ihrer grundsätzlichen Anschauung her. Die haben in ihrem Parteistatut allen Ernstes noch die echte Volksgemeinschaft als Traum, und das rührt nun wirklich aus ganz anderen Wurzeln und hat mit liberalen Grundfreiheiten nichts zu tun. Die Sozialdemokraten sind auch für autoritäre Tendenzen anfällig. Es kann kein Zufall sein, daß wir mit dem Schlögl (Karl Schlögl, ehemaliger SP-Innenminister, Anm. d. Verf.) und anderen Innenministern regelmäßig im Clinch waren.

Das sozialpolitische Engagement haben wir natürlich mit den Sozialdemokraten gemeinsam. Mir wird bewußt, daß autoritäre Grundmuster in unterschiedlichen Abstufungen auch bei allen anderen Parteien vorhanden sind. Bei der FPÖ offensichtlich, aber auch bei der ÖVP. Die offensichtlich völlig unreflektierte Geschichte mit dem Austrofaschismus. Bei der SPÖ ist das anders, aber auch dort gibt es bedenkliche Traditionen. Die SPÖ in den achtziger Jahren war ja geradezu identifikationsstiftend für die Grünen. Ich kann mich noch gut erinnern, wie ich da in einem oder anderen Beirat war und dort auch der damalige Vorstandsvorsitzende der Verbundgesellschaft anwesend war. Ich selbst war physisch nicht in Hainburg, konnte aber indirekt über Leute wie ihn die Reaktion auf die Demos beobachten. Bis hin zur berühmten Rede von Hesoun in der Radioübertragung. Mir ist kalt geworden, dabei hat sich später herausgestellt, wie er Sozialminister war, daß er ein ganz netter Mensch ist, aber wie er damals als Chef der Bau- und Holzarbeiter gesprochen hat, da hat man sich um viele Jahrzehnte zurückgesetzt gefühlt."

Alles in allem, so Van der Bellens Befund, hätten die Grünen sicherlich kein Problem mit der Programmatik. Parteiprogramm und die Grünen, das sind zwei Dinge, die nun auch zusammengehören sollen. Der Beschluß oder die Überarbeitung des jeweiligen Parteiprogramms stellte bisher die Verantwortlichen oftmals auf große Geduldsproben. In einer Partei, in der gerne ausführlich diskutiert wird, drohen einzelne Begriffe, einzelne Worte zum Streitfall zu werden. Salopp könnte man sagen, der Chef der Grünen habe zum formalen Programm seiner Partei ein recht einfaches Verhältnis: nämlich keines. Er mißt dem niedergeschriebenen Programm keine hervorragende Bedeutung zu. Nicht, weil er es nicht gut fände, nicht, weil er die Arbeit derer, die es ausarbeiten, geringschätzen würde – im Gegenteil. Vielleicht ist diese Haltung in seiner Ansicht begründet, daß es in der alltäglichen Politik richtiger und wichtiger ist, den eigenen Prinzipien treu zu bleiben, als ständig mit einem Auge auf das Parteiprogramm zu schielen.

„Ein Parteiprogramm ist kein Wahlprogramm. Es muß so allgemein gehalten sein, daß es die nächsten fünf bis zehn Jahre halbwegs überstehen kann. Es muß so konkret sein, daß man sich darin wieder findet und die Unterschiede zu den anderen Parteien klarer werden. Grundfacetten müssen sichtbar werden. Ein Parteiprogramm ist kein Buch, das man nur aufschlagen muß, um eine Antwort zu erhalten." Auch, wenn Van der Bellen einräumt, daß ein Programm dazu geeignet ist, einer Partei „Identität und Profil" zu verleihen, bleibt seine Skepsis gegenüber dieser Eigenschaft bestehen; eine Skepsis, die sich aus einer persönlichen Erfahrung herleiten läßt:

„Ich habe da negativ geprägte Erfahrungen aus meiner Zeit mit der SPÖ. Nach der großen Reform von 1978 sind alle

Leute, die sich darum verdient gemacht haben, irgendwie in der Versenkung verschwunden. Zehn Jahre später gab es wieder eine Revision, und auch deren Schöpfern ist es parteiintern nicht gut ergangen. Seither weiß ich, daß das eine heikle Sache ist. Einerseits ist es wichtig und notwendig für die Identitätsfindung, auf der anderen Seite ist es ein Unterschied, ob man so ungefähr weiß, wofür man eigentlich steht … und dann Schwarz auf Weiß gedruckt … kommen die Kritiker, die meinen, daß man das so nicht sagen kann."

Die ideologische Positionierung der Grünen ergibt sich für Van der Bellen vor allem aus den schon beschriebenen „Basic principles". Daß sich eine Bewegung wie diese in den vergangenen Jahren überhaupt etablieren konnte, hat mit etwas zu tun, das der Politologe Ronald Inglehart als Phänomen des Wertewandels beschreibt. Inglehart ist der Meinung, die westliche Welt befinde sich in einer „stillen Revolution". Seine These in Kurzform: Weil es sehr vielen Menschen finanziell-wirtschaftlich immer besser gehe, würden sie sich immer weniger Sorgen um physische Bedürfnisse machen und daher von einer materialistischen Schwerpunktsetzung abrücken. Vielmehr gewännen Werte an Bedeutung, die im immateriellen Bereich anzusiedeln sind, wie etwa die Erhaltung der Lebensqualität durch Umweltschutz oder die Verteidigung von Grundrechten. Geht man mit Inglehart konform, dann ist der Schluß nur logisch, daß durch eine solche Entwicklung vom Materialismus zum Postmaterialismus Parteien wie die Grünen begünstigt werden. Man könnte sogar die Vermutung anstellen, ob nicht dieser Wertewandel sogar Voraussetzung dafür war, daß sich neue, ökosoziale Bewegungen wie Bürgerinitiativen bilden konnten. Die Annahme, daß es zwischen dem Wertewandel und der Entwicklung der Grünen Partei einen Zusammenhang gibt, wird bestätigt, wenn man die Wählerstruktur der Grünen betrachtet: In der Regel sind es die Besserverdienenden, die – bei aller Problematik dieses Begriffes –

„höheren sozialen Schichten", die sich der Partei Van der Bellens zuwenden. Jene also, die von den persönlichen materiellen Existenzängsten weitgehend verschont bleiben und sich deshalb anderen Problemen widmen können.

Vor dem Hintergrund der Wertewandel-Theorie gibt es für die künftige Entwicklung der Grünen mögliche Probleme, die in unterschiedlicher Intensität auftreten können. Nimmt man an, daß die Grünen als neue Bewegung von der laufenden „stillen Revolution" profitieren können, dann spricht einiges dafür, daß sie auch davon betroffen sind, wenn diese Entwicklung beginnt, sich zu verlangsamen. Die Verlangsamung des Wertewandels ist jedoch bereits in vollem Gang. Der Grund dafür liegt in einer einfachen Überlegung hinsichtlich der Bevölkerungsstruktur. In den siebziger Jahren und in den darauffolgenden Jahrzehnten gab es zwischen den materialistischen und postmaterialistischen Generationen klare Bruchlinien. Während bei der Elterngeneration etwa noch eine materialistische Schwerpunktsetzung vorhanden war, tendierten die Jugendlichen bereits eher zu einer postmaterialistischen Grundhaltung. Wenn man dabei beachtet, wie alt die durchschnittliche Elterngeneration heute ist, wird klar, was mit der Verlangsamung des Wertewandels gemeint ist. Heutige Eltern sind im Durchschnitt bereits „Postmaterialisten".

Damit ist eine Art Sättigungseffekt erreicht, der nur entkräftet werden kann, wenn man für die Zukunft von einer Entwicklung hin zu einem immer extremeren Postmaterialismus ausgeht. Natürlich hat sich damit, isoliert betrachtet, das theoretische Potential für die Grünen erheblich vergrößert. Der Reiz des Neuen aber, den die Grünen mit ihrer – alleinigen – postmaterialistischen Positionierung in ihren Anfängen für sich beanspruchen konnten, geht immer stärker verloren, zumal sich mittlerweile auch andere Parteien bemühen, inhaltlich verwandte Positionen zu berücksichtigen.

Setzt man also die Entwicklungen von Wertewandel und grüner Partei zueinander in Beziehung, ergibt sich folgende weitere

Unsicherheit: Für das Fortschreiten des Postmaterialismus, so darf angenommen werden, gibt es eine wesentliche Voraussetzung: das Wirtschaftswachstum. Sollte es nämlich einer zunehmend großen Zahl von Menschen bei der Erfüllung ihrer Lebensbedürfnisse wieder schlechter gehen, scheint eine Rückbesinnung auf materialistische Schwerpunktsetzungen wahrscheinlich. Damit verbunden wäre aber zweifelsohne das Erstarken von Parteien, die sich auf diese materialistischen Ziele eher verstehen als die Grünen. Zwar würden es die Grünen gerade unter einem Parteichef wie Alexander Van der Bellen wohl schaffen, sich dieser Situation anzupassen; konservative Wirtschaftsparteien etwa hätten in dieser Phase jedoch sicherlich einen Startvorteil.

Ingleharts Wertewandel-These wird oft als Bewertungssystem herangezogen, um die Ausrichtung einer politischen Partei anzugeben. Adam Wandruszka beschrieb in den fünfziger Jahren des 20. Jahrhunderts eine für Österreich gültige Teilung in drei politische Lager. Aus der sozialen, politischen, gesellschaftlichen und ideologischen Ausrichtung der Bevölkerung, meint Wandruszka, könne man drei Gruppen klar unterscheiden: erstens das christlichsoziale-konservative Lager, zweitens das sozialistische und drittens das nationale Lager. Lange Zeit war dieses Schema anwendbar, und wenn man sich die Ausrichtung einiger Parteien vergegenwärtigt, dann taugt es mitunter auch heute noch. Allerdings müßte es den nunmehrigen Gegebenheiten angepaßt werden, und schon bei dem Versuch, die Grünen einzuordnen, stößt man auf erhebliche Schwierigkeiten. Am naheliegendsten wäre die Annahme, daß die Grünen ursprünglich dem sozialistischen Lager entstammten. Sie trifft jedoch nicht ganz zu, denn gewisse Elemente im grünen Denken können zumindest als wertkonservativ bezeichnet werden.

Wem die Theorie des Wertewandels zu theoretisch und die Sache mit dem Lagerdenken zu alt ist, dem bleibt dann beim

Versuch, eine Partei einzuordnen, noch das klassische Rechts-Links-Schema als praktische, weil allgemein verständliche Alternative. Wenn eine Partei als „rechts" bezeichnet wird, weiß fast jeder, was damit gemeint ist; dasselbe gilt für die Bezeichnung „links". Robert Jungk, Zukunftsforscher und 1992 Kandidat der Grünen bei der Wahl zum Bundespräsidenten, gab bei einer seiner Veranstaltungen im Zuge der Kampagne auf die Frage, ob er rechts oder links stehe, mit Augenzwinkern zur Antwort: „vorne". Das ist, bei allem Respekt, sicherlich eine gelungenere Antwort als etwa, man stehe „postmaterialistisch".

Für Alexander Van der Bellen hat das Denkmuster Links-Mitte-Rechts nach wie vor seine Bedeutung.

„Ich assoziiere mit einem wirklich Rechten eine autoritären Mustern verhaftete Person und jemand, der in militärpolitischen Fragen ganz andere Ansichten vertreten würde. Der Kernpunkt ist für mich: Rechtsstaat, Grundfreiheiten, Menschenrechtsthemen, was einen typisch Rechten von einem Linken unterscheidet. Deswegen betrachte ich die FPÖ als weit rechts stehend. Die Einordnung der anderen Parteien ist nicht so eindeutig. Das typisch Linke ist das sozialpolitische Engagement, das leichte Mißtrauen gegen einen sich selbst überlassenen Markt, das typisch liberale ist das Eintreten für die sogenannten Grundrechte und Grundfreiheiten. Das eigentliche Naturschutz- und Umweltthema ist ein Vexierbild, das man links und rechts interpretieren kann. Links, weil es ganz klar ist, daß es Staatsinterventionen braucht, um eine halbwegs stabile Umweltsituation herzustellen; rechts, weil es gleichzeitig etwas konservatives hat: Der letzte Baum darf nicht gefällt werden! So ist es für mich kein Zufall, daß in der Entstehungsgeschichte der Grünen aus soziologischer Sicht beides vorhanden ist. Zum einen sehr konservative Menschen, die aus Umweltengagement plus Sozialpolitik, aber nicht wegen einer sogenannten linken Weltanschauung, sondern aus humanistischer Überzeugung dazukommen. Das gibt es tatsächlich nach wie vor in den bürgerlichen Schichten. Zum anderen gibt es dann die, die tatsächlich aus einem linken Milieu zu den Grünen kommen. Was haarig werden könnte, ist die Einordnung der Kommunistischen Partei. Die ist für mich im Laufe der Zeit eine rechte Partei geworden, und zwar wegen der Mißachtung der Grundrechte, ihrer autoritären Struktur, der Mißachtung der Basis. Die ÖVP ist konservativ, autoritär, reaktionär und, in kultureller Hinsicht, eine antiliberale Partei mit bemerkenswert wenig Tradition in sogenannten Stilfragen. Im Parlament denke ich mir oft: Das darf doch nicht wahr sein. Die offensichtliche Mißachtung eines Mindestmaßes an Regeln, da sind FPÖ und ÖVP oft sehr nahe beieinander. Was ist rechts? Die Unterscheidung ist nicht obsolet, aber die Schattierungen sind weniger eindeutig als vor siebzig Jahren."

Die Einordnung der eigenen Person in dieses Rechts-Links-Schema fällt dem Parteichef der Grünen nicht schwer: „Als ich mich um die Professur an der Uni Wien beworben habe, war ich mit meinem Vorgänger im Kaffeehaus, und der hat mich nach meiner politischen Orientierung gefragt. Ich habe mich als links-liberal bezeichnet und so bezeichne ich mich auch heute noch."

Die Geschichte der Grünen ist nicht nur eine Geschichte des Widerstandes, sondern auch, wie bereits erwähnt, eine Geschichte des Konflikts. Das hat sehr viel damit zu tun, daß am Beginn der Bewegung eine Art „Einigungsprozeß" angestrebt werden mußte, um überhaupt eine reelle Chance als Parlamentpartei zu erhalten. Dieser „Einigungsprozeß" lief natürlich nicht ohne Streitereien ab, die vorzugsweise auch über die Medien ausgetragen wurden. Später, schon im Hohen Haus, wurden unterschiedliche Standpunkte oftmals ohne Rücksicht auf die Außenwirkung in der Öffentlichkeit argumentiert, wie etwa anläßlich der damals bevorstehenden Verhandlungen zwischen Österreich und der EG, die einen Beitritt zum Ziel hatten.

Heute hat man das Gefühl, daß die Grünen auch in dieser Hinsicht „erwachsener" geworden sind. Daß parteiinterne Bruchlinien kaum sichtbar sind, hat gewiß mit der für die Grünen günstigen politischen Großwetterlage zu tun. Und wenn es tatsächlich Auseinandersetzungen gibt, finden zumeist hinter geschlossenem Vorhang statt – und mit einem Maß an Selbstdisziplin bei allen Beteiligten, das vor Jahren kaum denkbar gewesen wäre.

Als Van der Bellen 1999 Madeleine Petrovic bei der Klubführung im Parlament ablöste, gab es parteiintern eine heftige Diskussion darüber. Auch politische Beobachter kritisierten dieses Vorgehen, da es eine Anhäufung von Funktionen bei Van der Bellen bedeutete. Es war auch nicht so, daß die damalige Klubchefin Petrovic die Leitung des Parlamentsklubs nicht weiter übernommen hätte. Sie wurde jedoch überstimmt und mußte ihre Funktion abgeben. Hätten sich die Grünen zu diesem Zeitpunkt nicht bereits verändert gehabt, wäre wohl eine öffentliche Debatte darüber entstanden, ob es wirklich notwendig ist, daß der Parteichef auch gleichzeitig Klubobmann im Parlament sein muß. Nichts davon wurde öffentlich ausgetragen. Petrovic bemühte sich, wenn gefragt, ihre Position zu erklären – nämlich, daß sie gerne weitergemacht hätte –, fügte aber stets hinzu, daß die Entscheidung der Mehrheit eben anders ausgefallen sei. Kein hörbares Wort darüber, daß Van der Bellen vielleicht zu machtgierig, zu dominant sei.

Diese Selbstdisziplin ist für die Grüne Partei ungewöhnlich; man solle sich allerdings hüten, ihr eine allzu große Belastbarkeit zu prognostizieren. Sie kann sehr schnell in Vergessenheit geraten, sollten etwa größere parteiinterne Umstrukturierungspläne von Van der Bellens Seite Widerstand in der Partei hervorrufen. Auch eine Programmdebatte, die immer wieder aufbrechen kann, birgt Konfliktpotential, von einem schlechten Wahlergebnis ganz zu schweigen.

Wie sich jedoch in der Bundesrepublik Deutschland zeigt, ist es vor allem das Szenario einer möglichen Regierungsbeteiligung, das die verschiedenen Denkrichtungen innerhalb der Partei erkennen läßt. Schon die Diskussion darüber, ob man sich an einer Bundesregierung beteiligen soll oder nicht, eröffnet ungeheure Möglichkeiten der Auseinandersetzung. Wenn man sich zu einer Beteiligung durchgerungen hat, bieten schließlich ein Koalitionspapier, die Auswahl der einzelnen Minister und dann noch der Kurs der Regierungsmannschaft Angriffsflächen. In Deutschland war und ist diese Debatte immer wieder durch den Disput zwischen „Fundis" und „Realos" gekennzeichnet. Die Fundis (von „Fundamentalisten") können als Hardliner grünen Denkens bezeichnet werden, während die Realos einen pragmatischen Ansatz vertreten. Van der Bellen – den man, bleibt man bei diesen Begriffen, mit Fug und Recht als Ober-Realo einstufen kann – sieht den Konflikt zwischen Fundis und Realos bei den österreichischen Grünen jedoch nicht:

„Soweit ich das erlebt habe, ist das eine ziemlich bundesdeutsche Diskussion. Ich habe es in dieser Form bei uns eigentlich selten erlebt. Am ehesten war die Kosovo-Frage ein Realo-Fundi-Konflikt, wo wir ein Dutzend Mitglieder aus Oberösterreich verloren haben, die die strikte Position von Voggenhuber und der Partei noch immer nicht als stark genug empfunden haben. Ich bin mir aber nicht sicher, ob man das als Fundi-Sache interpretieren sollte, denn ich habe in Erinnerung, daß diese Gruppe den Kosovo-Konflikt als eine kapitalistische Aggression der USA gegen das sozialistische Jugoslawien gesehen hat. Das habe ich nicht verstanden. Das damalige Milosevic-Jugoslawien als sozialistische Hochburg zu betrachten... für mich war das eher ein faschistisches Regime. In Deutschland gab es vor allem die Zerreißprobe, ob ein 30jähriger Horizont beim Ausstieg aus den Atomkraftwerken überhaupt ein Ausstieg ist oder eher eine Niederlage gegen die

Atomindustrie. Darüber kann man debattieren, aber dieses Thema gibt es bei uns nicht. Bei einem neuen Konflikt im Kosovo und der Frage nach einer militärischen Intervention kann es diese Auseinandersetzung wieder geben, aber in mir selber geht da schon die Bruchlinie durch. Insofern habe ich auch da Hemmungen, es als Fundi-Realo-Konflikt zu bezeichnen. Den Kampf gegen Hitler-Deutschland würde wohl niemand als militärische Aggression betrachten. Es ist die berühmte Auschwitz-Frage: Wann ist etwas ähnliches gegeben, das eine Militärintervention rechtfertigt? Die einen sagen ja, die anderen nein, eine Militärintervention hat noch selten zu etwas Gutem geführt. Das sind die Punkte legitimer Auseinandersetzung, wo man im Prinzip von den gleichen Werten ausgeht, aber nicht weiß: Rechtfertigt es jetzt das letzte Mittel oder nicht? Ich würde sagen, es gibt bei uns eine Art Grundpragmatismus, etwa als Beispiel die EU-Abstimmung und die Geschichte danach. Dieses Vorgehen mit Feuer und Schwert gegen den EU-Beitritt mit guten Argumenten, die zutrafen, nur war es eine Frage der Gewichtung. Die fehlenden demokratischen Strukturen etwa. Aber mit dem Tag der Volksabstimmung personifiziert durch den Johannes (Voggenhuber): der Souverän hat entschieden, also haben wir jetzt eine neue Welt und wir werden das Beste daraus machen."

Derzeit versuchen die Grünen also im Sinne dieses beschriebenen Grundpragmatismus, ein möglichst einheitliches Bild abzugeben. Das entbehrt auch nicht einer gewissen Logik, wenn man sich eine Grundregel des politischen Geschäfts vor Augen hält: Heftige interne Auseinandersetzungen, die von der Wählerschaft als solche ausgemacht werden können, sind beinahe eine Garantie dafür, daß bei einer Wahl mit Stimmenverlusten zu rechnen sein wird. Grundpragmatismus heißt demnach, einen internen Interessensausgleich zu schaffen, um die Eskalation der verschiedenen Argumentationen zu verhindern. Das kann in der Oppositionsrolle gelingen. Aber gelingt das auch bei einer Regierungs-beteiligung?

„Sicher ist eine Regierungsbeteiligung eine neue Qualität, eine neue Herausforderung, eine neue Situation, weil man in der Opposition eher nicht gezwungen ist, Konflikte bis zum Letzten auszutragen. Bei einer Regierungsbeteiligung können die Konflikte schärfer werden, keine Frage. Man muß sich ja nicht nur mit sich selbst einigen, sondern auch mit dem Part-ner, da wir nicht die Mehrheit haben würden. Darüber, ob jetzt ein Kompromiß noch das Beste war, was herauszuholen war, oder nicht und ob es die Sache wert ist, das ist eine Art der Auseinandersetzung, die wir derzeit in dieser Schärfe nicht führen müssen. Es kommt auch jetzt immer wieder vor, daß wir versuchen, einen gemeinsamen Antrag mit der SPÖ oder einen Vier-Parteien-Antrag im Parlament zustandezubringen. Es ist uns also nicht fremd, mit den anderen zu verhandeln. Aber es ist sicher richtig, daß eine Regierungsbeteiligung eine neue Stufe der Parteiidentität wäre. Mit anderen Vertrauen-sanforderungen, man braucht neue Sensibilität, was zumut-bar ist und was nicht, wo die Grenzen sind. Manchmal habe ich mich bei der Beobachtung der deutschen Szene gefragt, ob die Grünen sich dort auch überlegt haben, wann sie aus einer Koalition wieder austreten, nicht nur, unter welchen Bedin-gungen sie eintreten. Ich habe da meine Zweifel, ob sie nicht ein- bis zweimal besser daran getan hätten, es zumindest dar-auf ankommen zu lassen."

Mit diesen Gedanken nähert sich Van der Bellen einem Thema, dem in der öffentlichen Diskussion breites Interesse zukommt. Es geht dabei um die prinzipielle Entscheidung, ob die Grünen, wenn sich die Möglichkeit dazu ergäbe, ihre derzeitige Rolle als Oppositionspartei ablegen und sich an der Bildung einer Bun-desregierung beteiligen sollen. Und wenn ja, wie diese Bundesregierung unter grüner Beteiligung aussehen, sprich: in welche Art der Koalition die Grüne Partei unter ihrem Bundessprecher Alexander Van der Bellen eintreten soll. Weil diese Spekulationen immer wieder gerne genährt werden und offensichtlich einen gewissen Beliebtheitsgrad aufweisen, soll im folgenden darüber berichtet werden. Eines gleich vorweg: Wie gerne und oft Van der Bellen sich darüber den Kopf zerbricht, sei dahingestellt – vieles spricht dafür, daß er es tut, obwohl es auf den ersten Blick nicht danach aussieht: Auf jeden Fall findet er es nicht sehr förderlich, daß sich sehr viele andere – vor allem Journalisten – offensichtlich den Kopf darüber zerbrechen.

Daß er auch im Zuge des politischen Tagesgeschäftes, in dem es seiner Ansicht nach um ganz andere, wichtigere Dinge gehen sollte, immer wieder die Frage gestellt bekommt, ob es denn mit den Roten ginge, ob das mit Gusenbauer überhaupt vorstellbar wäre und so weiter und so fort, hält er allmählich für recht witzlos. Dabei weiß der grüne Parteichef nur allzu genau, daß die Intensität dieser Fragestellungen bis zur nächsten Nationalratswahl zweifellos eine Steigerung erfahren wird. Er weiß, daß es Zeit wird, eine Festlegung zu treffen. Es gibt Stimmen in der Partei, die ganz klar dafür plädieren, schon zeitgerecht vor der nächsten Bundeswahl hinzutreten und dem Wähler deutlich zu machen, was er mit seiner Stimme letztendlich bewirken soll. Eine solche „Koalitionsaussage" soll eine Situation wie jene verhindern, in der sich die ÖVP nach den Nationalratswahlen 1999 wiederfand. Die Ankündigung, bei einem dritten Platz in die Opposition gehen zu wollen, wurde am Wahlabend und noch einige Zeit danach bestätigt, dann aber wurde die Linie geändert bzw. mußte – je nach Sicht der Dinge – geändert werden. Die Festlegung vor der Wahl war obsolet geworden; das Ergebnis dieser inkonsequenten Haltung ist bekannt.

Der Wähler, der beim nächsten Mal die Grünen wählt, lautet also eine parteiinterne These, müsse unbedingt schon vor der Stimmabgabe und überdies verläßlich wissen, was mit seiner

Stimme geschehen würde, welche Art der Bundesregierung er damit unterstützen und welche Art der Bundesregierung er damit möglicherweise verhindern würde. Die diesbezüglichen Überlegungen des grünen Parteichefs sind schon viel weiter gediehen, als man annehmen könnte. Van der Bellen nähert sich diesem Komplex, wie man es sich von ihm erwartet: mit einer klaren Analyse des Ist-Zustandes und mit einer ebenso klaren Konsequenz daraus: Die Frage, ob die Grünen regieren wollen, ist beantwortet; die Frage, mit wem sie es wollen, auch:

„Einerseits ist die Opposition super, weil man sehr viel mehr Spielraum hat. Auf der anderen Seite muß jemand die Republik regieren. Wir sind absolut dagegen, daß die FPÖ da mitmacht. Dann bleiben noch zwei Parteien und wir. Rot-Schwarz reißt auch niemanden mehr vom Sessel. Wir sehen uns derzeit die Situation in fünf anderen Ländern mit völlig differierenden Voraussetzungen an. Frankreich hat ein anderes System als Deutschland, Italien ein anderes als Finnland. In allen diesen Ländern sind Grüne an der Regierung beteiligt. Was könnte da für uns relevant sein? Wir wollen in die Regierung, es wäre nützlich, auf Länderebene mehr Erfahrung zu haben. Wir haben mit Besorgnis bei den deutschen Grünen beobachtet, was da alles passieren kann. Bei der Kosovo- und der AKW-Frage hätte man sich einen Ausstiegsplan überlegen müssen. In Finnland haben die Grünen ‚trotz‘ Regierungsbeteiligung dazu gewonnen.

Es entstehen politisch-technische Fragen. Etwa: Wie groß sollte man im Verhältnis zum Partner sein? Im deutschen Verhältnis, zwischen Grüne und SPD, gibt es ein großes Ungleichgewicht. In Österreich ist es ohnehin nicht so erdrückend groß, aber es sollte unbedingt vermieden werden. Denn dann kann man sich unvermeidliche Fehler auch eher leisten und man hat dann personell ein größeres Reservoir. Fünf-Prozent-Parteien sollten nur in Extremsituationen eine Beteiligung an der Regierung annehmen. Ich habe lange darüber nachgedacht, was eine korrekte Antwort auf die Frage nach unseren Zielen wäre. Eigentlich wäre korrekt zu sagen: Wir streben ernsthafte Verhandlungen mit der SPÖ an. Nicht den Eintritt oder die Opposition, sondern ernsthafte Verhandlungen, und dann wird man sehen. Eigentlich ist es sinnlos, zu sagen, daß wir Rot-Grün wollen, solange man nicht weiß, wie es sich nach einer Wahl verhält und wer sich bewegt. Ich habe auch die ÖVP zum Mißfallen mancher Parteifreunde nie a priori ausgeschlossen. Natürlich in erster Linie auf Länderebene, angesichts der dortigen Mehrheitsverhältnisse.

Oft kann man im Vorhinein gar nicht so genau sagen, was da kommen wird. Wir waren etwa im Nachhinein positiv über die Verhandlungen mit der SPÖ im Burgenland überrascht. Es war nicht abzusehen, daß wir relativ rasch zu einem Konsens kommen würden. Für ein Bundesland, wo die SPÖ über Jahrzehnte die Herrschaftspartei war und ist, war es überraschend zu sehen, was das für Leute sind und wie man mit denen reden kann. Die SPÖ im Bund ist da derzeit noch unklarer einzuschätzen."

Diese Aussage ist unmißverständlich: Die Grünen wollen in die Regierung, sagt Van der Bellen. Diese grundsätzliche Positionierung ergibt sich aus der Entwicklung der Partei von der Widerstandsbewegung zur Parlamentspartei, die nach anfänglicher Extrem-Opposition einen im allgemeinen konstruktiven Kurs eingeschlagen hat. Hinzu kommt, daß mit Alexander Van der Bellen ein Politiker an der Spitze der Grünen steht, der wohl einer breiten Öffentlichkeit als „vertrauenswürdig" gilt, was eine Regierungsbeteiligung betrifft.

Erläutert werden muß Van der Bellens Koketterie mit der ÖVP als Partner in einer Bundesregierung. Wenn er sagt, er habe diese Konstellation a priori nie ausgeschlossen, meint er damit, daß er ab und an, wenn ihn das Journalistengerede über die eintönigen Farbenspiele zu sehr langweilt, selbst etwas von „Schwarz-Grün" redet und damit eine vermeintlich neue Variante ins Spiel bringt. Daß er sie richtig ernst nimmt, darf bezweifelt werden.

„Die Erfahrungen der letzten Jahre waren alles andere als motivierend, mit der ÖVP eine Koalition einzugehen. Die ÖVP hat gemacht und zugelassen. Sie hat zugelassen, was man nicht zulassen hätte dürfen. Bei der Bestellung des ehemaligen Haider-Anwalts Böhmdorfer zum Justizminister hätten sie ein Veto einlegen müssen. Nachher jemanden loszuwerden, ist verdammt schwierig. Die ÖVP zeigt autoritäre Grundmuster in ihrem Verhalten, die bemerkenswert sind. Mit so einer Partei auf einen Konsens zu kommen, ist schwer vorstellbar. Natürlich gibt es auch verschüttete Quellen. Mir wurde erzählt, wie der Riegler (Josef, Ex-ÖVP-Chef, Vizekanzler und Landwirtschaftsminister, Anm. d. Verf.) seinerzeit viel in der Landwirtschaftspolitik gemacht hat. Wie er versucht hat, die öko-soziale Marktwirtschaft flächendeckend als Ideologie der ÖVP zu verkaufen. Das Christlich-Soziale war mal da in der ÖVP, und es war nicht nur schlecht. Es gibt die Klerikalen, mit denen wir nichts am Hut haben, aber auch die Bürgerlichen, denen es sehr gut geht und die humanistisch orientiert sind. Da haben wir dann durchaus ein sich überlappendes Wähler- und Sympathisanten-Segment. Da hat man dann mehr Grund, nach Gemeinsamkeiten zu suchen als bei der FPÖ, wo man beim besten Willen nicht sieht, was dieses gemeinsame Programm sein könnte."

Aus dieser Ansicht kristallisiert sich die Absicht Van der Bellens. Der gedankliche Flirt mit der ÖVP als Koalitionspartner, den er selbst versucht ist zu forcieren, entspringt einem Kalkül, das wiederum durch die Persönlichkeit Van der Bellens erklärbar ist. Wenn es tatsächlich Erklärungsversuche gibt, zumindest eine gemeinsame Wurzel grünen Denkens und konservativen Denkens aufzuzeigen – und Van der Bellen unternimmt solche Versuche –, wenn es darüber hinaus Anzeichen dafür gibt, daß Van der Bellens Art und Weise des öffentlichen Auftritts als „konservativ" empfunden wird, was seinen Habitus anbelangt, dann kann man diese Verknüpfung folgendermaßen auflösen: daß es nämlich – aus strategischen Gründen – sehr wohl sinnvoll ist, konservativen Wählerschichten anzudeuten, daß ihre Stimme auch gut bei den Grünen aufgehoben wäre. Ein Signal gleichsam an ehemalige ÖVP-Wähler, die nun enttäuscht sind und nach einer Alternative suchen, die ihrem konservativen Grundmuster entspräche.

Es kann schon sein, daß Van der Bellen persönlich versucht ist, häufiger als andere in seiner Partei den ein oder anderen Gedanken an eine Koalition mit der ÖVP zu verschwenden. Vielleicht schätzt er selbst diese Koalition tatsächlich als eine – wenn auch noch theoretische – Möglichkeit ein. Realpolitisch gesehen ist sie jedoch mit massiven Problemen für die Grünen behaftet. Wollte die Partei Van der Bellens tatsächlich mit der ÖVP eine Bundesregierung bilden, die Folgen wären nicht abzusehen. Worte wie „Erklärungsnotstand" und „Glaubwürdigkeit" würden sowohl parteiintern als auch parteiextern die Runde machen. Selbst wenn man davon ausgehen will, daß eine solche Koalition ohne Wolfgang Schüssel stattfinden würde, stünden die Grünen wohl vor einer Spannungsprobe mit nicht zu ahnendem Ausgang. Van der Bellen müßte sowohl seiner Partei als auch der Öffentlichkeit darlegen können, warum die Grünen nun ausgerechnet mit jener ÖVP eine Bundesregierung bilden wollen, die jene Politik, die von den Grünen massiv kritisiert wird – nämlich die sogenannte Wendepolitik samt FPÖ-Regierungsbeteiligung – erst ermöglichte. Ziemlich gesichert scheint auch die Annahme zu sein, daß eine solche Koalition viele Grün-Wähler, die dieser Partei ihre Stimme gaben, weil sie eben ein Signal gegen die konservative Wende setzen wollten, verstören würde. Daß das Argument, durch eine derartige Konstellation zumindest den Verbleib der Freiheitlichen in der Regierung verhindert zu haben, dann ausreicht, um die Wahlentscheidung ausreichend zu begründen, ist nicht anzunehmen.

Soviel zu diesen Koketterien des Grünen Parteichefs. Bei nüchterner Betrachtung, und darauf versteht sich Van der Bellen, ist jedoch klar: „Das ist eindeutig, daß wir auf der Werteebene natürlich mit der SPÖ mehr Gemeinsamkeiten haben, etwa in der Sozialpolitik, in der Außenpolitik oder bezüglich der Gleichstellung der Frauen im Erwerbsleben. Wir haben an der SPÖ in der Vergangenheit nicht ihre Ideologie kritisiert, sondern das, was sie konkret in der Realität gemacht hat. Es gibt viele Gemeinsamkeiten, aber die SPÖ ist auch ein Betonbrocken.‟

Der Parteichef läßt, bei aller Kritik an den Sozialdemokraten, keinen Zweifel daran, wie sein Ziel lautet. Wird er das rot-grüne Modell anstreben, wenn sich damit eine Neuauflage von Schwarz-Blau verhindern läßt? „Auf jeden Fall. Aber es setzt voraus, daß beide Parteien stark sind und stärker werden. Die Umfragen, in denen es eine deutliche Mehrheit für Rot-Grün auf Bundesebene gegeben hat, muß man mit der Lupe suchen. Viele Kommentatoren weisen mit Recht darauf hin, daß es bei uns seit dem Krieg eine Mehrheit links der Mitte selten gegeben hat.‟ Gibt es sie vielleicht eines Tages und sieht dann auch das Wahlergebnis danach aus, sollte sie, sagt Van der Bellen, umgesetzt werden, und zwar in Form einer Bundesregierung bestehend aus Sozialdemokraten und Grünen. Daß eine solche Weiterentwicklung für die Grünen mit vielen Chancen, allerdings auch mit vielen Risiken verbunden wäre, weiß Van der Bellen durchaus.

„Was ist schon ohne Risiko? Man kann nicht gegen Rot-Schwarz wettern, Blau-Schwarz ist noch schlimmer, und sich selbst verweigern. Diese Erkenntnis ist in den Köpfen vorhanden. Irgendwie haben wir manchmal das Gefühl, die SPÖ sieht sich in ihrer Identität gefährdet, dadurch, daß sie auf

Bundesebene nicht mehr in der Regierung ist. Dort gehört dieses Gefühl, Macht zu haben, ganz anders als bei uns, einfach dazu. Das manifestiert sich dann auch in symbolischen Dingen. Wir haben diese Tradition nicht. Wir sind aus der Opposition entstanden, bei uns ist es genau umgekehrt. Wir müssen uns überlegen, in wie weit unsere Identität gefährdet wäre, wenn wir an der sogenannten Macht wären."

Eine Bedingung – die einzig grundlegende, die sich heute schon formulieren läßt und deshalb hier wiedergegeben werden soll – des Wirtschaftsprofessors für den Eintritt der Grünen in die Regierung ist die relative Stärke seiner Partei. Ein Schwellenwert, ab dem dieses Vorhaben aus Sicht der Grünen verwirklicht werden kann, ist, so die allgemeine Einschätzung, ein zweistelliges Ergebnis bei einer Nationalratswahl. Erst das würde, so die Denkart, ein sicheres Auftreten gegenüber dem Koalitionspartner ermöglichen. Dieser Schwellenwert wird allerdings noch aus einem zweiten Grund angesetzt: Wie Erfahrungen zeigen, machen Oppositionsparteien, die zum ersten Mal in eine Regierung eintreten, Fehler. Diese Fehler werden im allgemeinen von den Wählern der ehemaligen Oppositionspartei nicht ohne negative Sanktion hingenommen. Van der Bellen sieht es zumindest als eine Möglichkeit (wenn nicht gar als Wahrscheinlichkeit) an, daß die Grünen wegen ihrer Regierungsbeteiligung zunächst Wählerstimmen verlieren. Vor diesem Hintergrund wird klar, warum der Parteichef wenig davon hält, mit einem matten einstelligen Ergebnis in eine Regierung einzutreten.

Welche Schwierigkeiten sich beim Wechsel der Rolle von Oppositions- zu Regierungspartei ergeben können, läßt sich in Österreich hervorragend anhand des Beispiels der Freiheitlichen Partei beobachten. Selbst bei unaufgeregter Betrachtungsweise wird man zwei gravierende Schwächen, die durch diesen Transformationsprozeß offengelegt wurden, benennen können: Abgesehen von parteiinternen Entscheidungsstrukturen, die den formalen nicht entsprechen, hier aber nicht weiter erörtert werden müssen, ist zum einen die massive Schwäche, Ministerämter adäquat besetzen zu können, auffällig. Die Qualifikationskriterien waren und sind zum Teil nicht nachvollziehbar. In der politischen Praxis macht sich diese Schwäche im Personalbereich einerseits durch raschen Austausch der Minister, andererseits durch streckenweise ungeschicktes Verhalten der amtierenden bemerkbar. Zum zweiten ist außerdem offensichtlich, daß besonders in den Anfangsmonaten der FPÖ als Regierungspartei qualifiziertes Personal für die Besetzung der Ministerkabinette in nur kleiner Zahl vorhanden war. Dies führte unter anderem dazu, daß Minister, die sich in ihrem Amt, ja oft auch erst in der Bundeshauptstadt einleben mußten, völlig unzureichend betreut wurden. Die Resultate sind bekannt.

Können die sich aus dem Rollenwechsel von Oppositions- zu Regierungspartei ergebenden Schwierigkeiten, mit denen die FPÖ kämpft(e), für die Grünen irgendwie von Bedeutung sein? Van der Bellen sieht – wenn überhaupt – die Lehren, die gezogen werden können, nicht so sehr bei der Schwäche der Personalpolitik. Was er beobachtet, sind mangelnde Stimmigkeiten von (inhaltlichen) Positionierungen vor und nach der Regierungsbeteiligung:

„Ich weiß nicht, wo die Parallelen liegen könnten. Was sind ihre Handicaps? Was haben sie über Jahre erfolgreich vermittelt? Daß sie sich für die, die nicht im Licht stehen, irgendwie toll einsetzen. Das kontrastiert jetzt mit dem Budget-Programm. Daß sie die große Aufdecker-Partei sind, und sie haben tatsächlich viele Skandale aufgedeckt, aber im Zuge der Spitzel-Affäre haben sie sich als klassische Zudecker-Partei gebärdet. Die FP ist im Grunde eine Männerpartei und haben eine Frau als Obmann. Die FPÖ ist Haider, aber Haider ist nicht ihr Anführer. Das sind Irritationen bei der Wählerschaft, die man nicht leicht wegbringt. Sie kriegen das Haider-Problem nicht weg, wie denn, selbst, wenn er wieder Obmann würde, ist er nicht in der Regierung, in der Regierung sitzen aber die Zentralfiguren. Vielleicht hätten sie eine Spur anders in der Budgetpolitik vorgehen können, sie haben es aber nicht getan.

Das heißt also, die Frage, die auch wir Grüne uns stellen müssen, ist: Wofür stehen wir in den Augen der Öffentlichkeit, und wo könnten schwere Brüche eintreten? In der Sozialpolitik kann man sich über diese oder jene Maßnahme streiten, ob sie kurzfristig falsch oder langfristig richtig ist. Natürlich können theoretische Führungsfragen auftreten: Wer sind die Minister und wie verhalten sie sich? Wer ist die Parteispitze und hängt das zusammen oder nicht? Jede Partei hat das Problem, vor allem, wenn sie aus der Opposition kommt, wie sie verhindert, Enttäuschung zu erzeugen. Wir sollten uns beispielsweise schon rechtzeitig überlegen, welche Projekte, die nach außen sichtbar sind, wir in den ersten sechs Monaten brauchen. Die FPÖ war in ihren Heilsbotschaften so extrem, daß die Enttäuschung unausweichlich ist. Im Nationalratswahlkampf 1999 wurde Haider auf den Plakaten tatsächlich als Erlöser abgebildet. Die Sonne hinter ihm, die wirkte wie ein Heiligenschein. Das hat gut funktioniert, weckt aber auch Erwartungen, die unerfüllbar sind."

Bleibt die Frage, ob die Grünen derzeit schon „reif" für die Teilnahme an einer Bundesregierung wären oder ob sie mit ähnlichen Schwierigkeiten wie die FPÖ zu kämpfen hätten. Überlegungen wie diesen gibt Alexander Van der Bellen sich allerdings nur ungern hin:

„Ich zerbreche mir über das Wort ‚reif' nicht den Kopf. War die FPÖ denn ‚reif'? Wir können natürlich nicht alle Ressorts gut besetzen. Bei der FPÖ sieht man, daß man sogar unter den schlechtesten Voraussetzungen eine Regierung machen kann. Wie das dann ausgeht, ist eine andere Frage. Vorbild können sie für uns natürlich nicht sein. Wenn der Zeitpunkt näher rückt, werden wir uns die Personalfragen genau überlegen. Wie etwa ein Kabinett aussehen könnte und so weiter."

Bei diesen Ausführungen Van der Bellens könnte man den Eindruck gewinnen, daß die Grünen in die Regierung wollen, dies mittels einer rot-grünen Koalition anstreben und sich darauf auch vorbereiten, jedoch im Bewußtsein, daß ohnehin noch sehr viel Zeit dazu bleibe. Das Gegenteil von letzterem ist der Fall: Parteiintern finden die Vorbereitungen für eine Regierungsbeteiligung, für eine rot-grüne Koalition längst statt, und zwar auf bemerkenswertem Niveau. Der Wirtschaftsprofessor übt sich wie gewohnt in Bescheidenheit: „Im Grunde genommen läuft auf einigen Gebieten bereits die Vorbereitung auf den Wahlkampf und das, was danach kommen könnte, für den Fall des Falles, an. Man ist ohnehin nie vollkommen und erreicht das Optimum nie." Um für diesen „Fall des Falles" jedoch möglichst gut gerüstet zu sein, gibt es zwei Arbeitsschwerpunkte. Eine Arbeitsgruppe evaluiert jene Erfahrungen, die international mit grünen Regierungsbeteiligungen gemacht wurden. Dabei sollen vor allem Defizite herausgearbeitet werden, die es bei einer Koalition in Österreich zu vermeiden gälte. Gleichzeitig wird der Personalentwicklung besondere Aufmerksamkeit geschenkt. Eine parteiinterne Modellrechnung hat ergeben, daß bei einem bundesweiten Wahlergebnis von 15 Prozent und einer angenommenen Regierungsbeteiligung ein Bedarf an 70 zusätzlichen „politischen Menschen" herrschen würde. Mögliche Fluktuationen zu berücksichtigen, sagt Van der Bellen, sei ein wichtiger Punkt: „Die Regierungsbeteiligung ist nicht nur eine Frage des Klubs. Das wird eine Sogwirkung entfalten, bei der man sich genau überlegen wird müssen, wie das aussehen könnte."

An die sogenannte Macht zu gelangen, also in diesem Fall die Beteiligung an einer Bundesregierung zu erreichen, ist zweifelsohne eine der ganz großen Herausforderungen für die Grünen. Wie das bundesdeutsche Beispiel zeigt, können damit allerdings auch Unwägbarkeiten verbunden sein, deren Ursachen in der Parteistruktur anzusiedeln sind. Während die österreichischen Grünen bereits 1992 im wesentlichen die sogenannte „Unvereinbarkeit" abschafften, existiert sie in Deutschland weiter: Jene, die in der Partei (maßgebliche) Funktionen bekleiden, sollen nicht gleichzeitig auch noch Regierungsämter oder Mandate innehaben. Für die praktische politische Arbeit erweist sich die „Unvereinbarkeit" als hinderlich.

Eine Tradition der Grünen auch in Österreich ist ihr basisdemokratisches Element. Entscheidungen von einer möglichst breiten Parteimehrheit – im Fall der Grünen vom Bundeskongreß – legitimieren zu lassen, ist ein Wert an sich. Allerdings könnte sich dieser Prozeß für eine grüne Regierungspartei als nicht praktikabel erweisen.

„Das Koalitionsprogramm muß von einem großen Gremium abgesegnet werden. Natürlich ist es unmöglich, jede einzelne Entscheidung mit 500 Leuten abzusprechen. Wir wissen natürlich, daß wir es nicht wie die deutschen Grünen machen werden, die drei Parallelstrukturen aufgebaut haben und relativ wenig miteinander kommunizieren: der Klub, der zuwenig mit der Regierung kommuniziert und die Partei, die wieder ihr Eigenleben führt und das Verbot, daß die Parteispitze identisch mit den Ministern ist. Die dürfen nicht einmal Abgeordnete sein. Ein Problem von Christoph Chorherr als Bundessprecher war ähnlich, daß er nämlich im Rathaus saß und wir im Parlament, da war die rechtzeitige Kommunikation einfach so unglaublich schwierig. Dir fehlt die große Bühne."

Die angeführten Beispiele zeigen die Dringlichkeit eines optimalen Informationsflusses zwischen Klub, Parteispitze und – wenn es einmal so weit sein sollte – Regierungsvertretern der Grünen. Dementsprechend denkt man schon jetzt an Statutenänderungen, die im Falle einer Regierungsbeteiligung die Kommunikation möglichst reibungslos ermöglichen sollen. Ein weiteres Problem struktureller Art – obwohl das vielleicht zuviel gesagt ist –, das es aus Sicht des Parteichefs zu beheben gilt, hat Van der Bellen in der eigenartigen Komplexität grüner Modalitäten bei Abstimmungen ausgemacht. Es scheint, als wären eindeutigere Wahlregeln gefragt.

„Seit ich Bundessprecher bin, frage ich vor größeren Sitzungen immer mit Argwohn, ob der Abstimmungsmodus so ist, daß es ein Ergebnis geben muß. Wir haben nach wie vor, vor allem bei Wahlen, das Problem mit der Mehrheit der gültigen Stimmen. Was ist eine gültige Stimme, was ist die Mehrheit? Sind Enthaltungen gültige Stimmen? Das würde bedeuten, daß eine Fraktion, nämlich die Leute, die sich enthalten, de facto eine Entscheidung blockieren können, weil sie für nichts stimmen und dadurch auch der Kandidat, der die meisten Stimmen hat, trotzdem keine Mehrheit besitzt. Aber dieser Kampf wird eines Tages auch glücklich zu Ende geführt sein. Das erscheint trivial, aber es kann sehr heikel sein. Ich habe kein Problem, denn der, der sich enthält, enthält sich eben. Wenn von hundert Anwesenden 10 für Moritz und 9 für Max sind, dann sind das 19 Stimmen, und 81 enthalten sich, selber schuld. Aber so einfach ist die Rechnung bei uns nicht."

Viel ist an dieser Stelle von Entscheidungen für Regierungsbeteiligungen, Koalitionen und die parteiinternen Vorbereitungen für diesen „Fall des Falles" zu lesen gewesen; viel vor allem auch darüber, wie sich der Parteichef die mittelfristige Zukunft der Grünen vorstellt. Aber was ist mit seiner persönlichen Zukunft? Ministrabel wäre Van der Bellen wohl allemal; aber will er es auch sein? Will er ein Ministeramt bekleiden? – „Ich bin da sehr ambivalent", seufzt Van der Bellen. „Die Rolle der Klubführung ist gerade in einer Regierungskoalition eminent wichtig." Van der Bellen könnte sich also durchaus vorstellen, nicht selbst auf die Regierungsbank zu wechseln, sondern den Parlamentsklub bei Laune für Rot-Grün zu halten. Wäre Van der Bellen wirklich nicht unter den ersten grünen Bundesministern, wenn sich schon eine solche Möglichkeit bieten würde? Er stehe, sagt der Wirtschaftsprofessor, diesem Vorhaben auch ambivalent gegenüber, „weil auf der rein individuellen Ebene noch einmal ein Einschnitt ist". Das soll vermutlich auch heißen, daß er selbst als Bundessprecher der Grünen schon zu wenig Zeit für sein Privatleben, für seine Frau Brigitte hat. Daß die Zeit als Regierungsmitglied noch knapper sein würde, diese Sorge schwingt in dieser Antwort mit.

Van der Bellen, Ökologie, Ökonomie und Partei – eine komplexe Angelegenheit. Die Grünen haben sich 1997 einen Wirtschaftsprofessor zum Parteichef gewählt – mit den für sie angenehmen Konsequenzen, daß er die Befriedung der Partei erreichte und sie zu Wahlsiegen führte. Andere Konsequenzen sind zumindest für seine Kritiker bedauerlich: Sie vermissen die (Rück-)Besinnung der Grünen darauf, daß sie eigentlich irgend etwas mit Ökologie zu tun haben sollten. Van der Bellen selbst interessiert sich für das Politikfeld Umweltpolitik in der alltäglichen politischen Praxis nicht so recht, obwohl sich die grundsätzliche ökologische Perspektive in seinem Denken – umschrieben durch den Begriff der „Nachhaltigkeit" – wiederfindet. Seine Arbeitsschwerpunkte liegen allerdings, wie sollte es bei dieser Vergangenheit anders sein, anderswo, etwa im Finanzpolitischen.

Einen Konflikt zwischen Ökologie und Ökonomie sieht der Wirtschaftsprofessor nicht. Die Ideologie, das also, was man als grüne Weltanschauung bezeichnen könnte, ist für Van der Bellen in wenigen Punkten klar umrissen: Nicht alles hat einen wirt-

schaftlich berechenbaren Wert; den Schwachen muß unter die
Arme gegriffen werden; Konflikte sollen ohne Anwendung von
Gewalt gelöst werden und gegenüber ungerechtfertigten Autori-
tätsverhältnissen muß Wachsamkeit geübt werden. Diese vier
Sätze sind es, die grünes Denken ausmachen.

Mit Van der Bellen geht der Umbau der Grünen Partei in eine
neue Phase. Entwickelte sie sich von der Widerstandspartei in
eine Veränderungspartei, so stehen nun die Vorbereitungen für
den „Fall des Falles" einer Regierungsbeteiligung der Grünen an.
Diese Vorbereitungen sind konkreter, als man als Außenstehen-
der annehmen könnte, und die Frage, ob die Grünen überhaupt
regieren wollen, hat Van der Bellen für sich längst entschieden.
Sie wollen, wenn sie ein zweistelliges Wahlergebnis erreichen
können, eine Koalition bilden, um eine Neuauflage einer ÖVP-
FPÖ-Regierung zu verhindern. Wer mit wem, auch das ist so gut
wie ausgemacht: Selbst wenn Van der Bellen mit der Möglichkeit liebäugelt, die ÖVP könnte ein potentieller Partner sein, ist
dies realpolitisch nur schwer vorstellbar. Die Zeichen stehen auf
Rot-Grün, sollte ein Wahlergebnis eine solche Konstellation
zulassen. Eine Liebesheirat wäre das jedoch nicht.

# DRITTER TEIL

## NACHDENKEN ÜBER EUROPA

Wenn es stimmt, daß es Traumberufe gibt, dann ist der des Diplomaten vermutlich einer. Eine Mischung aus gut verhüllter Realität und positiven Klischees ist dafür verantwortlich, daß es als äußerst erstrebenswert eingeschätzt wird, etwa als Botschafter tätig sein zu können. Auf die Karriere zu achten, so die landläufige Vorstellung, heißt in diesem Fall, dafür zu sorgen, daß die ausgerichteten Mittag- und Abendessen ohne gröbere Peinlichkeiten ihr Ende finden. Diplomaten hätten bei der Ausübung ihres Dienstes neben der ständigen Zusichnahme von Sekt und Kaviar zusätzlich einen weiteren Vorteil, nämlich den, daß sie in regelmäßigen Abständen neue Länder bereisen dürfen. Dafür auch noch Geld zu bekommen, das könne doch nur etwas Schönes sein. – Daß in Not geratene Touristen, die betreut werden müssen, wenig mit diesem Bild von Glanz und Glamour zu tun haben, trübt die generelle Beurteilung des Diplomatenberufs ebensowenig wie die Tatsache, daß Ortswechsel für die Aufrechterhaltung längerer sozialer Beziehungen nicht eben förderlich sind: Diplomat zu sein heißt für die meisten Menschen, einen Traumberuf ausüben zu dürfen.

Auf den ersten Blick könnte man meinen, daß an Alexander Van der Bellen ein guter Diplomat verloren gegangen sei, wäre er nicht Universitätsprofessor und später Politiker geworden. Sein Erscheinungsbild hätte auf dem glatten Parkett der Diplomatie zweifelsohne bestehen können, seine in der Regel gepflegte Ausdrucksweise ebenso. Dazu kommt, daß er sich sehr für internationale Politik interessiert.

Doch tatsächlich fehlt Van der Bellen für diesen Beruf etwas wahrscheinlich Entscheidendes: die Begeisterung für Small talk. Der Besuch gesellschaftlicher Ereignisse zählt nicht zu den Lieblingsbeschäftigungen Van der Bellens. Man könnte ihn durchaus, wenn man wollte, als „Party-Muffel" bezeichnen, ideenreich im Erfinden möglicher Ausreden – vorzugsweise Vortäuschung von Anzeichen einer Krankheit –, um größere Menschenansammlungen zu meiden. (Der Korrektheit halber sei angefügt, daß sich der grüne Parteichef subjektiv sehr schnell krank fühlt und bereits an einer mittelschweren Erkältung überdurchschnittlich leidet.) Es gibt sogar Hinweise dafür, daß es einer gewissen Überzeugungsarbeit bedarf, Van der Bellen für parteiinterne Veranstaltungen wie etwa Weihnachtsfeiern zu begeistern, und daß von den Ausrichtern einige Überredungskunst aufgewendet werden muß, damit Van der Bellen, wenn er einmal kommt, die Festivität nicht schon nach wenigen Minuten wieder verläßt. Das gemütliche, oftmals auch humorvolle Gespräch im kleinen Kreis, das ist im Gegenteil ganz seine Sache.

Diese Vorlieben machen deutlich, wie sich Van der Bellen wohl das Knüpfen internationaler Kontakte wünschen würde: nicht auf die institutionalisierte diplomatische Methode, nicht durch die Teilnahme an aufwendigen Empfängen, sondern anhand persönlicher Beziehungen, die im Gespräch erarbeitet und aufrechterhalten werden müssen. Sie sind es, auf die Van der Bellen dann im Krisenfall zurückgreifen kann. Ein solcher Krisenfall in der österreichischen Außenpolitik war die Verhängung von Sanktionen gegen die schwarz-blaue Koalition durch 14 EU-Staaten. Und eine Beziehung, auf die Van der Bellen in dieser Situation zurückgriff, war und ist die zum – wegen seiner Biographie neuerdings in Diskussion geratenen – deutschen Bundesaußenminister und Parteikollegen Joschka Fischer; auch wenn Van der Bellen betont, man sollte sie „im konkreten Fall" nicht überbewerten.

Die von allen Regierungschefs der EU-Staaten beschlossenen Maßnahmen – die im wesentlichen ein Einfrieren der bilateralen Beziehungen zum Inhalt hatten – gegen die Bundesregierung des 15. Staates der Union markieren jenen Zeitpunkt, von dem an auch von der Öffentlichkeit etwas wie eine grüne Außenpolitik wahrgenommen werden konnte. „In der Vergangenheit", erzählt Van der Bellen, „hatte es eine kleine Oppositionspartei schwer, in der Außenpolitik präsent zu sein. Außenpolitische Fragen waren außerdem nicht vordringlich." Das änderte sich mit der Angelobung der ÖVP-FPÖ-Koalition am 4. Februar 2000 schlagartig. Die Regierungsmitglieder wurden international geächtet. Für die Grünen bot sich damit die Chance, in diesem Politikbereich Handlungsfähigkeit unter Beweis zu stellen.

„Ich war gemeinsam mit Kollegen in Berlin, Rom, Paris und London. In Rom, Berlin und Paris gab es Grüne in der Regierung. Es war ganz einfach und unkompliziert, Termine zu vereinbaren und freundschaftliche Gespräche zu führen, die aber vom Ergebnis her sehr unterschiedlich waren. Mit Joschka Fischer haben wir wenige Wochen nach dem Inkrafttreten der Maßnahmen gesprochen. Damals war die Situation noch frisch, und es ging im wesentlichen darum, nicht nur mit ihm, sondern auch mit den außenpolitischen Sprechern im deutschen Bundestag eine lange Diskussion zu führen. In der Fraktion waren die Maßnahmen heftig umstritten, fast fifty-fifty. Die eine Hälfte hielt sie für richtig, während die andere Hälfte gemeint hat, sie würden nur zu einem nationalen Backlash in Österreich führen. Rückwirkend gesehen eine nicht ganz falsche Einschätzung. Aber im wesentlichen konnte es nicht darum gehen, zu intervenieren, daß die Sanktionen zurückgenommen werden. Das wäre von Haus aus völlig unrealistisch gewesen. Es ging darum, vor der Entwicklung einer nicht geplanten Eigendynamik zu warnen, die untendierten Auswirkungen im Keim zu ersticken. Wir versuchten in allen Ländern darauf einzuwirken, daß sie nicht eintreten, etwa beim innereuropäischen Austausch von Schülern, Studenten, Wissenschaftern, Intellektuellen und Künstlern. Da haben wir dann eigentlich offene Türen eingerannt, denn das wollte ohnehin niemand.

Davon abgesehen ist es schon sehr interessant gewesen, auch für mich eine neue Erfahrung, diese Leute kennen zu lernen. Fischer habe ich schon von früher her gekannt, aber den damaligen römischen Umweltminister oder die französische Umweltministerin nicht. In London gab es naturgemäß keinen grünen Minister, bei dieser Art von Mehrheitswahlrecht. Aber da waren wir immerhin mit dem Europa-Minister und anderen Leuten des Foreign-Office zusammen. Es war interessant zu sehen, daß das ,Problem Österreich' ganz unterschiedlich perzipiert wird. Während es für die Deutschen eine Frage ersten Ranges war, war es in London höchstens ein Randthema. Es war ganz klar, daß London hier keine eigenen Interessen verfolgt und sich dem Rest der EU, in welcher Richtung auch immer, anschließen wird. Sie haben nicht ganz verstanden, was da für ein Wind gemacht wird. Sie haben dringlich darauf bestanden, daß es nicht um Sanktionen geht: ,No sanctions, just measures.' Sanktionen wären das gewesen, meinten sie, was man gegen Südafrika verhängt habe. Im Falle Österreichs sei es eine Frage des kühleren Protokolls, mehr nicht."

Besonders der Besuch bei seinem Parteikollegen Joschka Fischer erregte in der Öffentlichkeit Aufsehen. Sich mit dem prononcierten Befürworter der Idee, die Wiener Koalition in Europa zu isolieren, zu treffen, war für Van der Bellen nicht ohne politisches Risiko. Die mediale Präsenz war gegeben; allerdings versuchten die Regierungsparteien sie so darzustellen, als würde der Chef der Grünen, anstatt mutig gegen die Sanktionen aufzutreten, mit dem „Außenfeind" klüngeln. Und dieser „Außenfeind" war nicht irgendwer: Fischers „linke Vergangenheit" bot vermeintlich genug Anlaß zur Kritik. Daß Van der Bellen von Joschka Fischer im Auswärtigen Amt zu Berlin empfangen wurde, war natürlich kein Zufall. Der Grüne Parteichef wollte ein Signal setzen, nämlich, daß er auch im Ausland geschätzt werde, während sogar die Außenministerin dazu verdammt war, mangels offizieller Gelegenheiten in Europa ihre diesbezüglichen Reisetätigkeiten einzustellen.

Joschka Fischer nahm die Gelegenheit wahr, um seine ohnehin klare Position noch einmal zu bekräftigen – und, um seinem Parteikollegen etwas behilflich zu sein. So spektakulär wie in dieser ersten Phase nach der Verhängung der EU 14-Sanktionen gestaltete sich Van der Bellens außenpolitische Tätigkeit danach selten. Doch das genügte fürs erste, dem österreichischen Grünen-Chef internationales Format zu verpassen. Der lockere Gedankenaustausch zwischen Van der Bellen und Fischer geht weiter, allerdings nicht immer friktionsfrei:

„Es gibt zu ihm immer wieder Kontakt. Er hat ein affines Verhältnis zu Wien oder Österreich generell. Es gibt zwischen ihm und mir immer wieder lose Kontakte. Wir hatten allerdings auch mehrere Meinungsunterschiede. Einmal in der Frage der Kosovo-Intervention, als die österreichischen Grünen die Meinung vertraten, eine NATO-Intervention könne es nur unter der Schirmherrschaft der UNO geben. Wir haben damals einen persönlichen Brief an Fischer gerichtet, der erwartungsgemäß unbeantwortet geblieben ist. Zufällig ergab sich, daß damals ein Treffen der Grünen Internationale in Bonn war. Unsere damalige außenpolitische Sprecherin und ich sind hingefahren und haben dem Staatssekretär des deutschen Auswärtigen Amtes diesen Brief überreicht, worauf sie schon etwas pikiert waren, so nach dem Motto: Was mischt ihr euch da ein?
Die zweite Meinungsverschiedenheit gab es dann in der Spätphase der EU 14-Sanktionen. Da sagte Fischer in einem Interview: ‚Wenn die Lega Nord in Italien an einer nationalen Regierung beteiligt wird, dann ist das nicht das gleiche Problem wie mit der FPÖ in Österreich.‘ Er begründete es damit, daß diese Partei eben nicht diesen Konnex zum Nationalsozialismus hätte. Wir waren da der Meinung, daß dies zwar historisch richtig ist, aber keine Rolle in der konkreten Situation spielen sollte. Auch, wenn die Lega Nord nicht aus dem italienischen Faschismus entstanden ist und auch keine Verknüpfungen zum

deutschen Nationalsozialismus aufweist, ändert es nichts daran, daß sie eine rechtsradikale Partei ist. Wenn eine Partei extrem ausländerfeindlich wie die Lega ist, dann interessiert mich nicht, ob sie im Schlafzimmer den Schnurrbart vom Hitler hängen haben. Das ist uninteressant. Es geht darum, ob diese Politik hier und jetzt akzeptabel ist oder nicht. Da waren wir unterschiedlicher Meinung.

Ansonsten ist er witzig und ein blitzgescheiter Mensch mit einer zwanzigjährigen politischen Erfahrung. Er war der erste grüne Minister, in Hessen, und er ist zweifelsohne eine sehr interessante Persönlichkeit innerhalb der Grünen. Man kann mit ihm auch gut Schmäh führen. So war er zum Beispiel einmal (dienstlich, Anm. d. Verf.) in Wien, und wir haben uns auf seinen Wunsch für eine Stunde im Kaffeehaus getroffen, was ich sehr nett fand. Da haben wir fast nur Schmäh geführt."

Schmäh und Politik stehen, so sagt man, mitunter in einer ganz eigentümlichen Wechselwirkung zueinander, und das wiederum besonders in Österreich. Der Schmäh, den Van der Bellen mit Joschka Fischer im Kaffeehaus führt, sollte allerdings nicht darüber hinwegtäuschen, daß es dem Grünen Parteichef ziemlich ernst ist mit der Außenpolitik. Man könnte vielleicht sagen, daß sie im Rahmen seiner politischen Tätigkeit zu einer Art Hobby, zu einem Steckenpferd geworden ist. Van der Bellen hat Spaß daran, als Politiker in anderen Ländern vor Ort zu erkunden, wie denn dort Politik gemacht wird. Freilich handelt es sich dabei nicht um Außenpolitik im klassischen, nicht im „exekutiven Sinn", wie Van der Bellen sich ausdrückt. Es geht eher darum, ein Gefühl für verschiedenste Situationen in diesem Bereich zu entwickeln.

„Das ist schon etwas, was mich persönlich interessiert. Einige Male hatte ich Gelegenheit, mit dem Nationalratspräsidenten Heinz Fischer in ganz kleinen Delegationen mitzufahren. Wir waren in Mazedonien, Rumänien oder Polen. Das ist schon

sehr interessant, weil man auf dieser Ebene einen unkompli-
zierten Zugang zu den höchsten Würdenträgern in einer ent-
spannten Atmosphäre hat. Da geht es ja nicht unmittelbar um
etwas, sondern man tauscht Meinungen aus und diskutiert
über aktuelle Probleme. Ich will wissen, was das für Leute sind.
Bei einem Abendessen in Rumänien etwa mußte ich feststellen,
daß sich der wohl aus gut gemeinten Gründen neben mir am
Tisch sitzende rumänische Grüne als Rechtsaußen herausgestellt hat. Das hat mich nicht gefreut. Mein Interesse geht hin
bis zu protokollarischen Dingen. In Bukarest wurden wir von
Termin zu Termin in einem Höllentempo unter Polizeischutz
mit heulenden Sirenen in der Mitte der Straße gefahren. Das
hat mich an frühere Zeiten erinnert. Das Volk mußte regel-
recht zur Seite springen, weil wir dahergebraust kamen. Ein
etwas unangenehmes Gefühl, das muß ich schon sagen.

Was ich jetzt erlebe, sind Lehrlingsjahre von jemandem, der
sich schon für Außenpolitik interessiert. Ich möchte das überhaupt nicht überbewertet wissen. Es hat sich einige Male ergeben, daß ich hier in Wien mit Botschaftern anderer Länder,
hauptsächlich aus EU-Staaten, aber nicht nur, zu tun gehabt
habe. Das ist eine ganz andere Art von Politik. Dieses vorsichti-
ge, höfische Herantasten, jemanden ja nicht unbeabsichtigt zu
kränken, hat fast etwas von einem chinesischen Ritual an sich,
was mir nicht unsympathisch ist. Man braucht schon jahrelan-
ge Erfahrung für so etwas. Ich kann mich erinnern: Es war
irgendwie heikel, und ich hoffe, es ist mir halbwegs gelungen,
dem iranischen Botschafter zu erklären, daß meiner Meinung
nach keine ganz normalen Beziehungen zu seinem Land möglich sind, solange der Todesbefehl gegen Salman Rushdie nicht
aus der Welt geschafft ist. Der Botschafter selbst kann ja nichts
dafür, nichtsdestoweniger nützt es nichts, so zu tun als ob.«

Daß Van der Bellen in dieser Episode versucht, ausgerechnet auf
den iranischen Botschafter einzuwirken, ist wohl kein Zufall:

Zum einen sind ihm die Menschenrechte ein besonderes Anliegen, zum anderen findet der Parteichef der Grünen auch, daß sich Außenpolitik nicht nur auf EU-Politik beschränken sollte.

Wenn man sich in der US-amerikanischen Hauptstadt Washington, D.C. zu einem Spaziergang aufmacht, um das „Rechteck der Macht" abzuschreiten, innerhalb dessen die großen Entscheidungen getroffen werden, dann kommt man mit einiger Gewißheit auch an dem Gebäude der „National Archives", des Nationalarchivs, vorbei. Drei Worte sind auf seiner Fassade eingraviert; sie bilden einen ganz einfachen Satz, und weil dieser Satz von so schlichter Einfachheit ist, wirkt er besonders einprägsam. „Past Is Prologue". Im Vergangenen liegt der Ursprung; die Vergangenheit ist nur der Auftakt für das, was noch kommt; die Gegenwart ist ohne das Vergangene nicht erklärbar.

Diesen Satz haben sich die Amerikaner für das Portal ihres großen Archivs ausgesucht, in dem ihre Geschichte schlummert, obwohl man ihnen nachsagt, sie würden sich darum eigentlich nicht so recht kümmern. „Past Is Prologue", das ist ein Motto, das auch für Europa und speziell für Österreich seine Gültigkeit hat. Über die Zeit zwischen 1938 und 1945 wurde eifrig der Mantel des Schweigens gehüllt. Daß er wieder weggezogen werden muß, empfinden viele heutzutage als unangenehm.

Will man über Österreich und Europa nachdenken, schadet es nicht, im Sinne des oben angeführten einprägsamen Satzes zurückzublicken, und zwar ohne innere Aufgeregtheit. Das erscheint auch deshalb notwendig, weil die Verdrängung in diesem Bereich noch immer eine große Rolle spielt. Der Nachteil ist bekanntermaßen, daß das vermeintlich Verdrängte doch irgendwann einmal wieder sichtbar wird. Österreichs Rolle im „Dritten Reich" ist ein klassisches Objekt der Verdrängung. Daß Hitler es ohne tatkräftige und aktive Unterstützung der Idee des Nationalsozialismus einschließlich seiner praktischen Konsequenzen seitens vieler Österreicher schwerer gehabt hätte, sollte unbestritten sein. Ebenso, daß viele Österreicher an ganz maßgeblicher Stelle im Terrorregime tätig waren und damit Schuld auf sich geladen haben.

Dennoch wird die sogenannte Täter-Opfer-Debatte in wiederkehrenden Abständen neu belebt. Worte wie „Kollektivschuld" und „Individualschuld" kommen zur Anwendung, es wird von der „Auslöschung Österreichs" im Sinne des Völkerrechts gesprochen und am Ende doch alles miteinander vermischt und – bewußt oder unbewußt – derart mißverständlich formuliert, daß das Ergebnis auf eine unglückliche Vermischung hinausläuft. Auffällig dabei ist, daß diese Auseinandersetzung um die Rolle Österreichs im „Dritten Reich" stets wellenartig und bruchstückhaft erfolgt. Ist die politische Debatte darüber (wieder einmal) eröffnet, sei es durch eine Grundsatzrede oder durch ein Zeitungsinterview eines Bundeskanzlers, steigt die Frequenz der Diskussionen und mit ihr jene der Emotionen schnell nach oben, um dann wenige Tage später wieder rapide abzufallen, bis das Thema schließlich wieder ganz im Nebensächlichen verschwindet. Ganz so, wie es eben bei verdrängten Ereignissen die Art ist. Lange Zeit in der Zweiten Republik pflegte man – konkreter: auch die handelnden Politiker, die etwas zur Veränderung dieser Situation beitragen hätten können – Österreich als „Opfer Hitlers" darzustellen.

Was daraus folgte, war der Schluß, daß sich auch „die Österreicher" als Opfer darstellen lassen konnten. Über Jahrzehnte hinweg wurde diese These durch die sogenannte Moskauer Deklaration gestützt. Am 1. November 1943 hatten die Siegermächte Großbritannien, USA und Sowjetunion erklärt, „daß Österreich, das erste freie Land, das der typischen Angriffspolitik Adolf Hitlers zum Opfer fallen sollte, von deutscher Herrschaft befreit werden soll. (…) Österreich trägt für die Teilnahme an Krieg an der Seite Hitler-Deutschlands eine Verantwortung, der es nicht entrinnen kann."

Die Formulierung vom „ersten freien Land", das zum Opfer geworden sei, prägte die Debatte nachhaltig. Österreich, so die für sich genommen folgerichtige Ableitung aus der Annexionstheorie, habe als Staat also aufgehört zu existieren, als es von Hitler-Deutschland in Geiselhaft genommen wurde. Die Einmahnung der Verantwortung Österreichs wurde darüber gerne vergessen. Erst jetzt, nach der Jahrtausendwende, kommt es zu Entschädigungszahlungen für NS-Zwangsarbeiter. Erst jetzt wird darüber offen nachgedacht, wie geraubtes jüdisches Vermögen zurückerstattet werden kann. (An dieser Stelle sei ein kleiner Einschub gestattet: Daß ausgerechnet eine konservative Regierung, an der eine rechtspopulistische Partei beteiligt ist, sich dieser Themen annimmt, ist nur auf den ersten Blick bemerkenswert. Einiges spricht dafür, daß die ÖVP-FPÖ-Koalition diese Schritte aus Berechnung setzt, um sich wenigstens in diesem Punkt internationale Anerkennung zu verschaffen. Immerhin werden Opfer des NS-Regimes entschädigt; die Motivation kann dabei nur eine untergeordnete Rolle spielen.) Die „Österreich als Opfer"-These hält sich hartnäckig, auch wenn von hohen Repräsentanten Österreichs in der Vergangenheit die Mitverantwortung immer wieder betont wurde. So bekannte 1993 der damalige sozialdemokratische Bundeskanzler Franz Vranitzky in einer vielbeachteten Rede an der Universität von Jerusalem: „Wir müssen mit dieser Seite unserer Geschichte leben, mit unserem Anteil an Verantwortung für das Leid, das nicht von Österreich – der Staat existierte nicht mehr –, sondern von einigen seiner Bürger anderen Menschen und der Menschheit zugefügt wurde. Wir haben immer empfunden und empfinden noch immer, daß der Begriff ‚Kollektivschuld' auf Österreich nicht anzuwenden ist. Aber wir anerkennen kollektive Verantwortung, Verantwortung für jeden von uns, sich zu erinnern und Gerechtigkeit zu suchen." Vranitzky weiter: „Ich bin hier, um ein neues, modernes und selbstbewußtes Land, einen unabhängigen und demokratischen Staat zu repräsentieren, der als

‚Antithese zum Nazismus' gegründet worden ist. In der Tat
waren die meisten Gründungsväter der Zweiten Republik Über-
lebende der Konzentrationslager und Gefängnisse des Dritten
Reiches. Das ist einer der Gründe dafür, daß die Moskauer
Deklaration von 1943, in der Österreich zum ersten Opfer der
Aggression erklärt wurde, als die einzige Wahrheit akzeptiert
wurde und das Eingeständnis der anderen, dunklen Seite unserer
Geschichte blockieren konnte."

Diese Erklärung Vranitzkys wurde damals im In- und Ausland als fortschrittlich gewürdigt.


Ganz andere Reaktionen hierzulande und im Ausland gab es
hingegen auf ein Interview, das Bundeskanzler Wolfgang Schüssel im Herbst 2000 der israelischen Zeitung „Jerusalem Post"
gab. Schüssel erklärte, daß „der souveräne österreichische Staat
das erste Opfer des Nazi-Regimes war": „Die Nazis nahmen
Österreich mit Gewalt ein, die Österreicher waren das erste
Opfer." Zwar sprach der Bundeskanzler auch von einer „morali-
schen Verantwortung", die die Österreicher für ihre Vergangenheit zu tragen hätten; dieser Zusatz verblaßte allerdings vor dem
Hintergrund der vorangegangenen Äußerungen. Daß der Regie-
rungschef nicht nur Österreich, sondern auch „die Österreicher"
als erste Opfer bezeichnete, sorgte für Aufsehen, Kritik und für
eine weitere Eruption der Debatte über Opfer und Täter, die
rasch über den aktuellen Anlaß hinausging.

Ist dieses Interview einfach passiert? Eine Gedankenlosigkeit,
die zu entschuldigen wäre? Oder steckt mehr dahinter, ein Rück-
fall in eine Geschichtsauffassung etwa, die auf einem Auge blind
ist? Wenn man den ersten Erklärungsversuch – im Gegensatz
etwa zu Van der Bellen – ausschließt, weil man annimmt, daß
sich ein Bundeskanzler wie Wolfgang Schüssel im allgemeinen
sehr präzise überlegt, welche Aussagen er trifft und welche nicht,
kann man auch Absicht unterstellen; etwa die einer Geste in
Richtung des Koalitionspartners FPÖ.

Daß etliche Jahrzehnte nach Kriegsende über dieses dunkle Kapitel kontrovers diskutiert wird, bewegt den Parteichef der Grünen. Noch mehr allerdings scheint er darüber irritiert zu sein, mit welcher Unreife in Österreich mit der eigenen Vergangenheit umgegangen wird.

„Diese Geschichte", sagt Van der Bellen, „ist widersprüchlich und ambivalent. Viele Kommentatoren haben darauf hingewiesen, daß Österreich unmittelbar nach dem Krieg anteilsmäßig, also bezogen auf die Bevölkerung, weit mehr Gerichtsverfahren gegen Ex-Nazis laufen hat lassen, die auch zu relativ mehr Verurteilungen geführt haben als Deutschland. Das scheint mir die eine Tatsache zu sein. Die andere scheint zu sein, daß über die Jahrzehnte eine Auseinandersetzung mit den Jahren 1938 bis 1945 beziehungsweise 1934 bis 1938 bei weitem nicht so intensiv betrieben wurde wie in Deutschland. Rückblickend scheint mir, daß man das insbesondere in einer wichtigen Phase versäumt hat. In Deutschland hat das meiner Erinnerung im wesentlichen Ende der sechziger Jahre eingesetzt. Das Jahr 1968 war in diesem Zusammenhang nicht ganz unwichtig. Dazu Willy Brandt, der persönlich eine wichtige Rolle gespielt hat. Während in Österreich zur gleichen Zeit nichts Vergleichbares passiert ist. Im Gegenteil: in den verschiedenen Kabinetten Kreiskys wurde sehr genau dieser Punkt ... ich zögere jetzt, denn ich will ihm nicht unrecht tun, aber einige Punkte sind schon in Erinnerung geblieben. Die unsägliche Diffamierung Wiesenthals zum Beispiel. Oder auch sein Verhältnis zu Friedrich Peter, dem damaligen Vorsitzenden der FPÖ, einem ehemaligen Offizier der SS-Abteilung. (Kreisky schloß mit Peter einen Deal ab, der eine SP-Minderheitsregierung ermöglichte. Als Dank dafür wurde eine Wahlrechtsreform beschlossen, die kleine Parteien wie – damals noch – die FPÖ bevorteilte, Anm. d. Verf.) Das waren alles Sachen, die einer breiteren Beschäftigung mit dem austrofaschistischen Regime beziehungsweise dem NS-Regime nicht sehr förderlich waren."

Die kaum stattgehabte Beschäftigung mit geschweige denn Bewältigung der jüngeren Vergangenheit unter den Kreisky-Regierungen war ein Manko, dessen Auswirkung bis heute sichtbar bleibt.

„Ich kann nicht darüber spekulieren, was Schüssel dazu bewogen haben mag, ausgerechnet am Jahrestag der ‚Reichskristallnacht' in einem Interview mit einer israelischen Zeitung diese Worte zu wählen. Ob ihm das aus Schlamperei passiert ist oder innenpolitisch gezielt – ich würde fast das erstere vermuten. Nach dem Motto: Jeder hat seine Grenzen. Schüssel, der über eine erstaunliche und wirklich bewundernswerte physische und psychische Belastbarkeit verfügt, hatte halt auch einmal einen schwachen Moment. Im Zuge eines überarbeiteten Tages noch ein Interview eingeschoben und dann passiert. Das halte ich wirklich nicht für ausgeschlossen. Wobei ich überrascht war, wie viel einige wenige Sätze hier auslösen können. Es bestreitet ja niemand, daß der Staat Österreich im völkerrechtlichen Sinne ein Opfer der Nazi-Aggression war, aber das ist bestenfalls die halbe Geschichte. Einen Staat als Opfer zu bezeichnen, finde ich ohnehin problematisch. Opfer sind die Menschen, die von den Nazis deportiert, ermordet, bestohlen und erniedrigt worden sind. Das waren die Opfer. Und die gefolterten und erschossenen Widerstandskämpfer.
    Es gab eine Karikatur, die das exakt auf den Punkt gebracht hat: Hitler in Wien, der von einer zornigen Bevölkerung mit Tomaten und Eiern beworfen wird. Eine totale Umkehrung der Situation. So war es eben nicht. Die Mittäterschaft hängt auch damit zusammen, daß 1938 nicht die Zweite Republik das Opfer Hitlerdeutschlands wurde, sondern das austrofaschistische Österreich. In diesen vier Jahren zwischen 1934

und 1938 wurde in der ideologischen Befindlichkeit der Republik, im Vorgehen gegen die Kommunisten und Sozialdemokraten, für alles der Boden bereitet, was danach kam. Ich weiß gar nicht, warum die Leute sich so echauffieren, wenn man versucht, den Tatsachen ins Auge zu sehen.

Es ist schon erstaunlich, was ich auch an mir selbst beobachte: Ich habe schon eine Anzahl von Büchern über die Entstehung, Verbreitung und Bedeutung des Nationalsozialismus gelesen, aber über die Zeit zwischen 1934 und 1938 sind meine Kenntnisse wirklich beschämend. Daß schon seit 1936 Vertrauensleute des Hitler-Regimes in der österreichischen Regierung gesessen sind, ist mir völlig entfallen. Für die ÖVP ist das alles unangenehm. Ich war nie in ihren Räumen, kann es also aus eigener Anschauung nicht bezeugen, aber angeblich hängt dort nach wie vor das Dollfuß-Bild, und die Tatsache, daß Dollfuß von den Nazis ermordet worden ist, exkulpiert, habe ich den Eindruck, die ganze Geschichte des Austrofaschismus. Da ist nicht etwa eine Republik überrannt worden, sondern ein Regime, das sich deutlich von dem der Nazis unterschied, mehr Ähnlichkeit mit dem italienischen Faschismus hatte. Es kam nicht von ungefähr, daß die Schuschnigg-Regierung mit Mussolini versucht hat, ein Bündnis gegen Deutschland am Leben zu erhalten. Aber das ändert nichts daran, daß das eine autoritäre Diktatur war. Im Namen Gottes, was mich ganz besonders stört. Ich will nicht über christliche Begriffe richten, aber für mich ist das blasphemisch. Wenn jedes Wort über diese Jahre in Österreich eine derartige Diskussion auslöst, dann zeigt das schon, daß eine neutrale und offene Wahrnehmungsbereitschaft nicht da ist. Jeder hört, was er glaubt, hören zu müssen."

Diese opportunistische Denkweise sitzt in den Köpfen der Menschen nach wie vor fest. Und es scheint, als würden Anstrengungen unternommen, sie dort noch fester zu verankern, als sie vielmehr in Frage zu stellen. Van der Bellen ist sich sicher, daß die Ansicht, Österreich sei das erste Opfer Hitler-Deutschlands gewesen, in der Bevölkerung heute noch mehrheitsfähig ist.

„Es ist auch nicht falsch, solange es sich auf eine Frage des Völkerrechts beschränkt. Solange man außer acht läßt, daß auch der Einmarsch im Rheinland völkerrechtswidrig war. Außerhalb der deutschen Grenzen war Österreich der erste Staat, der okkupiert wurde. Gegen den Willen der Bundesregierung." Das Problem ist allerdings, daß es heute offensichtlich in den Augen mancher (wieder) genügt, sich auf diese streng formale, völkerrechtliche Position zurückzuziehen – zweifelsohne eine Argumentation, die bei der Aufarbeitung dieser Zeit einen Rückschritt bedeutet.

Die zeitgemäße Geschichtsbetrachtung bemüht sich, ganz unmißverständlich darzustellen, daß es erwiesenermaßen wohl Opfer, aber ebenso erwiesenermaßen auch Täter unter den Österreichern gegeben hat. Den Blick mit allen Konsequenzen starr auf die „Österreich als Opfer"-These zu richten, heißt, den Blick an der historischen Realität vorbeigehen zu lassen. Ursprünglich angelegt ist dieses Verständnis, meint Van der Bellen, in einem speziellen Umstand der Nachkriegszeit:

„Nach dem Krieg, wenn man die ersten fünf Jahre wegläßt, war es offenbar so, daß sich beide großen Parteien um die Hunderttausenden von potentiellen Wählern gekümmert und versucht haben, diese zu integrieren. Haider hat einmal im Parlament eine Rede gehalten, wo er dann aus dem Stegreif aufgezählt hat, wie vor allem die Sozialdemokraten versucht haben, ehemalige NSDAP-Mitglieder zu integrieren. Ich hatte den Eindruck, daß er das im großen und ganzen korrekt schilderte. Es ist also auch für die SPÖ ein heikles Thema, und Gusenbauer hat das ja auch ganz ehrlich angesprochen. Ich komme in diesem Zusammenhang immer wieder auf das Verhältnis von Österreich zu Israel zurück. Das zeigt sehr deutlich, welches Verhältnis wir zur Vergangenheit haben. Es wäre undenkbar, daß der israelische Botschafter aus Berlin abgezogen wird und die ganze politische Welt nichts dabei findet. So ist aber die österreichische Haltung, so etwas ist nicht selbstverständlich. Er wurde nach der ÖVP-FPÖ-Regierungsbildung abgezogen und noch immer nicht nachbesetzt. Daß dieses Thema nicht einmal in die Nebenspalten der Presse Eingang findet, wäre in Deutschland nicht vorstellbar. Es ist eine eigenartige Art von Ignorieren. Ich habe mehrfach versucht, darauf in Diskussionen oder Stellungnahmen hinzuweisen. Im besten Fall bekommt man ein zustimmendes Kopfnicken. Von den eigenen Leuten. Für die Grünen ist es ganz klar, daß diese Situation beunruhigend ist. Aber für die anderen?"

Österreich hat es verabsäumt, seiner eigenen Geschichte abgeklärt gegenüberzutreten. So ist oft selbstverständlich, was nicht selbstverständlich sein sollte. Und so werden Dinge und Umstände zu Problemen, die eigentlich keine sein sollten. Deshalb genügen manchmal wenige Worte, um Aufregung zu erzeugen. Obwohl es schon seit längerem Untersuchungen gibt, die belegen, daß sich die Österreicher zunehmend als „eigenständige Nation" fühlen, erklärte Jörg Haider in einem vielzitierten Fernsehinterview einmal folgendes: „Das wissen Sie ja so gut wie ich, daß die Österreichische Nation eine Mißgeburt ist, eine ideologische Mißgeburt. Denn die Volkszugehörigkeit ist die eine Sache und die Staatszugehörigkeit ist die andere Sache. Man hat ja versucht, nach 1945, um hier die besondere Distanz zur Vergangenheit zu wahren, diese Österreichische Nation zu schaffen." Die Aufregung war groß, und an der schweren Verständlichkeit dieser Sätze hat sich bis heute nicht viel geändert, auch wenn man sich ihrer möglichen Motivation bewußt ist.

„Was wollte er damit ausdrücken? Daß wir ein Teil Deutschlands sind oder sein sollten? Diese deutschnationale Gesinnung hat mich immer mit einer gewissen Verwunderung auf dem Schauplatz zurückgelassen. Ich bin der letzte, der sich wünscht, daß unsere neun Bundesländer den deutschen angegliedert werden. Insofern bin ich überzeugter Österreicher, und es ist nichts leichter, als aus österreichischer Sicht die Deutschen zu karikieren", erzählt Van der Bellen. Mit dem Begriff „Nation" könne er aus familiengeschichtlichen Gründen nicht viel anfangen. „Welcher Nation gehöre ich an? Ich fühle mich als Österreicher, wir haben seit Jahrzehnten die Staatsbürgerschaft, und wenn einer die sentimentale Frage nach der Heimat stellt, dann sehe ich die Heimat als den Ort, an dem man sich wohlfühlt, von den anderen als zugehörig akzeptiert wird, man leben kann und eine Perspektive hat. Das ist Heimat. Ich habe keinen emotionalen Bezug zur Nationsgeschichte. Was anderes ist, wie die Amerikaner diesen Begriff verwenden: Bei denen hat er etwas mit positivem Gemeinschaftsgefühl zu tun. Dort ist dieser Begriff positiv besetzt."

Relativ leicht sei es, sagt Van der Bellen, eine „kulturelle Identität – mag sein, daß das dann eine Nation ist – Österreichs zu begründen. Ganz sicher im Vergleich zu Nordrhein-Westfalen, im Vergleich zu Bayern weiß ich es nicht, das sollen die Historiker entscheiden. Aus Tiroler Sicht gibt es eine klare Feindabstufung. Das waren die Feinde Andreas Hofers: die Franzosen, die Bayern und die Wiener. Die Italiener sind ja erst Ende des 19. Jahrhunderts zum Feindbild geworden. Das Tirol-Wien-Ressentiment gibt es heute noch. Aber nicht umgekehrt. Mich hat in Wien noch nie jemand falsch angeredet, weil ich aus Tirol komme. In Tirol hat ein junger Mensch vor zwei Jahren unserem armen Auto einen Fußtritt verpaßt und ‚Schweißwiener' dazu gesagt."

Van der Bellen ist ein Mensch, zu dessen Eigenschaften es im allgemeinen gehört, Brücken zu schlagen. Daraus zu schließen, daß die Quantität von zwischenmenschlichen Kontakten für ihn von herausragender Bedeutung ist, wäre wahrscheinlich verfehlt. Brücken schlagen heißt, in Kontexten zu denken. Es sind gedankliche Brücken, die Van der Bellen baut. Seine Ansichten sind in den seltensten Fällen eindimensional, sondern eröffnen ihm und dem, der mit ihm mitdenkt, Anknüpfungspunkte für weiterführende Gedanken. Diese Gedanken können sich zwar im Laufe der Auseinandersetzung als unbrauchbar herausstellen, aber es gibt sie, und meistens sind sie schon deshalb eine Bereicherung.

Ein kleines Exempel dieser gedanklichen Entwicklungsarbeit spielt sich in diesem Augenblick ab. Die Debatte um Österreichs Rolle im „Dritten Reich" und die Aufarbeitung seiner Geschichte ist dabei für Van der Bellen kein Selbstzweck. „Past Is Prologue" – die Beschäftigung mit der Vergangenheit bietet ihm Anknüpfungspunkte für die Ereignisse in der Gegenwart. Auch wenn seine Gedankensprünge teilweise sicherlich zu Recht als kühn bezeichnet werden dürfen. Es heißt nun, sich im folgenden behutsam auf einen dieser kühnen Gedankensprünge einzulassen: Wenn der grüne Parteichef bei der Beschäftigung mit der jüngeren Vergangenheit eine Brücke zur Situation in Österreich während der blau-schwarzen Regierungskoalition schlägt, tut er das nicht aus der Lust an populistischen Vergleichen, die ohnehin hinken würden. Das wäre nicht seine Art. Er tut es deshalb, weil diese Zeiträume für ihn offensichtlich in Beziehung zueinander stehen, ebenso wie die blau-schwarze Koalition etwas mit Van der Bellens Europa-Perspektive zu tun hat, so überraschend das auch im ersten Moment klingen mag.

Daß viele in Österreich heute noch der Versuchung erliegen, die Kehrseite der Wahrheit, nämlich die Täterrolle Österreichs während des NS-Regimes, nicht wahrhaben zu wollen, ist zweifelsohne eine Herausforderung für die Bildungspolitik. Obwohl sich dort wohl in den letzten Jahren einiges verändert hat und der Geschichtsunterricht vermutlich nicht mehr einen großen Bogen um das schrecklichste aller Kapitel macht, sind verstärkte Bemühungen gefragt; das ist unbestritten. Genau das, meint Van der Bellen, wäre die aber auch „Standardantwort" auf die Frage, wie man diese Kehrseite der Geschichte in die Köpfe der Menschen bekäme: „Schule, Bildung und Aufklärung". Das alles ist notwendig, gewiß, aber ist es auch ausreichend? Kaum, denn es geht hierbei um einiges mehr als um bloßes Wissen, um mehr als um Standardantworten. Wissen ist eine Sache, aber verstehen, begreifen und daraus den notwendigen Schluß ziehen, eine andere.

„Erst wenn man ein Grundverständnis hat, kann man über diese Dinge reden, ohne daß sich die Leute dauernd persönlich betroffen fühlen. Ich habe auch meine Familiengeschichte und könnte einiges über die Ambivalenz von historischen Situationen sagen.

Meine Familie ist 1940, nach einigen nächtlichen Vorsprachen des sowjetischen KGB, aus Estland geflüchtet, mit der Unterstützung ausgerechnet der deutschen Nazi-Behörden. Aber so etwas muß man ausblenden. Wenn ich etwas über das verbrecherische NS-Regime sage, dann darf mein Gegenüber nicht sofort daran denken, ob nicht vielleicht der Großvater auch bei der Waffen-SS war. Das interessiert mich gar nicht. Aber Leute wie Haider versuchen das systematisch in der kollektiven Erinnerung so zu halten. Er erinnert immer an die Elterngeneration, die den Staat aufgebaut hat. Ich als junger Zyniker habe mir schon damals gedacht, daß sie sich das erspart hätten, wenn sie ihn zuvor nicht zerstört hätten. Wenn die Leute anfangen, an ihre Familiengeschichten zu denken, dann kommt man auf keinen grünen Zweig. Das muß man akzeptieren, denn das war damals, die haben gut oder schlecht gehandelt, aber das sind nicht wir. Insofern sympathisiere ich mit diesen sogenannten Schlußstrich-Aussagen. Die Familie meiner Frau zum Beispiel sind sogenannte Sudetendeutsche, die kurz nach dem Kriegsende noch rausgekommen sind, und das war es dann auch. Da hat sich keiner gegrämt und gequält. Das waren Flüchtlinge, die später wieder ihr Auskommen gefunden haben. In diesem Sinne: Schlußstrich. So etwas passiert Millionen von Leuten täglich. Aber nicht Schlußstrich im Sinne von geschlossenen Geschichtsbüchern. Die Frage nach dem Warum finde ich ja viel spannender. Die Jahre

1939 bis 1945 interessieren mich weniger als die Jahre 1925 bis 1933 in Deutschland oder die Jahre 1930 bis 1938 in Österreich. Das sind die Dinge, die man beeinflussen kann. Wenn man den Kerl einmal dasitzen hat, ist es zu spät. Da kann man zum Heiligen werden und sich köpfen lassen oder irgendwie durchlavieren, kurzum: Dann ist es zu spät."

Aufarbeitung von Geschichte ist für Van der Bellen nicht primär die Suche nach „historischer Wahrheit", und schon gar nicht das Bemühen, Urteile zu fällen. Letzteres, so sein Verständnis, stünde ihm nicht zu. Die Konsequenz, die Van der Bellen gezogen wissen will, heißt Prävention.

„Ich halte es für wichtig, daß auf politischer Ebene bestimmte Dinge einfach vermieden werden. Bei allem Verständnis für die schwierige Situation für die Bundesregierung nach Verhängung der Sanktionen durch die EU-14 ist es nicht ungefährlich, wie sie sich verhalten hat. Die Identifikation des Staates und des Volkes mit der Regierung, das haben sie über Monate zu erreichen versucht. Die Herbeiführung des nationalen Schulterschlusses gegen das böse Ausland. So beginnen autoritäre Regime. Eine aufgeklärte Regierung tut so etwas nicht. Die ist sich bewußt, daß Regierung, Staat und Bevölkerung nicht synonym sind. Bei Wilhelm II. hieß es: Ich kenne keine Parteien mehr, ich kenne nur mehr Deutsche. Bei den Nazis: Ein Volk, ein Reich, ein Führer. Im nachhinein wundert es mich, daß bei aller Anfälligkeit der FPÖ für solche Sager nicht etwas ähnliches gekommen ist. Historische Bildung ist schön und gut, aber sie kann nur auf einem Resonanzboden gedeihen, sonst ist das staubiger Sand, auf den man die Bildung sät. Die Keimzellen autoritärer Regime sind offenbar immer da. Es hat mich schon schwer getroffen, daß die ÖVP hier nicht die geringste Sensibilität aufweist. Sie hat skrupellos versucht, die Situation für sich auszunützen."

Die blau-schwarze Koalition als Beginn eines autoritären Regimes in Österreich? Historische Vergleiche in diese Richtung sind zum Scheitern verurteilt. Daß die Koalition aus ÖVP und FPÖ in ihrer derzeitigen Prägung ein autoritäres Regime darstelle, kann wohl selbst dann nicht behauptet werden, wenn man dieser Regierungskonstellation äußerst kritisch gegenüber steht.

„Die Institutionen funktionieren noch. Es gibt nach wie vor Wahlen, es gibt das Parlament, sie brauchen Mehrheiten, es gibt den Verfassungsgerichtshof. Man muß also nicht das nächste Waffengeschäft ausrauben, um sich für den Fall des Falles zu rüsten. Davon kann gar keine Rede sein. Es ist aber schon beunruhigend, daß man hier für Dinge streiten muß, die der liberale Rechtsstaat seit mindestens 150 Jahren entwickelt hat. Die streiten nicht dafür, daß sie zeitgemäß erweitert, sondern, daß Schritte zurück gemacht werden."

Anders stellt sich Van der Bellen die Situation dar, wenn es darum geht, auf Tendenzen hinzuweisen, die möglicherweise eine Entwicklung begünstigen, anstatt sie zu hemmen. Eine Entwicklung, die dann wiederum tatsächlich den Boden für ein autoritäres Regime bereiten könnte. Van der Bellen glaubt mit gutem Grund argumentieren zu können, daß die ersten Schritte der „Wendekoalition" Schritte in Richtung eines autoritären Regimes sein könnten. Der Philosoph Norberto Bobbio hat einmal folgendes formuliert:

„Liberaler Staat und demokratischer Staat stehen in einer doppelten Wechselbeziehung zueinander: in einer Richtung, die vom Liberalismus zur Demokratie führt, in dem Sinne, daß bestimmte Freiheitsrechte notwendig sind, um die korrekte Ausübung der demokratischen Staatsmacht zu gewährleisten und in der entgegengesetzten Richtung, daß es einer demokratischen Macht bedarf, um die Existenz und das Fortbestehen der Grundfreiheiten zu garantieren. Mit anderen Worten: Es ist wenig wahrscheinlich, daß ein nicht liberaler Staat ein korrektes Funktionieren der Demokratie gewährleisten kann, und es ist andererseits genausowenig wahrscheinlich, daß ein nicht demokratischer Staat in der Lage ist, die Grundfreiheiten zu garantieren. Der historische Beweis für diese Wechselbeziehung liegt in der Tatsache, daß demokratischer Staat und liberaler Staat, wenn sie fallen, miteinander fallen."

Wenn die Beschäftigung mit der eigenen Geschichte wirklich etwas lehrt, dann ist es das, daß Anzeichen, ja Anfänge von Anzeichen für eine bestimmte befürchtete Entwicklung richtig bewertet werden sollen. Die große Schwierigkeit ist jedoch, diese Anzeichen in ihrer Dimension tatsächlich richtig einzuordnen. Der grüne Parteichef ist jedenfalls der Meinung, daß es in Österreich Anzeichen gibt, die zur Beunruhigung Anlaß geben, Anzeichen, vor denen man die Augen nicht verschließen dürfe.

„Ich habe Andreas Khol (Klubobmann der ÖVP, Anm. d. Verf.) mehrfach gesagt, daß sich die ÖVP mitschuldig macht an den Versuchen der FPÖ, das vorhandene autoritäre Potential in Österreich zu verstärken und, daß sie sich schrittweise von einer liberalen Bürgerorientierung zu einer autoritären Republikauffassung hinbewegen. Zuerst kam der Kaiser-Wilhelm-Schulterschluß. Es war ja auch kein Zufall, daß Haider dann in dieser berühmten Pressekonferenz in Anwesenheit von Böhmdorfer gesagt hat, oppositionelle Abgeordnete, die die Regierung kritisieren, muß man anklagen, einsperren und das Mandat aberkennen. Das ist bei dieser Vorgeschichte kein Zufall. Wenn ich über Monate die Abgeordneten der Opposition, die im Inland und Ausland gegen diese Regierung sind, als Hochverräter bezeichne und diesen Schulterschluß beschwöre, dann darf ich mich nicht wundern, wenn Haider eines Tages auf die Idee kommt, die Konsequenzen für diese Hochverräter zu ziehen. In dieser Geisteswelt ist es nur natürlich, auf diese Ideen zu kommen. Und wer kommt bei unserem ersten Mißtrauensantrag und setzt sich schweigend als psychologische Unterstützung ostentativ auf die Regierungsbank neben Böhmdorfer? Schüssel! Das habe ich ihm sehr übel genommen. Es hätte völlig genügt, wenn die FPÖ ihn gedeckt hätte. Nein, der Bundeskanzler kommt persönlich und setzt sich hin. In einer Affäre, in der er sich später natürlich distanziert hat. Aber das erste Signal war ein anderes. Das zweite war dann Schüssels Dementi mit diesem ‚kein Mensch kommt auf diese Idee‘. Außer seiner Vizekanzlerin, seinem Justizminister und seinem Mitunterschreiber des Koalitionspaktes.

Oder die unsäglichen ORF-Interventionen. Die wollen aus dem ORF einen noch albanischeren Staatsrundfunksender machen, als er es schon immer war und ist. Im Wahlkampf 1999 und davor hatte die SPÖ und vor allem Klima die meiste Sendezeit und wurde hochgejubelt, wie es im deutschen Fernsehen nicht möglich wäre. Aber was nach dem Regierungswechsel passiert ist, ist noch immer eine Qualitätsstufe höher: der systematische Versuch, Meldungen zu zensurieren und nur durchzulassen, was den Regierungsparteien paßt, im vor- und nachhinein zu zensurieren und Journalisten unter Druck zu setzen. Dann diese Überwachungsstaat-Gesetze, erweiterte Gefahrenforschung für die Polizei beziehungsweise für die beiden Heeresnachrichtendienste, wobei die erweiterte Gefahrenforschung auch von der SPÖ und von Karl Schlögl immer gewollt wurde. Es kam nur damals nicht dazu, weil die ÖVP es immer mit den Heeresnachrichtendiensten verbinden wollte und es deshalb bei der SPÖ dann doch rechtsstaatliche Bedenken gab. Böhmdorfer als Justizminister in einer schlicht unvereinbaren Rolle. Man kann nicht gleichzeitig Ankläger und Verteidiger sein. Das alles sind auch Merkmale autoritärer Regime. Jetzt kann man sagen, man soll sich nicht wundern, daß eine rechtskonservative Regierung auch rechtskonservativ regiert. Da stimme ich zu. Oft geht mir auch unser Wehgeschrei und das der SPÖ auf die Nerven. Was sie sich aber bisher in der Abzeichnung einer autoritären Republik geleistet haben, ist erstaunlich. Ich bin nur froh, daß Österreich Mitglied der Europäischen Union und nicht irgendwo neben Kasachstan beheimatet ist."

Mit diesem Satz bietet Van der Bellen sich und seinen Mit-Denkern erneut einen Anknüpfungspunkt. Es ist eine Art zweifacher Gedankensprung: von der jüngeren Geschichte hin zur schwarzblauen Koalition, von der schwarz-blauen Koalition hin zur Europäischen Union. Österreich, die EU und die Grünen, das ist keine einfache Sache. Daß der grüne Parteichef heute froh ist, in der EU zu sein, hat neben vielen anderen diesen ganz praktischen Grund: Die Union scheint Van der Bellen eine Art Wächter zu sein, die stets ein Auge auf die politische Entwicklung in den einzelnen Mitgliedstaaten hat. Gestützt wird diese Annahme zweifelsohne durch das Auftreten der 14 EU-Staaten gegenüber Österreich nach der Bildung der ÖVP-FPÖ-Koalition, personifiziert in der Gestalt des französischen Staatspräsidenten Jacques Chirac. Auch wenn die sogenannten Sanktionen letzten Endes kontraproduktiv waren, haben Chirac und mit ihm die involvierten Staats- und Regierungschefs mit dieser Politik etwas geleistet: Sie haben eine lebhafte Debatte darüber initiiert, inwieweit sich „die EU" in jene Angelegenheiten, die gerne als die inneren eines Landes bezeichnet werden, einmengen darf.

Um die für alle Beteiligten verfahrene Situation zu entwirren, traten schließlich „drei Weise" auf den Plan. Ihre Mission führte sie mitten durch das rechtliche Niemandsland zunächst nach Helsinki, dann ins Wiener Imperial und später allesamt nach Heidelberg. Daß ihr Bericht über Österreich und „die Natur der FPÖ" viele Interpretationen offenläßt, tut der Tatsache keinen Abbruch, daß eine der beiden Regierungsparteien, die Freiheitliche Partei, selbst bei nüchterner und gelassener Lesart des Papiers alles andere als positiv bewertet wird; vom FP-Justizminister gar nicht zu reden.

Grundlegender als diese Erkenntnisse sind jedoch jene, die von den Herren Ahtissari, Oreja und Frowein zum Abschluß als „Empfehlungen" geäußert wurden. Darin wird bescheinigt, daß die Maßnahmen der EU-14 ihr Gutes gehabt hätten, und zwar durchaus im oben beschriebenen Sinn. Unter Punkt 115 heißt es da: „Die Maßnahmen der 14 Mitgliedstaaten der EU haben nicht nur in Österreich, sondern auch in den anderen Mitgliedstaaten das Bewußtsein für die gemeinsamen europäischen Werte gestärkt. Es kann kein Zweifel bestehen, daß im Falle Österreichs die von den 14 Mitgliedstaaten getroffenen Maßnahmen die Anstrengungen der österreichischen Bundesregierung verstärkt haben. Sie haben auch die Zivilgesellschaft motiviert, diese Werte zu verteidigen."

Und unter Punkt 117 kann man lesen: „Wir empfehlen nachdrücklich die Entwicklung eines Verfahrens innerhalb der EU, um das Eintreten und die Leistungen der einzelnen Mitgliedstaaten für die Beachtung der gemeinsamen europäischen Werte zu überwachen und zu bewerten. Wir sprechen uns deshalb für die Einführung von Präventiv- und Überwachungsverfahren gemäß Artikel 7 EU-Vertrag aus, damit in Zukunft eine der gegenwärtigen Situation in Österreich vergleichbare Lage von Anfang an innerhalb der EU behandelt werden kann. Dies würde das grundlegende Bekenntnis der EU zu den gemeinsamen europäischen Werten unterstreichen. Ein solches Verfahren würde zudem von Anfang an einen offenen und nicht-konfrontativen Dialog mit dem betreffenden Mitgliedstaat ermöglichen."

Der Rat der EU sollte, so die drei Weisen weiter, durch eine solche Konstruktion die Möglichkeit erhalten, „eine bestimmte Situation in einem EU-Staat zu verfolgen, sie zu bewerten und Maßnahmen zu ergreifen". Ob dieser Vorschlag tatsächlich aufgegriffen und seine Umsetzung eines Tages tatsächlich in praktische Politik münden wird, bleibt abzuwarten; gedankliche Ansätze dazu gibt es.

Eines steht jedoch schon heute fest: Der „Fall Österreich" hat bewiesen, daß sich einzelne EU-Staaten durchaus gemeinsam „einmischen" wollen, wenn ihnen der Anlaß dazu wichtig genug erscheint. Diese – allerdings unter den Staaten der Union nicht unumstrittene – Weiterentwicklung ist einer der Gründe, warum der Grüne Parteichef über die Mitgliedschaft Österreichs in der EU „froh" ist:

> „Man steht laufend unter Beobachtung. Nicht nur diese Regierung, sondern jede. Man trifft sich laufend, hat Gemeinsames zu besprechen, du redest darüber, wie es zu Hause ist. Das ist ein ganz anderes Verhältnis als vor fünfzig oder siebzig Jahren. Damals schlugen einzelne Staaten welche Politik auch immer ein, und die Nachbarländer interessierten sich mit zunehmender Entfernung um so weniger. Der spanische Bürgerkrieg ist noch nicht so lange her. Er dauerte drei Jahre und kein Hahn hat danach gekräht. Naja. Zuwenig Hähne haben gekräht."

Die Möglichkeit der Beobachtung der Situation im eigenen Land durch Dritte ist für den Wirtschaftsprofessor nicht der einzige Vorzug, den die Europäische Union aufweist. Van der Bellen selbst war – verglichen mit vielen anderen Mitgliedern der Grünen – schon relativ früh Anhänger eines Beitritts Österreichs zur EU (EG). Bei genauerer Betrachtungsweise lassen sich Parallelen zum damaligen Meinungsbildungsprozeß in der SPÖ ziehen. Während sich die ÖVP schon relativ früh (1984/85) in dieser Debatte, nicht zuletzt auch per Eigendefinition, als „Europapartei" präsentierte, brauchte die SPÖ etwas länger, um sich auf eine Vorgangsweise zu einigen. Unbestritten ist, daß in der SPÖ mit Franz Vranitzky als Bundeskanzler und Ferdinand Lacina als Finanzminister ein Umdenkprozeß begann, dessen Beginn mit 1987 datiert werden kann. Zwar gab es nach wie vor Bedenken insofern, als die Frage nur ungewiß beantwortet werden konnte, wie sich ein allfälliger EU/EG-Beitritt mit der immerwährenden Neutralität vereinen ließe. Die Sozialdemokraten machten ihre

Linie im weiteren Verlauf vom Verhalten der Sozialpartner abhängig. Nachdem diese jedoch zu erkennen gaben, daß sie einen Beitritt zur Union für Österreich positiv bewerten würden, konnte sich die SPÖ zu einem Beitrittsantrag durchringen. Entscheidend dafür war jedoch die „Wahrung der immerwährenden Neutralität" Österreichs.

Das Vorhaben kam im Juni 1989 im Nationalrat zur Abstimmung. Die Grünen lehnten es ab, die Bundesregierung aufzufordern, einen Beitrittsantrag zu stellen, waren damit allerdings die einzigen. Was folgte, waren eine in weiten Teilen überaus positive Stellungnahme der EU-Kommission zu diesem österreichischen Ansinnen, zähe Verhandlungen, die bis an die Grenze der physischen Leistungsfähigkeit einzelner Teilnehmer gingen, und am 12. Juni 1994 eine Volksabstimmung in Österreich, die mit ihrem Ergebnis (66,58 Prozent der Stimmen für einen EU/EG-Beitritt, 33,42 Prozent dagegen) den Weg Österreichs in die EU/EG schließlich freimachte.

Wollte man diese Volksabstimmung parteipolitisch bewerten, so brachte sie eine klare Niederlage für die Grünen. Nicht nur, daß sich die Partei klar gegen einen Beitritt zur EU ausgesprochen hatte und sich diese Haltung als nicht mehrheitsfähig erwies: Der Bundeskongreß der Grünen hatte vor der Volksabstimmung eine klare Erklärung abgegeben: „(…) Daher lehnt der Bundeskongreß der Grünen den Beitritt Österreichs zur Europäischen Union in ihrer derzeitigen Verfassung ab und spricht sich für ein ‚Nein' bei der Volksabstimmung am 12. Juni aus." Wie Analysen von Meinungsforschern zeigten, waren die Grünen auch vielfach nicht dazu imstande, die eigenen Parteianhänger von ihrem Kurs zu überzeugen.

Neben dem eindeutigen Ergebnis der Volksabstimmung mag der eben beschriebene Umstand mit ein Grund dafür gewesen sein, daß sich die Haltung der Grünen gegenüber der EU/EG änderte. Rasch nach dem Plebiszit wurde eine neue Linie festgelegt, die ungefähr so lautete: Die Grünen waren zwar dagegen, nun ist es aber anders gekommen, weil das Volk so entschieden hat und damit Basta. Die Grünen werden das beste daraus machen. – Das scheint auch irgendwie gelungen zu sein. Daß die Grüne Partei fast auf den Tag genau fünf Jahre nach der EU-Volksabstimmung bei der Europawahl 1999 mit ihrem einst so klar gegen die Union positionierten Spitzenkandidaten Johannes Voggenhuber das bis dahin beste Ergebnis bei einer bundesweiten Wahl erreichten (9,29 Prozent der Stimmen), spricht für eine gelungene Linienänderung.

Van der Bellen selbst mußte sich mit seiner Pro-EU-Linie bei den Grünen allerdings zuvor erst einmal Gehör verschaffen – eine nicht ganz leichte Situation, wenn man die zeitliche Dimension berücksichtigt: In jenem Jahr, 1993, in dem die Beitrittsverhandlungen der EU/EG mit Österreich beginnen, erstellen die Grünen ihre Kandidatenliste für die Nationalratswahl 1994. Auf ihr findet sich zum ersten Mal jemand, der bislang mit der Grünen Partei nicht allzu viel zu tun gehabt hat: ein Wirtschaftsprofessor namens Alexander Van der Bellen. Er macht von allem Anfang an, auch innerhalb Partei, kein Geheimnis daraus, daß er für einen Beitritt zur EU ist.

„Das hat sich im Lauf der Zeit entwickelt", erzählt Van der Bellen. „Bis Mitte der achtziger Jahre fand ich, daß Österreich in der EFTA (Europäische Freihandelszone, Anm. d. Verf.) genauso gut zurechtkam und sah eigentlich keinen Grund, sich der damaligen EG anzuschließen. Wobei man dazu sagen muß, daß der seinerzeitige Staatsvertrag von 1955 es der damaligen sowjetischen Regierung schon ermöglicht hätte, größte Schwierigkeiten zu machen. Dort ist ja ein wirtschaftlicher Anschluß an Deutschland untersagt, und ob ein EU/EG-Beitritt nicht genau das wäre, darüber hätte man lange streiten können. Insofern hat es seine Gründe gehabt, warum Österreich relativ spät zur EU/EG gekommen ist. Die Vorstellung, der EU/EG beizutreten, hat mich nie vom Hocker gerissen. Erst später, Mitte der achtziger Jahre, wurde mir unter anderem in Gesprächen mit dem damaligen Finanzminister Ferdinand Lacina bewußt, was der Beitritt für ein Modernisierungsprojekt ist. ,Anders sind die verkrusteten Strukturen in Österreich nicht aufzubrechen', hat er einmal gesagt. Ich weiß nicht genau, was er damit gemeint hat, aber er hat sich sicher unter anderem die damaligen Teile der Nahrungsmittelindustrie gemeint, damals fest in der Hand der sogenannten Sozialpartner. Wettbewerbsbarrieren, die Markteintrittsbarrieren.

Eine der wichtigsten Geschichten ist für mich die Freiheit des Arbeitsmarktes in der EU. Beim Klagenfurter Bundeskongreß der Grünen ging es darum, ob sie mich als Kandidaten für die Nationalratswahlen 1994 wählen. Ich habe in meiner kurzen Vorstellungsrede gesagt: ,Ich bin ja eigentlich aus Tirol und dann bekam ich eine Professur an der Uni Wien und wie ich nach Wien übersiedelt bin, brauchte ich weder eine Arbeitsbewilligung noch eine Aufenthaltsgenehmigung und deswegen bin ich für den Europäischen Wirtschaftsraum.' Das hat unseren Leuten dann eingeleuchtet, daß man diese Geschichte nicht nur national zu denken braucht, sondern, daß das Freiheiten eröffnet.

Ich war in den siebziger Jahren für einige Zeit in Berlin. Ich war Ausländer und brauchte eine Aufenthaltsgenehmigung und eine Arbeitsbewilligung und mußte mich wie jeder andere bei der Fremdenpolizei anstellen. Es war kein Problem, aber eine Gnade, die mir gewährt wurde, und kein Recht. Das macht einen großen Unterschied aus. Natürlich gibt es tausende Sachen an der EU zu kritisieren: die mangelnde demokratische Verfassung etwa. Nur: Sehr viele Dinge, die wir an der EU kritisieren, sind eigentlich keine Kritik an der EU, sondern eine Kritik am Verhalten der Mitgliedstaaten. Vor allem am Verhalten des Rates. Der europäische Gedanke ist eigentlich in der Kommission beheimatet. Eine Kommission, die in den letzten Jahren systematisch geschwächt worden ist. Die Kommission hat schon vor zehn Jahren, noch unter Jacques Delors (1985 bis 1995 Präsident der EU-Kommission, Anm. d. Verf.) Vorschläge für eine ökosoziale Steuerreform gemacht: Erhöhung der Energiesteuer und Senkung der Arbeitssteuern. Diese Vorschläge sind immer vom Rat zu Fall gebracht worden. Nicht von der EU, sondern von den einzelnen Mitgliedstaaten. Ich habe mich damals vor der Volksabstimmung bei den Grünen gut behandelt gefühlt, bin aber auch taktvoll mit dieser Frage umgegangen. Nach dem Motto: Ich verstehe, daß es wichtige Bedenken gibt, aber für mich kam unter dem Strich eine andere Gewichtung der Argumente heraus. Ich habe nie bestritten, daß die EU keine demokratische Verfassung hat, ich denke aber, daß sich das noch entwickeln kann. Unter dem Strich scheint mir das Pro-Argument stärker als das Kontra-Argument zu sein."

Van der Bellen ist mitten im Nachdenken über Europa. Den grünen Parteichef einen glühenden Anhänger der Union zu nennen, wäre vielleicht auch heute noch etwas übertrieben. Doch für Van der Bellen geht von diesem Projekt durchaus eine Art Faszination aus (obwohl er das selbst sicherlich viel nüchterner formulieren würde). Die Europäische Union, wie sie sich heute darstellt, eröffnet für Van der Bellen vor allem eines: Perspektiven. Es sind nicht kurzfristige Reformschritte, sondern mittel- und langfristige Entwicklungsmöglichkeiten, die der Wirtschaftsprofessor für die Union ausmacht.

Um seinen Überlegungen folgen zu können, gilt es jedoch, kurz den Status quo der EU zu betrachten, gibt er doch Anlaß zu Kritik. Wenn Van der Bellen meint, der Rat würde so manche Vorschläge der Kommission zu Fall bringen, dann macht er damit deutlich, daß jenes „institutionelle Gleichgewicht der Kräfte", das zwischen den einzelnen Organen der EU gegeben sein soll, aus den Fugen geraten ist. Der Rat, jenes Gremium, in dem die Vertreter der Mitgliedstaaten sitzen, ist von zentraler Bedeutung; in ihm werden Entscheidungen gefällt, hier machen die Mitgliedstaaten Politik – *ihre* Politik, die nicht selten von den jeweiligen Einzelinteressen gekennzeichnet ist. Ein Punkt, der den Rat wesentlich von der Kommission unterscheidet: Die Kommissare dieses EU-Organs werden zwar von den einzelnen Regierungen der Mitgliedsstaaten bestellt; einmal EU-Kommissar, sollten sie allerdings darauf vergessen. Auch wenn Van der Bellen dies etwas kritischer sieht: Sie tun es in der Regel. Die Kommissare machen inhaltliche Politik zum Wohle der Gemeinschaft, wenn man es pathetisch formulieren wollte. Sie bilden gemeinsam mit ihren Beamten jeweils eine Art Ministerium, das Vorlagen und Programme ausarbeitet.

Zu den Organen der EU gesellt sich noch der sogenannte Europäische Rat hinzu, der nicht mehr und nicht weniger ist als eine institutionalisierte Konferenz der EU-Staats- und Regierungschefs. Im Europäischen Parlament sitzen zwar direkt gewählte Abgeordnete, die Rechte dieses Parlamentes halten einem Vergleich mit denen anderer „Volksvertretungen" allerdings nicht stand. Bedeutend ist jedoch die Kontrollfunktion, die dem Parlament gegenüber der Kommission zukommt. Durch die Möglichkeit eines Mißtrauensvotums gibt es hier scheinbar noch am ehesten so etwas wie ein System der „Checks and Balances" innerhalb der EU. Europäischer Gerichtshof und Rechnungshof machen die Liste der EU-Organe komplett.

Auffällig ist zum einen die Unübersichtlichkeit dieses Systems. Was die Kommission vorschlägt, wie der Rat entscheidet, diese Mechanismen sind nicht leicht zu durchschauen, zumal sich das Bemühen um Transparenz meist in Grenzen hält. Daß vermutlich mehr Menschen hierzulande darüber Bescheid wissen, welche Rechte der US-Präsident und der US-Congress haben, liegt sicherlich nicht nur an der intensiven Berichterstattung etwa über einen neu gewählten Bewohner des Weißen Hauses.

Zum anderen kann nicht übersehen werden, daß im Gefüge der EU-Organe ein klarer Mangel an demokratischen Elementen herrscht. Kommission und Rat sind wohl indirekt demokratisch bestätigt, doch reicht dieses indirekte Moment für Gremien, die realpolitisch mächtig sind und Entscheidungen von weitreichender, weil europäischer, Bedeutung fällen? Wenn der Bürger im Nationalstaat der EU eine Regierung, mit der er nicht zufrieden ist, abwählen kann, sollte er das nicht auch auf Unions-Ebene können? Daß sich daraus Schwierigkeiten ergeben, scheint naheliegend und will bedacht sein. Peter Graf Kielmansegg, ein Politologe, der sich von Berufs wegen ausführlich mit Verfassungen beschäftigt, urteilt unmißverständlich:

„Am Ende bleibt also auch für den, der sich nicht mit dem ersten Augenschein begnügt, kein Zweifel daran, daß es ein europäisches Demokratiedefizit gibt. Ein Defizit, gegen das natürlich auch das solide Rechtsfundament der Verträge nicht ins Feld geführt werden kann. Das politische Handeln der Europäischen Union läßt sich immer weniger als bloßer Vollzug einmal getroffener, in ratifizierten Verträgen niedergelegter Programmentscheidungen begreifen und rechtfertigen. Es ist zunehmend Entscheidungshandeln in einem relativ weiten Raum europäischer Politikkompetenz und als solches rechtfertigungsbedürftig. Grundsätzlicher formuliert: Wenn es in der Urformel des demokratischen Zeitalters, wie sie in der amerikanischen Unabhängigkeitserklärung 1776 zuerst geschichtsmächtig wurde, heißt, Regierungen leiteten ihre rechtmäßige Gewalt von der Zustimmung der Regierten her, dann ist damit nicht Zustimmung gemeint, die ein für alle mal gewährt wird, sondern Zustimmung, die immer wieder neu gegeben werden muß und entzogen werden kann."

All das macht deutlich, daß es für eine Weiterentwicklung der Europäischen Union – so sie angestrebt wird – wohl zwei grundlegende Bedingungen gibt, deren Erfüllung zueinander in Beziehung steht: Institutionen-Reform und gleichzeitige Demokratisierung. In diesem Zusammenhang bereitet Van der Bellen zunächst die Rolle der Kommission einiges Kopfzerbrechen.

„Die Tendenz der letzten Jahre war eine systematische Zurückdrängung der Kommission, die aus eigenem Verschulden an Reputation verloren hat", so der Grüne Parteichef. „Die Idee ist, daß die europäischen Interessen von der Kommission wahrgenommen werden, egal, ob sie mit den nationalen Interessen harmonisieren oder nicht. Im kollektiven Bewußtsein fehlt das jedoch völlig. Es war in Österreich bemerkenswert, wie während der Sanktionsdebatte von Regierungsseite, aber auch von einzelnen Zeitungen immer wieder Franz Fischler (von Österreich vorgeschlagener EU-Kommissar für Agrarpolitik, Anm. d. Verf.) als Schutzherr Österreichs in Brüssel beschworen wurde. Er hat dann, in meinen Augen verzweifelt, versucht, den Leuten klarzumachen, daß er nicht der Botschafter Österreichs ist. Er ist ein europäischer Kommissar, und das ist etwas ganz anderes. Beim sogenannten Reform-Gipfel von Nizza war für mich einer der schlimmsten Punkte, daß offenbar auf breiter Front die Ministerpräsidenten versucht haben, zu gewährleisten, daß jedes Land einen Kommissar stellt, wieder mit der Vorstellung: Das ist unser Mann in Brüssel. Das ist er eben nicht oder sollte es nicht sein. Bei dieser Art von breitem Verständnis innerhalb der maßgeblichen Gruppe der Regierungschefs, von der Einschätzung der breiteren Öffentlichkeit ganz zu schweigen, ist das schon ein Problem.
Das Vorschlagsrecht für den Präsidenten der EU-Kommission liegt beim Rat. Ist es Zufall, daß der Nachfolger von Delors Jacques Santer (1995 bis 1999 Präsident der EU-Kommission, Anm. d. Verf.) war? Einer der Verantwortlichen dafür, daß die Kommission in dieses Schlamassel geraten ist. Delors, so habe ich den Eindruck, ist ihnen, dem Rat, einfach passiert. Eine sehr starke Figur, die den gemeinsamen Binnen-

markt und die gemeinsame Währung überhaupt erst in Bewegung gebracht hat. Er hat den Zug so auf Schienen gebracht, daß er dann nicht mehr zu stoppen war. Welches Interesse haben die Regierungschefs, einen Delors II. zu installieren? Das wollen die gerade nicht. Da haben wir ein ernstes Problem, wenn diese Einschätzung stimmt. Dann haben wir genau das, was Voggenhuber als ‚Gremium der Reichsfürsten‘ bezeichnet hat, die da unbeeinflußt von irgendwelchen demokratischen Bleigewichten sich über ihre nationalen Interessen solange zusammenreden, bis sie halt zu einem Ende kommen oder auch nicht. Das macht die Vision viel schwieriger.“

Zur Verdeutlichung des für Van der Bellen grundlegenden Problems der Einflußsphärenpolitik auf die einzelnen EU-Kommissare zieht der Parteichef einen Vergleich zu Österreich: „Man muß sich einmal die Analogien überlegen. Was wäre, wenn die österreichische Bundesregierung so konzipiert wäre, daß alle neun Bundesländer Kommissare oder einen Minister entsenden? Das wäre keine Wunschvorstellung von mir. Und dann noch das jeweilige Land erwartet: Das ist ja unser Minister, der soll jetzt für dieses und jenes sorgen.“

Die Vision, die Van der Bellen von Europa hat, ist, das kann man durchaus sagen, für den Chef einer Grünen Partei keine Selbstverständlichkeit. Die Entscheidung darüber, ob sich die Europäische Union in Richtung eines – immer enger werdenden – Staatenbundes oder in die eines Bundesstaates bewegen soll, hat Van der Bellen für sich längst getroffen.

„Auf lange Sicht wird sie sich zu einem Bundesstaat oder etwas ähnlichem entwickeln, oder sie wird irgendwie in ihrer Entwicklung steckenbleiben. Ich hätte mit den ‚Vereinigten Staaten von Europa‘ überhaupt kein Problem. So etwas dauert halt sehr lange und muß auch lange dauern, bei so einem

166

historischen Prozeß. Aber auf lange Sicht muß man mit einer Art Zwei-Kammern-System rechnen. Mit einem Parlament, das auch die normalen Aufgaben eines Parlamentes wahrnimmt. Mit einer Kommission, die dann Europäische Bundesregierung heißt."

Der Wirtschaftsprofessor skizziert in seinen Überlegungen ein relativ klares Gefüge von EU-Organen, die einer verfassungsmäßig eindeutigen tradierten Rolle entsprechen würden. Ein Zwei-Kammern-System würde im konkreten Fall wohl bedeuten: Eine der beiden Kammern fungiert – ähnlich dem US-Senat – als Vertretung der einzelnen Unionsstaaten im Gesetzgebungsprozeß. Die Staaten können dann tatsächlich „ihren" Senator, „ihren" Repräsentanten in Brüssel, Straßburg oder wo immer dieses Parlament seinen Sitz haben wird, in einer Wahl bestimmen.

Für das Gelingen einer Union nicht unwesentlich ist, daß sich die kleineren Staaten zumindest nicht benachteiligt fühlen dürfen. In der US-Verfassung soll dies unter anderem durch die Regelung erzielt werden, daß jeder Bundesstaat der USA unabhängig von seiner Größe und Bevölkerungsanzahl eine gleiche Anzahl von Vertretern in den Senat zu schicken hat, nämlich zwei. Eine solche Vorgangsweise wäre wohl auch in der Europäischen Union notwendig. Was er von der Idee halten soll, in diesem Bundesstaat EU auch einen direkt gewählten Präsidenten zumindest agieren zu lassen, weiß Van der Bellen noch nicht genau: „Das muß man sich alles sehr gut überlegen. Das klingt zunächst gut: die Direktwahl eines Repräsentanten. Aber in der Praxis: Angenommen, es gibt fünf Kandidaten. Die reisen dann durch ganz Europa. Müssen simultan übersetzt werden. Ob das wirklich die große Bindung hervorruft. Dann überlegt man sich natürlich, daß die Deutschen 80 Millionen Einwohner haben und wir acht. Ich bin da nicht so sicher, ob diese Vorgangsweise die richtige wäre."

Zweifelsohne wird man aber dem Vorschlag, einen EU-Präsidenten von den Europäern unmittelbar wählen zu lassen, zumindest den Vorzug abgewinnen können, daß ein solcher EU-Präsident durch die Direktwahl gestärkt auftreten könnte. Seinem Wort würde – unter normalen Umständen – einiges an Gewicht beigemessen werden. Es ist auch sicherlich kein Zufall, daß der österreichische Bundespräsident Thomas Klestil ausgerechnet diesem Vorschlag das Wort redet. Er weiß vermutlich recht genau, was es heißt, von einer Mehrheit durch direkte Wahl legitimiert agieren zu können.

Van der Bellen hat mit der Formulierung „große Bindung" ein Stichwort geliefert. Wenn wie hier kritisiert wird, daß die EU ein zu abstraktes Gebilde sei, zu der Unionsbürger nur schwer so etwas wie eine innere – vielleicht sogar emotionale – Beziehung aufbauen kann, dann sollte darüber nachgedacht werden, wie dies zu ändern wäre. Helfen scheinbar banal anmutende Dinge wie etwa ein Paß, auf dem „Europäische Union" zu lesen steht? Wohl kaum. Anders verhält es sich mit dem Projekt einer gemeinsamen europäischen Währung. Für den Euro sprechen, das behaupten zumindest die Fachleute, wirtschaftliche Gründe. Der zunächst nicht meßbare Wert des Euro liegt zusätzlich aber darin, daß mit den Münzen und Scheinen die Union symbolisch greifbar wird. Es ist zu früh, eine Bewertung abzugeben, dem Euro identifikationsstiftendes Potential einzuräumen, muß jedoch erlaubt sein.

Van der Bellen sieht jedoch „handfestere" Möglichkeiten für den Beziehungsaufbau zwischen EU-Bürger und Union, die allerdings aus seiner persönlichen Erfahrungswelt kommen, die Außenstehenden nicht so ohne weiteres zugänglich ist:

„Vielleicht bewirkt die gemeinsame Währung psychologisch etwas. Wenn man beobachtet, was die Länder, die sich von größeren Verbündeten abspalten, als erstes machen: Sie führen eine eigene Währung ein. Es scheint also sehr wichtig zu sein. Aber vielleicht stimmt auch das Gegenteil, daß mit einer gemeinsamen Währung ein gewisses Gemeinsamkeitsgefühl entsteht. Ich weiß es nicht. Es gibt schon handfestere Sachen. Auf der Uni war es schön zu beobachten, wie schlagartig mit dem EU-Beitritt, mit Hilfe von Incentives aus Brüssel die internationale Kooperation begonnen hat. Sowohl auf der Ebene der Studenten als auch auf der der Professoren. Schlicht dadurch, daß die EU Geld zur Verfügung gestellt hat. Aber nicht für die Uni Wien, damit unsere Studenten woanders hinfahren können. Das ging anders: Macht ein Netz, schließt euch zusammen mit mindestens x anderen Unis in anderen Ländern, und erst dann bekommt ihr Geld. Oder im Bereich der Forschungspolitik: Ihr bekommt Geld für das Projekt X, aber nur dann, wenn Institute aus drei verschiedenen Ländern teilnehmen. Man möchte gar nicht glauben, was das für eine Bewegung in Gang gesetzt hat."

Damit zum Ende dieses gedanklichen Ausfluges zu identifikationsstiftenden Maßnahmen und zurück zu den Institutionen in den „Vereinigten Staaten von Europa". Im Gegensatz zu seiner unentschiedenen Haltung zur Idee eines EU-Präsidenten weiß der Parteichef der Grünen ganz genau, daß es im Zuge einer neuen Verfassungskonstruktion für Europa zur Stärkung des Europäischen Parlaments kommen muß: „Sonst haben wir auf EU-Ebene das, was wir hier gerade mit aller Kraft zu verhindern versuchen. Die EU hat tatsächlich keine demokratische Struktur, diese Art von Gewaltentrennung, die wir aus den westeuropäischen Nationalstaaten kennen, ist in der EU bestenfalls rudimentär ausgeprägt. Der Rat als Super-Regierung und de facto gleichzeitige Legislative, das ist nicht das, wie ein europäischer Bundesstaat sein wird."

Handlungsbedarf sieht Van der Bellen auch, was die Grundrechte in der Europäischen Union anbelangt. Daß eine sogenannte „Grundrechtscharta" geschaffen wurde, sei zwar positiv zu bewerten. Die Entscheidungsfreude der EU-Staats- und

Regierungschefs geht dem grünen Parteichef allerdings nicht weit genug:

> „Es ist wichtig, daß die EU versucht, sich ihre eigene Grundrechtscharta zu geben und dieses Papier deklarativ angenommen hat, aber es ist ja nicht verbindlich. Es ist also nicht das Staatsgrundgesetz Österreichs von 1867. Es ist nicht Primärrecht geworden, es ist nicht unmittelbar anwendbar, die Bürger können es nicht einklagen. Insofern bleibt da noch viel zu tun. Ich würde mir wünschen, daß solche grundlegenden Rechte dann auch das nationale Recht überlagern, damit es von den einzelnen Bürgern einklagbar wird."

Daß Van der Bellen, gemessen am Diskussionstand der politischen Meinungsmacher, schon relativ früh für einen Beitritt zur Europäischen Union eintrat, wurde schon berichtet. Daß er sich für eine derart radikale Weiterentwicklung dieser Organisation einsetzt wie nun dargestellt, entspringt einer Erkenntnis, der sich der nüchtern analysierende, denkende Mensch und Politiker nicht verschließen kann: Die Welt wird nicht von ungefähr manchmal als „Global Village" bezeichnet. Wirtschaft und Technik vernetzen sich zusehends stärker und lassen die Grenzen zwischen den Nationalstaaten verschwimmen. Damit zwangsläufig verbunden ist allerdings ein Verlust der Lösungskompetenz nationalstaatlicher Regierungen.

„Es ist eben so", meint Van der Bellen, „daß man verschiedene Probleme nur transnational bewältigen kann, oder man bewältigt sie eben nicht." Nicht einleuchten mag dem grünen Parteichef der Status quo bei der Frage, welche Probleme denn nun von den Nationalstaaten angepackt werden sollen und welche von der Union.

„Meine ketzerische Meinung etwa zur Brenner-Autobahn und ihrer Bemautung ist: Ich würde mir wünschen, daß dies eine nationale Frage ist. Ich sehe nicht ein, was das Brüssel überhaupt angeht, wie diese Route bemautet wird. Auch in steuerpolitischen Fragen ist viel schiefgegangen. Die wirklich wichtigen Fragen konnte man nicht klären, genau deswegen, weil man sich nicht darauf einigen konnte, das auf die transnationale Ebene zu übertragen. Dafür hat man in anderen Bereichen auf Teufel komm raus geregelt, wo man gar nichts hätte regeln brauchen. Die EU hat sehr viel Hirnschmalz darauf verwendet, darüber nachzudenken, ob die Kindergärten in Lissabon und Wien umsatzsteuerlich gleichbehandelt werden oder nicht. Sie werden gleichbehandelt. Ich sehe darin überhaupt Sinn. Der gemeinsame Binnenmarkt braucht Regeln überall dort, wo nationale Bestimmungen als insgeheime Wettbewerbsverzerrung verwendet werden können. Das sind ganz heikle Fragen. Die Kindergarten-Besteuerung gehört sicher nicht dazu."

Diese „heiklen Fragen" der Kompetenzaufteilung zwischen der Union und den einzelnen Mitgliedstaaten harren allerdings einer Lösung. In den Vereinigten Staaten von Amerika wird, so die Grundidee, all das von den Einzelstaaten geregelt, was nicht ausdrücklich (qua Verfassung oder Spruch des US Supreme Court) in die Bundeszuständigkeit fällt. Der Bund ist unter anderem zuständig für das Einheben gewisser Steuern sowie für sozial- und wirtschaftspolitische Angelegenheiten, soferne sie von überregionaler – sprich: über(bundes)staatlicher – Bedeutung sind. Die Außenpolitik fällt praktisch ausnahmslos in die Zuständigkeit des Bundes. In der Europäischen Union gilt, zumindest vertragsgemäß, ein ähnliches Prinzip, das einen Kompetenzvorrang der Einzelstaaten zum Nachteil der Union vermuten läßt. Die Gemeinschaft, so heißt es im berühmten Unions-Vertrag von Maastricht 1991, dürfe abgesehen von ihrer ausschließlichen Zuständigkeit in den ihr überantworteten Bereichen nur subsidiär tätig werden, sofern und soweit die Ziele der in Betracht gezogenen Maßnahmen auf Ebene der Mitgliedstaaten nicht ausreichend erreicht und daher wegen ihres Umfanges oder ihrer Wirkungen besser auf Gemeinschaftsebene verwirklicht werden könnten.

Das mit diesem Satz geschaffene „Subsidiaritätsprinzip" legt nahe, daß alle Probleme, die besser von den Einzelstaaten gelöst werden können, auch dort gelöst werden sollen. Ob man sich in der praktischen politischen Arbeit wirklich diesem Prinzip verpflichtet fühlt, darf bezweifelt werden: Regelungen, die EU-weit Sinn machen würden, bleiben aus, dafür scheint die Regelungsdichte für marginal wirkende Probleme immer größer zu werden. Auch wenn Van der Bellen angibt, „kein Fachmann dafür zu sein", was nun zentral, also von der Regierung des Bundesstaates, vorgegeben werden sollte und was nicht, hat er darüber doch so seine Vorstellungen.

„Ich glaube, daß man sich dem sehr pragmatisch nähern wird müssen. Es wird sicherlich viele Inkonsistenzen geben. Es ist auch in den USA so, daß Regelungen existieren, wo man sich zum Teil fragt, ob das überhaupt funktioniert. Es gibt sogenannte ‚dry counties' und andere Counties. In einem Fall kann man Alkohol kaufen und im anderen Fall nicht. Die Steuergesetze der einzelnen Bundesstaaten sind ganz unterschiedlich. Es sind sogar die Gesetze für nationale Wahlen von Staat zu Staat völlig verschieden. Bis zur Präsidentenwahl von George W. Bush habe ich das nicht gewußt. Dann haben wir die Schweiz, die kaum doppelt so groß ist wie Vermont und ihrerseits wieder von Kanton zu Kanton verschiedene Gesetze hat. Damit kann man also offenbar leben. Die EU wird eine Menge von Kompetenzen abgeben müssen, denn eine Kommission, die alles bis ins kleinste Detail regelt, wird sehr rasch überfordert sein. Sie sollte sich statt dessen auf die großen Fragen konzentrieren können: Außenpolitik, Sicherheitspolitik, Grundlinien der Innenpolitik, Grundlinien der Sozial- und Wirtschaftspolitik. Natürlich gibt es bei dem ganzen ein Risiko: daß sich hier wieder so eine Großmacht wie im 19. Jahrhundert zu entwickeln versucht. Es gibt solche bedenklichen Entwicklungen. Das Verhältnis der EU zu Rußland zum Beispiel ist labil. Das zur NATO ebenso. Wir wünschen uns, daß die EU auch im Bereich des friedlichen Zusammenlebens mit anderen Staaten zum Vorbild für andere Regionen der Erde wird. Aber nicht nach dem Muster: ‚Am deutschen Wesen wird die Welt genesen', sondern es heißt, schlicht zu zeigen, daß man durch zivile Formen der Konfliktlösung unterm Strich besser lebt.“

Van der Bellen erweitert seine Betrachtungen über die Europäische Union um eine – gerade für die Partei, deren Bundessprecher er ist – nicht unheikle Dimension: Wenn davon die Rede ist, daß die EU künftig die großen Linien in der Sicherheitspolitik vorgeben soll und die NATO ins Spiel kommt, bewegen sich die Grünen auf dünnem Eis. Ist die Linie der Partei zu einem EU-Beitritt nach dem positiven Ausgang der Volksabstimmung klar, durch einen Beschluß des Bundesparteivorstandes festgelegt und im großen und ganzen unumstritten, kann man einer Teilnahme am Militärbündnis NATO nach wie vor nichts abgewinnen. Die Debatte darüber, ob sich Österreich sicherheitspolitisch nach wie vor auf „seine“ Neutralität verlassen oder in Alternativen dazu denken soll, wird hierzulande mit abwechselnd unterschiedlicher Intensität geführt.

Faktum ist, daß das Instrument der „immerwährenden Neutralität“ in den Augen vieler als sicherheitspolitische Konzeption in den letzten Jahren an Bedeutung verloren hat. Durch den EU-Beitritt arbeitet Österreich seit 1995 an der Gemeinsamen Außen- und Sicherheitspolitik der Europäischen Union (GASP) mit. Seither hat Österreich auch den Status eines „Beobachters“ in der Westeuropäischen Union, dem Verteidigungsbündnis der EU mit NATO-Komponente, inne. Österreich ist auch Mitglied in der „Partnerschaft für den Frieden“ der NATO. Eine

Abweichung von der traditionellen Neutralitätspolitik ist also klar auszumachen. Und die Koalition aus ÖVP und FPÖ schreibt in ihrem Regierungsprogramm, daß Österreich den Weg in ein Verteidigungsbündnis beschreiten soll. Im Kapitel „Sicherheit" des Programms heißt es unter Punkt 3:

„Die Bundesregierung wird sich dafür einsetzen, daß eine Beistandsgarantie zwischen den EU-Staaten in den EU-Rechtsbestand übernommen und auch für Österreich wirksam wird. Das heißt, daß im Falle eines bewaffneten Angriffes auf ein Mitglied die anderen EU-Staaten in Einklang mit den Bestimmungen des Artikels 51 der Satzung der Vereinten Nationen alle in ihrer Macht stehende militärische Hilfe und sonstige Unterstützung leisten. Im Falle einer Weiterentwicklung der österreichischen Außen- und Sicherheitspolitik im Sinne der vorstehend genannten Überlegungen soll durch eine Novellierung des Bundesverfassungsgesetzes über die Neutralität klargestellt werden, daß dieses auf die aktive und solidarische Mitwirkung Österreichs an der Weiterentwicklung der gemeinsamen Sicherheits- und Verteidigungspolitik der Union und auf die Beteiligung an einer europäischen Friedens-, Sicherheits- und Verteidigungsgemeinschaft mit gleichen Rechten und Pflichten einschließlich einer Beistandsgarantie keine Anwendung finden wird."

Hier von einer „Novellierung" des Neutralitätsgesetzes für den Fall einer Beistandsgarantie zu sprechen, heißt, den Kern der Sache zu verhüllen: Neutralität wird unstrittig und selbst bei minimalistischer Betrachtungsweise dadurch definiert, eben *keine* Beistandsgarantie wem auch immer zu leisten, *keinen* sogenannten Bündnisfall eintreten zu lassen. Wenn Österreich anderen EU-Staaten für den Fall einer kriegerischen Auseinandersetzung eine Beistandsgarantie abgeben will, ist dafür nicht die Novellierung, sondern die Abschaffung des Neutralitätsgesetzes notwendig. Das wird von den Koalitionsparteien auch suggeriert, nur welche Konsequenzen sich aus dieser Ansicht ergeben sollen – ob etwa das Neutralitätsgesetz gestrichen werden oder eine Volksabstimmung zu diesem Zweck abgehalten werden muß –, bleibt noch etwas undeutlich.

In Punkt 5 wird weiters festgestellt, daß sich Österreich „angesichts des Umstandes, daß die europäische und die transatlantische Sicherheit auf das engste miteinander verknüpft sind" für eine effektive Kooperation zwischen der EU und der NATO einsetzen wird. Die eigenständigen Beziehungen zur NATO sollen, so die Vorstellung von ÖVP und FPÖ, einschließlich einer Option auf Beitritt zu diesem Bündnis weiterentwickelt werden. Festgehalten wird im Regierungsprogramm, daß ein derart radikaler Fortschritt wie eben der Beitritt zu einem Europäischen Militärbündnis mit Beistandsgarantie und -verpflichtung erst nach einer positiven Volksabstimmung erreicht werden kann.

Die ÖVP bekannte sich in der jüngeren Geschichte oftmals zu einem Beitritt zur NATO, da sich für sie das Konzept der Neutralität als überholt darstellte. Einen neuen Höhepunkt erlebte die Diskussion angesichts der NATO-Intervention in Ex-Jugoslawien. Auch die Freiheitlichen haben stets einen Beitritt zu diesem Militärbündnis als sicherheitspolitische Konzeption befürwortet. Die Große Koalition zwischen SPÖ und ÖVP wurde phasenweise durch die unterschiedlichen Ansichten der beiden Parteien zu diesem außenpolitischen Thema belastet: Während die ÖVP an ihrer Auffassung festhielt, machten die Sozialdemokraten deutlich, daß sie für das Vorhaben, der NATO beizutreten, nicht zu haben sein würden. Die Grünen haben sich stets gegen die Teilnahme Österreichs an diesem – oder allgemeiner: an einem – Militärbündnis ausgesprochen. Daran, meint Van der Bellen, werde sich auch demnächst nichts ändern. Doch muß an dieser Stelle besonders darauf aufmerksam gemacht werden: Unverrückbar ist diese Position für den Wirtschaftsprofessor nicht.

„Auf absehbare Zeit ist unser Standpunkt: Österreich ist mit der Neutralität gut gefahren, und es muß innerhalb der internationalen Arbeitsteilung eine Rolle geben für kleine, unbe-

waffnete Vermittler, die durchaus dem Vorwurf, Trittbrett-
fahrer zu sein, entgehen können, indem sie den gleichen
Anteil von Ressourcen, den andere für Waffen ausgeben, für
die verschiedensten zivilen und humanitären Dienste im Ausland ausgeben. Das trifft auch auf Österreich in der EU auf
absehbare Zeit zu. Irgendwann, wenn sich die EU weiterentwickelt, wenn sie eine Verfassung erhält, wenn sich dieser
gemeinsame Bundesstaat etwas genauer abzeichnet und er
hoffentlich keine Großmachtallüren aufweist, sondern eine
ganz normale, zivile und lebenspolitische Ausrichtung hat,
dann könnte sich die Frage eines Tages neu stellen."

Zunächst aber, erklärt Van der Bellen, wolle er an seiner Grund-
position in Sachen Verteidigungspolitik festhalten:

„Österreich ist nicht von Feinden umgeben, wir haben keine
Grenzkonflikte, es gibt keine ethnischen Konflikte und keine
Interessensgegensätze. Insofern gibt es keine Änderung des
sogenannten Bedrohungsbildes, die eine Totalrevision der
Militärdoktrin erfordern würde. Auf Seiten der EU und der
NATO ist allerdings einiges im Fluß. Die Grenze der EU ver-
schiebt sich nach Osten und das Verhältnis zu Rußland ist
offensichtlich von größter strategischer Bedeutung. Die Frage
der Entwicklung der NATO alles andere als klar. Es hat sich
gezeigt, daß die USA einer neuen Verteidigungsorganisation
der EU keinesfalls mit großer Sympathie gegenüber stehen.
Sie sind ja selbst gespalten. Sie wollten immer größere Beiträge der europäischen NATO-Staaten, aber nicht eine autonomere Verteidigungsbereitschaft Europas. Das Thema NATO
ist auch unter europäischen Grünen umstritten. Vor zwei Jahren habe ich mit einem deutschen Grünen diskutiert, der
angesichts der deutschen Geschichte froh über die Mitgliedschaft seines Landes in der NATO beziehungsweise die transatlantische Einbindung war."

Sollte eine Österreichische Regierung tatsächlich die Verfassung ändern und die Neutralität aufgeben wollen, dann wird Van der Bellen der Bevölkerung empfehlen, bei einer Volksabstimmung mit Nein zu stimmen. Eine Volksabstimmung über dieses Thema sei unerläßlich, „weil dies eine wesentliche Änderung der Verfassung ist und somit zwingend eine Volksabstimmung verlangt".

Bei aller – offensichtlichen – Vehemenz, mit der die Grünen für die österreichische Neutralität eintreten, glaubt Van der Bellen nicht, daß sich die Frage über einen Beitritt zur NATO rasch stellen werde. „Die Verhältnisse, verglichen mit 1997/1998, haben sich verändert. Die ÖVP hat einen NATO-Beitritt zwar forciert, die FPÖ scheint aber größere Sympathie für eine autonome Militärkraft der EU ohne amerikanischen Einfluß zu entwickeln. Die Westeuropäische Union, meine ich, ist mehr oder weniger gestorben. Es gibt nur zwei Möglichkeiten: NATO-Beitritt oder abwarten und sehen, wie sich die EU entwickelt." Van der Bellen läßt keinen Zweifel daran, daß für ihn nur die zweite Möglichkeit in Betracht kommt. Hinterfragt werden muß allerdings, ob sein Befund die ÖVP und die FPÖ betreffend richtig ist. Daß die auch im Regierungsprogramm eingeschlagene Richtung einer „schleichenden Aushöhlung" der Neutralität gleichkommt, scheint doch offensichtlich zu sein; des Bundeskanzlers Ansicht, die Neutralität dürfe in Europa „keinen Platz mehr haben", spricht für sich. Zwar ist augenblicklich tatsächlich wenig von der Option eines NATO-Beitritts die Rede; vermutlich auch deshalb, weil sich aus Perspektive der NATO die Frage eines österreichischen Beitritts zu ihrer Organisation (noch) nicht stellt. Man bemüht sich, einen NATO-Beitritt nicht zu sehr zum Thema einer länger anhaltenden öffentlichen Auseinandersetzung zu machen, wohl auch, weil zumindest aus Meinungsumfragen abgeleitet werden kann, daß ein Beitritt in der breiten Bevölkerung noch immer nicht sehr populär ist. Manche „Begleitmaßnahmen", die vor allem die Bundesheer-Politik betreffen, zielen jedoch klar darauf ab. Man darf außerdem gespannt darauf sein, ob die Geduld zumindest einer der beiden

Parteien ausreicht, um die militärpolitische Entwicklung der EU abzuwarten, oder ob man sich mangels einer solchen Entwicklung doch nicht bald wieder deutlich für einen NATO-Beitritt Österreichs stark macht und die dafür notwendigen politischen und rechtlichen Schritte einleiten will.

Die Grünen müssen sich in den Debatten um Militär- und Verteidigungspolitik immer wieder den Vorwurf gefallen lassen, hier eine relativ kompromißlose Haltung einzuschlagen, die der eines – der Ausdruck ist schon gefallen – „Trittbrettfahrers" entspricht. Sie würden mit ihrem Festhalten an der Neutralität Österreich in jener Sicherheit wiegen, die andere Staaten für unser Land leisten müßten. Die Frage nach der Legitimität militärischer Interventionen macht diese strikte Haltung, die zu problematischen Argumentationen führen kann, ebenfalls deutlich. Das wurde von Van der Bellen an dieser Stelle schon durchaus selbstkritisch reflektierend dargestellt.

Eine Richtschnur, die sich Van der Bellen für militärisches Eingreifen unter dem Motto „peace making and peace keeping" vorstellt, ist, daß derartige Operationen von den Vereinten Nationen gutgeheißen werden müssen: „Wir haben alle UNO-Einsätze unterstützt. Das ist nicht das Problem, im Gegenteil. Die UNO verkörpert so etwas wie die Kernzwiebel des Weltpolizisten, eines internationalen Gewaltmonopols. Wenn sich die UN entschließt, irgendwo zu intervenieren, dann kann es immer noch schiefgehen, aber das ändert nichts an ihrer singulären Rolle." Was Van der Bellen dabei zu erwähnen vergißt – bewußt ist es ihm mit Sicherheit –: sich im Zusammenhang mit militärischen Interventionen auf die UNO und ihre langwierigen Entscheidungsstrukturen zu verlassen, kann nicht der Weisheit letzter Schluß sein. Selbst wenn mit der Formel „Intervention nur nach UNO-Beschluß" eine Linie vorgegeben ist: zu einem aktuellen Anlaß wird den Grünen jedenfalls eine (erneute) Debatte, möglicherweise aber auch eine pragmatische Modifizierung dieser Position nicht erspart bleiben.

Wenn bisher über Van der Bellens Vorstellungen von Außenpolitik berichtet wurde und dabei vorrangig von der Europäischen Union die Rede war, zeigt diese Kombination ein Grundproblem der österreichischen Schwerpunktsetzung in diesem Bereich auf. Außenpolitik wurde nicht immer mit Europapolitik gleichgesetzt; das wird man zweifelsohne feststellen, wenn man eine Einteilung der außenpolitischen Ambitionen Österreichs in verschiedene Phasen unternimmt. Läßt man die internationalen Bemühungen, die zum Erreichen des Staatsvertrages 1955 notwendig waren, beiseite, kann man zunächst beobachten, wie Österreich seine Neutralitätspolitik – etwa im Gegensatz zur Schweiz – recht großzügig auslegte. So trat Österreich schon im Dezember 1955 den Vereinten Nationen bei und fand während des Ungarnaufstandes 1956 klare Worte für das Vorgehen der Sowjetunion.

Trotzdem konnte sich Österreich zusehends auch als Konferenz- und Begegnungsort zwischen Ost und West etablieren, also die nahezu klassische Aufgabe eines neutralen Staates erfüllen. In Erinnerung geblieben ist hier vor allem das Gipfeltreffen zwischen US-Präsident John F. Kennedy und dem sowjetischen Staats- und Parteichef Nikita Chruschtschow in Wien. Später, vor allem seit Bundeskanzler Bruno Kreisky ab 1970, war die Neutralitätspolitik durch eine drastische Ausweitung ihres Betätigungsfeldes gekennzeichnet. Österreichische Außenpolitik bedeutete in der Kreisky-Ära tatsächlich internationale Politik, einschließlich einer – aus der Perspektive des Westens vielleicht etwas eigenwillig anmutenden – Nahostpolitik. Gleichzeitig wurde ein Österreicher, Kurt Waldheim, zum Generalsekretär der Vereinten Nationen gewählt.

Mit dem Ende der Kreisky-Ära erfolgte allmählich eine Rückbesinnung auf die Europa-Politik. Sie gipfelte schließlich im EU-Beitritt Österreichs 1995.

Seither vermißt man außenpolitische Initiativen, die an die „Hochblüte" der österreichischen internationalen Politik an-

179

knüpfen könnten. Eigenständige Impulse sind selten geworden; wenn vorhanden, dann beschränken sie sich auf hervorragende Einzelleistungen wie die des internationalen Bosnien-Beauftragten Wolfgang Petritsch, einer der wenigen international anerkannten (Außen-)Politiker, die das Land zu bieten hat.

Eine schwere Krise der heimischen Außenpolitik stellten die von den EU-14 in Kraft gesetzten bilateralen Maßnahmen als Reaktion auf die Bildung der ÖVP-FPÖ-Bundesregierung dar. Nicht nur, daß man den Eindruck gewinnen mußte – zumindest wurde ein solcher von den in den Medien auftretenden Spitzenbeamten geweckt –, diese Aktion sei über die heimische Diplomatie völlig überraschend hereingebrochen; die „Sanktionen" hatten auch zur Folge, daß die österreichische Außenpolitik, so sie stattfand, sich völlig auf eben diese konzentrierte und andere Probleme, die es zu lösen gegolten hätte, vernachlässigt wurden.

Alles in allem bleibt festzustellen, daß der Trend, sich vollends auf die Europapolitik zu konzentrieren, durch die „Sanktions-Phase" in der heimischen Außenpolitik eine zusätzliche Verstärkung erfahren hat. Eine Trendumkehr in der nunmehr angelaufenen „Post-Sanktions-Phase" ist vorerst nicht zu erkennen. Konzentration auf Europa – genügt diese Perspektive für die österreichische Außenpolitik? Oder wäre es nicht reizvoll, besonders als neutraler Staat, wie sich Österreich noch immer bezeichnet, neue Schwerpunkte zu setzen? Daß diese möglich sind – freilich unter anderen Bedingungen –, hat Kreisky unter Beweis gestellt. Ein erster Schritt in diese Richtung wäre, meint Van der Bellen, die Zuständigkeiten für die Außenpolitik innerhalb der Regierung zu überdenken:

> „Es gab schon einmal den Versuch, das institutionell anders zu lösen, indem ein Staatssekretär für die EU zuständig ist und ein Minister dann mehr Spielraum für anderes hat. Großbritannien und Frankreich haben einen eigenen Europaminister.

Man kann einen Ausnahmepolitiker wie Kreisky nicht aus dem Hut zaubern. Man kann das Faktum beobachten, daß es unter Kreisky anders war und, daß später ein NATO-Mitgliedsland wie Norwegen eine wesentliche Rolle im israelisch-palästinensischen Ausgleich gespielt hat. Schüssel hat als Außenminister auch keine Chancen wahrgenommen. Man erinnert sich an Kreisky als Außenminister oder an Jankowitsch – aber an Schüssel? Es gibt jedenfalls keine Debatte über die Rolle Österreichs in der Welt, die öffentlich geführt wird und wahrnehmbar ist. Allerdings ist das in anderen Ländern auch nicht wesentlich besser. Das Nahezu-Scheitern des EU-Reformgipfels in Nizza deutet darauf hin, daß die anderen Regierungschefs das genauso verwalten und nicht wissen, wo hin sie stolpern. In Frankreich sind sie sich genauso unsicher, selbst, was ihre Rolle in der Europäischen Union betrifft."

Van der Bellen ärgert sich ganz offensichtlich darüber, daß seiner Ansicht nach historisch gewachsene Beziehungen von Österreichs Diplomatie nicht (genügend) gepflegt werden.

„Man muß den Eindruck haben, daß die guten Beziehungen im engsten Umkreis, die einmal bestanden, nicht aufrechterhalten und ausgebaut werden. Zu Polen bestanden auf verschiedensten personellen Ebenen die besten Beziehungen, weil viele Polen während der sowjetischen Zeit in Österreich Asyl gefunden haben. Polen hat beziehungsweise hatte ein uraltes positives Vorurteil gegenüber Österreich, weil sie, als Polen zwischen Deutschland, Österreich-Ungarn und Rußland aufgeteilt war, mit den österreichischen Besatzern die wenigsten Probleme hatten. So lange ist das nicht her, daß Polen zwischen den drei damaligen Großmächten aufgeteilt war. Das Verhältnis ist dann aber irgendwie verschlampt worden. Im Zuge der Beitrittsbemühungen aller Beitrittskandidaten hat Österreich seine Unterstützung zwar angeboten, aber in der realen Politik kann ich nicht feststellen, daß sich Österreich unter den Beschleunigern der EU-Erweiterung befindet."

Neben der sogenannten Vertiefung der Europäischen Union, also der intensiveren Zusammenarbeit, von der schon die Rede war, ist es vor allem die „Erweiterung", der sich die bisherigen Mitgliedstaaten verschrieben haben. Die Erweiterung in Richtung Osten durch die Aufnahme post-kommunistischer Länder ist eines der großen Zukunftsprojekte dieser Union, das sich allerdings nicht ungeteilter Zustimmung erfreuen darf. Van der Bellen hat seine Position klargemacht.

„Es gab und gibt eine stille, aber ziemlich wirksame Koalition zwischen der FPÖ und den Gewerkschaften, die Osterweiterung zu schieben, bis das Bruttosozialprodukt dieser Länder österreichisches Niveau erreicht hätte. Unter solchen Voraussetzungen hätte das Burgenland kaum der Republik Österreich beitreten können. Ich und die große Mehrheit der Grünen halten die Erweiterung für ein historisches Projekt ersten Ranges. Da soll man nicht um Pfennige fuchsen, ob das etwas kostet oder nicht. Das ist *die* Chance, nach dem Ende des Zweiten Weltkrieges und dem Zerfall der Sowjetunion, die Länder an Westeuropa anzubinden. Wir haben das immer in erster Linie als Friedens- und Sicherheitsprojekt betrachtet. Sekundär ist, ob das jetzt 0,2 oder 0,3 Prozent des Bruttoinlandsproduktes der EU kostet. Wobei es sich glücklicherweise ergibt, daß alle Studien, die ich kenne, den wirtschaftlichen Nutzen der Osterweiterung bei den EU-15 in erster Linie bei den Nachbarstaaten sehen: Deutschland, Österreich, Italien, Schweden werden naturgemäß stärker profitieren als Portugal oder Irland. Es ist legitim, daß sich die Gewerkschaften und die Arbeiterkammer Sorgen über die Liberalisierung des Arbeitsmarktes machen. Ich halte es jedoch für übertrieben, was sie da aufführen, und bedenklich, daß sie sich politisch in diesem Punkt sehr stark in die Nähe der FPÖ begeben. Sie stellen Forderungen, die bedeuten, daß man die Erweiterung blockiert. Wenn ich die Erweiterung an die Erreichung von 80 Prozent des österreichischen Lohnniveaus knüpfe, dann sehen wir uns im Jahr 2060, aber nicht in den nächsten 15 Jahren. Im Osten wird es eine stärkere Pendlerbewegung geben, die Frage ist, wie viele Leute das sein werden. Die Wanderbewegungen haben sich bei Spanien und Portugal auch nicht bewahrheitet. Die Kollektivverträge werden ja mit der Erweiterung nicht außer Kraft gesetzt. Ich glaube, die Menschen verstehen sehr gut, daß die Alternative zu Arbeitsmarktliberalisierung die Verlagerung des Betriebes ins Ausland ist. Wenn in Österreich Sorgen bestehen, dann im unteren Segment des Arbeitsmarktes. Die sind nicht völlig unbegründet. Diese Leute haben am ehesten reale Kosten zu tragen. Die Beitrittsländer fürchten sich umgekehrt vor einem zu hohen ‚Brain drain‘, daß ihre hochqualifizierten Leute abwandern. Ich halte auch das für übertrieben. Erstens aus historischer Erfahrung und zweitens wegen des soziologischen und psychologischen Hintergrundes. In den fünfziger und sechziger Jahren hatten wir eine große Auswanderungsbewegung, und wir haben sie überlebt, ohne Schranken aufzubauen. Als ich studiert habe, war es der Traumjob jedes Studenten, in Schweden Leichenwäscher zu sein, weil das für mindestens sechs Monate ermöglicht hat, zu studieren. So groß waren damals die Einkommensunterschiede. Mittlerweile hat sich das gegeben. Ich glaube, die Leute wandern nicht wegen den Einkommensunterschieden. Sie brauchen eine Perspektive. Wenn sie das Gefühl haben, daß im eigenen Land etwas weitergeht, dann überlegt man sich die Sache dreimal. Wenn man sieht, daß sich in den nächsten dreißig Jahren nichts bewegen wird, dann entsteht der Druck."

Konkrete eigenständige Positionen für eine grüne Außenpolitik jenseits der Europäischen Union zu entwickeln, ist kein leichtes

Unterfangen, ist doch das Operationsfeld einer Oppositionspartei für „exekutive Außenpolitik" noch enger abgesteckt. Dennoch will Van der Bellen hier eine grundlegende Ausrichtung zu erkennen geben.

„Österreich könnte und müßte relativ viel Geld für Entwicklungszusammenarbeit zur Verfügung stellen, weil wir sonst diesem Trittbrettfahrer-Argument nicht entgehen: nichts fürs Militär ausgeben und dann die internationale Solidarität beschwören. Wenn man ein halbes Prozent des Bruttoinlandsproduktes in Entwicklungszusammenarbeit investiert, kann man sich international Prestige und Reputation verschaffen. Man hat sich in den vergangenen 15 Jahren damit begnügt, ein Zwerg zu sein und keine Rolle zu spielen. Das letzte große Projekt war der EU-Beitritt. In der Temelin-Frage haben wir Grünen jahrein jahraus beschworen, Österreich muß mit einer großzügigen und unübersehbaren Geste vorangehen. Das ist die einzige Hoffnung, wie man die EU überzeugen kann, auch etwas zu tun. Das ist dann in kleinkarierten diplomatischen Kaffeerunden verschlampt worden. Wir hätten viel für einen dauerhaften Reputationsgewinn tun können, indem Österreich nach dem Krieg in Ex-Jugoslawien, in Serbien und Rumänien die Donau-Entrümpelung unterstützt hätte. So etwas hat dann oft ökonomische Folgeeffekte. Die wissen dann, daß wir uns dabei auskennen und suchen dann nach österreichischen Firmen auf diesem Gebiet. Oder bei dieser Verseuchung der Theiß in Rumänien und Ungarn. Ich plädiere immer dafür, in diesem Bereich viel zu machen, weil es Folgen für Aufträge hat, wenn man seine Reputation stärkt."

Grüne Außenpolitik über das Betätigungsfeld der Union hinaus wäre – so scheint es zumindest, wenn man Van der Bellen folgt – tatsächlich grün: vorrangig in Form von Entwicklungspolitik und Umweltaußenpolitik. Auffallend dabei ist, daß der Wirtschaftsprofessor in diesem Zusammenhang seine Argumentation auf eine Art Umwegrentabilität aufbaut: Die Investition von Geldmitteln in Entwicklungs- oder internationale Umweltschutz- bzw. Umweltsanierungsprojekte brächte Österreich, so seine These, nicht nur auf dem internationalen Parkett enorme Pluspunkte. Wörtlich verdienen daran würden heimische Firmen, die sich über längerfristige Aufträge freuen könnten.

In erster Linie wäre sie aber so, wie es dem Naturell des Professors entspricht: nüchtern. „Die Außenpolitik", erzählt Van der Bellen, „ist ein pragmatisches Feld. Ich beneide niemanden in der Außenpolitik, der oder die monatlich entscheiden muß, was etwa den Leuten im Iran mehr bringt. Der Aufbau halbwegs freundschaftlicher Beziehungen oder Maßnahmen, die auf Jahre hinaus nicht mehr korrigierbar sind. Diese Balance ist gerade von einem kleinen Land wie Österreich sehr schwer zu beurteilen." Außenpolitik als Politik des Machbaren.

Van der Bellen und Nachdenken über Europa – worauf läuft das hinaus? Entscheidend ist einmal das zentrale Bewußtsein, daß alles in Europa seine Geschichte hat. Eine Geschichte, in der Österreich seine Rolle spielt. Dieser Rolle muß sich Österreich stellen. Vieles davon ist über Jahrzehnte hinweg verdrängt worden, und das ist mit ein Grund, warum heute noch die Vergangenheitsdebatte hochemotional abläuft; mit ein Grund, warum die These, daß Österreich „das erste Opfer" Hitlers gewesen sei, auch heute noch einseitig vertreten wird.

Nachdenken über Europa meint aber auch, daß Van der Bellen erste Schritte in Richtung der Formulierung einer „grünen Außenpolitik" unternimmt. Abgesehen davon, daß es Ereignisse gibt, die dazu zwingen – wie etwa die Maßnahmen der EU-14 gegen die ÖVP-FPÖ-Regierung –, geht es um die Entwicklung einer langfristigen Perspektive. Die Europäische Union, so die Vorstellung Van der Bellens – die für einen grünen Parteichef wohl nicht so selbstverständlich ist –, sollte sich mittel- bis langfristig zu einem Bundesstaat mit einer neuen, demokratischen Verfassung entwickeln – mit einem Teil davon, der Österreich heißt.

Oftmals zieht Van der Bellen Vergleiche zum US-amerikanischen Modell, gleichwohl er sich bewußt ist, daß man „das nicht unbedingt kopieren braucht". Für die Debatte liefert es jedoch den einen oder anderen interessanten Ansatzpunkt. Daß Außenpolitik derzeit „nur" Europapolitik bedeutet, heißt nicht, daß man es automatisch dabei bewenden lassen müßte. Der Wirtschaftsprofessor tritt dafür ein, daß Österreich, wenn es realpolitisch möglich ist, sich seiner einstigen Vermittlerrolle besinnt, freilich mit neuen Schwerpunkten wie Entwicklungs- und Umweltschutzpolitik.

Internationale Beziehungen zu pflegen ist so etwas wie ein Steckenpferd für Van der Bellen geworden. Das spielt sich in der Regel bei Auslandsreisen in sehr entspanntem Rahmen ab, in dem zahlreiche neue Kontakte mit lokalen Entscheidungsfindern geknüpft werden können. Es sind außenpolitische „Lehrjahre", wie Van der Bellen formuliert, die er derzeit absolviert. Könnte daraus mehr werden? Mit Sicherheit. Außenpolitik vermag den Wirtschaftsprofessor im Vergleich zu anderen Politikfeldern – auch zu solchen, die für den Parteichef einer grünen Partei eigentlich Priorität haben sollten – wirklich zu begeistern. Dazu kommt sein persönlicher Stil, der den Vergleich mit dem eines Diplomaten nicht zu scheuen braucht. Persönliche Beziehungen zu Protagonisten der internationalen Politik, wie etwa zum deutschen Bundesaußenminister Joschka Fischer, bestehen ebenfalls. Allein die Fadesse, die gesellschaftliche Ereignisse für Van der Bellen mit sich bringen, könnten einer Festigung dieser Rolle hinderlich sein.

# VIERTER TEIL

# INLANDS-IDEEN

Der deutsche Bundeskanzler Gerhard Schröder (SPD) versprach einst für den Fall eines Wahlsieges gegen die – damalige – Kanzlerlegende Helmut Kohl (CDU) den deutschen Wählerinnen und Wählern folgendes: Er wolle, sagte Schröder, nicht alles anders, aber vieles besser machen. Schröder gewann und versucht seither, diese Ankündigung – ob mehr schlecht als recht, sei dahingestellt – einzuhalten.

Mit dem 4. Februar 2000 hat Österreich eine für seine Verhältnisse völlig neue Aufteilung der Regierungsmacht erfahren: Eine Koalition aus ÖVP und FPÖ hat sich dem „neuen Regieren" verschrieben. Die beiden Parteien, so scheint es, sind angetreten, um – im Gegensatz zu Schröders SPD – tatsächlich alles anders zu machen. Ob sie es besser machen, darüber muß an dieser Stelle kein Urteil abgegeben werden; abgesehen davon, daß es unmaßgeblich wäre, denn schließlich wird der Wähler eines Tages diese Frage zu beantworten haben.

Der Klubobmann der Volkspartei, Andreas Khol, prägte einen Ausdruck, den er später zu modifizieren versuchte, der jedoch in seiner ursprünglichen Fassung als derart einprägsam empfunden wurde, daß er vor allem in dieser Version erhalten geblieben ist. Khol gab für die Wende-Koalition das Motto „Speed kills" aus (vor allem wegen der kontroversen Verwendung des Wortes „kill" schließlich umgewandelt in den Slogan: „Speed wins"). Damit wurde recht gut der – wohlgemerkt – anfängliche Arbeitsstil der Bundesregierung skizziert. Tatsächlich legte die Koalition ein bemerkenswertes Reformtempo vor: unzählige Maßnahmen, teils Kleinigkeiten, teils aber auch größere Kraftanstrengungen wie etwa eine Pensionsreform, wurden beschlossen. Dieses Eilzugstempo, dessen man sich gerne rühmte, provozierte selbstredend Protest, vor allem deshalb, weil vorbei an Interessensvertretern regiert und mit Begutachtungsfristen hantiert wurde, die man als unangemessen bezeichnen kann. Aber unabhängig davon, ob man die Richtung gut oder schlecht findet, in die sich etwas bewegte: Es bewegte sich etwas.

Das Wort „Reformstau", das zu Zeiten der alten, Großen Koalition aus SPÖ und ÖVP grassierte, verschwand aus dem Sprachschatz der Kommentatoren. Zwischenzeitlich ist allerdings Ernüchterung eingetreten. Jene, die hohe Erwartungen an die Wende-Koalition hatten, sehen sich, vor allem, weil es mit dem vielbeschworenen Elan vorbei ist, enttäuscht.

Damit ist allerdings noch nichts über die Qualität der Veränderungen gesagt. Vielmehr drängt sich die Vermutung auf, daß es zunächst nur um die Reform um der Reform willen ging. Dieser anfänglich unscharfe Eindruck hat mittlerweile etwas an Schärfe hinzugewonnen. Es wurde deutlich, daß der „Ein-Herz-und-eine-Seele"-Mythos, mit dem sich ÖVP und FPÖ gerne umgaben – symbolisiert und ritualisiert in den betont harmonischen gemeinsamen Auftritten von Bundeskanzler und Vizekanzlerin –, nicht ohne weiteres aufrechterhalten werden kann. Die physischen Paarläufe blieben zwar bestehen, Spannungen aber, die in unterschiedliche Aussagen von Regierungsmitgliedern mündeten, waren schon ein halbes Jahr nach der Angelobung sichtbar und setzten sich munter fort. Nicht erst nach der FPÖ-Schlappe in Wien sah „Neu Regieren" etwas alt aus.

Gleichzeitig wurde aber auch deutlich, daß es die ÖVP-FPÖ-Koalition ernst meint mit dem, was – besonders gerne vom Finanzminister – als „Umbau" oder „Neubau" des Staates bezeichnet wird. Im wesentlichen scheint es dabei, soweit erkennbar, um folgendes zu gehen: Einerseits will man die öffentliche Verwaltung in ihrer Gesamtheit unter dem Schlagwort des „New Public Management" schlanker, effektiver, moderner, sparsamer etc. gestalten. Zum anderen versucht man, die Einflußsphären der Sozialpartner zurückzudrängen oder ganz abzuschaffen. Wo es sich anbietet, wird den eigenen Machtansprüchen unverhohlen Lauf gelassen und die schwarze oder blaue Einflußsphäre zuungunsten der bisher vorherrschenden roten installiert. Dazu kommen eine Reihe von Initiativen im gesellschaftspolitischen Bereich.

Lehnt man sich zurück und denkt einen Augenblick darüber

nach, was sich seit dem Antritt der ÖVP-FPÖ-Koalition in Österreich getan hat, kann man bei ehrlicher Sicht der Dinge eigentlich nicht überrascht sein: nicht über den Stil, den diese Bundesregierung praktiziert, und auch nicht über die Inhalte, die sie versucht, umzusetzen. Die Programmatik der beiden Parteien, ihre Positionierungen zu einzelnen Themen waren seit langem bekannt. Viele ihrer Spitzenvertreter haben sie immer wieder öffentlich dargestellt, auch in einschlägigen Büchern. Und was hat dafür gesprochen, zu glauben, die Freiheitlichen, die sich vorher noch nie in einer Bundesregierung befanden, würden über Nacht, nur weil ihre Vertreter am Tisch des Ministerrates im Bundeskanzleramt Platz nehmen dürfen, eine wundersame Verwandlung zur staatstragenden Partei durchmachen? Im Grunde wohl nichts. Das alles mußte jedem, der sich etwas näher mit österreichischer Innenpolitik beschäftigt, bekannt gewesen sein.

Freilich bemerkenswert ist ein anderer Umstand: nämlich der, wie schnell sicher und dauerhaft geglaubte Traditionen sich hinwegfegen lassen, wenn man es einmal vorhat. Wie schnell sich die „politische Kultur" verändern läßt, wenn dazu der feste Wille besteht. Wie wenig von dem Bestand hat, was als unverrückbar gegolten hat – das ist wahrscheinlich die einzige wirklich unerwartete Erkenntnis, die imstande ist, eine gewisse Beunruhigung auszulösen. Wenn es im politischen System Österreichs bisher Usancen gab, an die sich zu halten alle gewöhnt waren, und diese Usancen plötzlich, tatsächlich mehr oder weniger von einem Tag auf den anderen, nichts mehr wert sind – welche Bausteine der Republik können als nächste abgetragen werden, von denen man bisher angenommen hatte, sie seien stabil und tragend? Wie belastbar ist dieses politische System wirklich? Zeithistoriker werden vielleicht einmal feststellen, daß es um die letzten Jänner- und ersten Februartage des Jahres 2000 herum auf eine Probe gestellt wurde, die unter Umständen auch anders hätte ausgehen können.

191

Der Politologe Peter Gerlich führte Ende der achtziger Jahre folgende Befundanalyse aus:

„Als Erbstücke der Monarchie scheinen vor allem drei Haltungen wichtig, die mit dem Schlagwort Konkordanz, Legalismus und ‚Therapeutischer Nihilismus' bezeichnet werden können. Konkordanz wird vielfach als das typische Verhaltensmuster der österreichischen Politischen Elite dargestellt. Ob innerhalb der Großen Koalition, ob ihm Rahmen der Sozialpartnerschaft oder ob auf der Ebene der Länder und Gemeinden – überall fällt dieses spezielle politische Klima auf. Es besteht in einigen ungeschriebenen Regeln: Bevor es zu Entscheidungen kommt, muß alles unternommen werden, um Konsens herzustellen. Jedes Mitglied und jede Gruppe innerhalb der Elite hat seine Vorschläge mit möglichst allen relevanten anderen Personen oder Gruppen abzusprechen. Inhaltlich führt dies in der Regel zu Kompromissen, oft recht umständlicher Art, manchmal im Negativen nach dem Motto: Ich ignoriere deine Korruptionsfälle, falls du meine nicht aufdeckst. Gesprächsbereitschaft muß jedenfalls jederzeit gegeben sein. Das impliziert eine gewisse Scheu vor offenen Konflikten. Andererseits ist man aber auch bereit, sich – um die jeweiligen Anhänger bei der Stange zu halten – in heftige Scheinkonflikte einzulassen. Die österreichische Konkordanz wird von einem fast permanenten politischen Theaterdonner begleitet."

Mit Legalismus charakterisiert Gerlich die Neigung, politische Konflikte zu „verrechtlichen" und auch vor Gericht austragen zu lassen; unter „Therapeutischem Nihilismus" wird verstanden, daß Probleme nicht durch die aktive Lösung derselben, sondern durch einfaches Zuwarten aus der Welt geschafft werden. Welche Teile dieser Darstellung haben heute noch ihre Gültigkeit? Gewiß, vielleicht funktioniert die Konkordanz- oder Konsensdemokratie noch im kleinen, in der Lokalpolitik, auf kommunaler Ebene. Vielleicht existiert sie auch noch auf höheren Ebenen weiter, ohne daß es von einer breiteren Öffentlichkeit bemerkt wird. Was jedoch sichtbar ist, gleicht einer teilweise verhaltenen, teilweise offenen Demontage dieser Konsensdemokratie. Die Sozialpartnerschaft nach „altem Muster" wurde beiseite geschoben, und was eine „Sozialpartnerschaft neu" sein soll, ist nicht auszumachen. Viele, vor allem jene, die in den früheren Strukturen tätig waren, trauern um dieses Charakteristikum des „österreichischen Weges", den die Bundesregierung nicht bereit gewesen sei, fortzusetzen.

Das Land hat diese Vergangenheit jedoch hinter sich. Wehmut ist kein guter, vor allem aber kein erfolgversprechender Ratgeber. Auch wenn man der Entwicklung kritisch gegenüber steht: Die Zeiten des großen Konsenses um der Einigung willen scheinen endgültig vorbei zu sein. Österreich befindet sich in einer Phase der, wie politische Beobachter es nennen, „Konfliktdemokratie". Der grüne Parteichef findet – bei aller Kritik an den politischen Zuständen im Land – an dieser Entwicklung überraschenderweise nichts Negatives. „Es ist normal und höchst an der Zeit", meint Alexander Van der Bellen. Seine Bilanz der „Sozialpartnerschaft", wie sie einmal war, fällt anders aus, als man sich es vielleicht erwarten könnte, nämlich wenig schmeichelhaft:

„Die Grünen haben von der sogenannten Konsensdemokratie, dem rot-schwarzen Aushandeln von Dingen, nie sonderlich profitiert. Die Crux bei der Geschichte war immer, daß die, die nicht rot oder nicht schwarz waren, keinen Anteil daran hatten. Dieser Teil der Kritik der FPÖ ist vollkommen berechtigt. Auf rein wirtschaftspolitischem Gebiet ist Österreich mit diesem geradezu freundschaftlichen Verhältnis zwischen den Arbeitnehmer- und den Arbeitgeberverbänden, alles in allem genommen, nicht schlecht gefahren. Die Erosion der Sozialpartnerschaft ist aber nicht etwas, das am 4. Februar 2000 eingesetzt hat, sondern sie geht mindestens zehn bis fünfzehn Jahre zurück. Wenn die Sozialpartner selber so weit gekommen sind, daß sie selbst die einfachsten Dinge nicht mehr weiterbringen, dann muß die Politik eben auch ohne ihr Einverständnis etwas tun. Die Anzahl und Art der sogenannten klassischen Lehrberufe: Seit mindestens zehn Jahren war allen bekannt, daß in den klassischen Lehrberufen, so wichtig sie sind, der Zuwachs der Lehrlingsbeschäftigung nicht zu finden sein wird. Er wird in den Dienstleistungssparten sein und dort in den IT-Technologien. Es war kaum möglich, daraus über die Jahre hinaus Konsequenzen zu ziehen. Unheimlich zäh, bis sich die Gewerkschaften und die Wirtschaftskammer darauf einigen, was ein neuer Lehrberuf ist und er ihn ausüben darf. Das ist aber ein klassischer Bereich für die Sozialpartnerschaft. Oder die Finanzierung von Lehrlingen. Es war seit langem klar, daß das alte Modell aus den verschiedensten Gründen nicht mehr hält. Sie waren nicht imstande, einen Kompromiß zu finden."

Warum bedenkt Van der Bellen die Sozialpartner mit so harten Worten? Sicherlich nicht aus Verärgerung darüber, wie jetzt mit ihnen umgegangen wird. Vielleicht aus einem Gefühl der Bitterkeit heraus, weil die Grünen von den Entscheidungsprozessen, die dort abliefen, im großen und ganzen ausgeschlossen blieben. Gewiß aber ist eines: Wenn Van der Bellen weiter oben eine gewisse Entscheidungsschwäche attestiert wurde, so nur, weil er sich ausführlich Zeit läßt und gründlich abwägt, bevor er einen Beschluß fällt (oder ihn aufschiebt). Kompromisse um jeden Preis sind ihm suspekt. Seine Kritik an der Unflexibilität der Sozialpartnerschaft rührt aus der Überzeugung her, daß man dort nur des Konsenses wegen im Zweifelsfall gar nicht entschieden hat.

„Die Sozialpartnerschaft ist zum geringen Teil von der ÖVP-FPÖ-Koalition zu Grabe getragen worden. Sie hat den Keim des Erstickens schon in sich getragen. Natürlich geht die Frage der Konsens- und Konfliktdemokratie weit über die Frage der Sozialpartnerschaft hinaus. Was stattfindet, ist weitgehend eine Normalisierung, denn ganz normal ist es eigentlich nicht, daß in einem Land überhaupt nicht gestreikt wird. Ich finde nicht, daß es schlecht ist, wenn die eine oder andere Gewerkschaft einmal lernt, wie man einen Streik organisiert. Daß sie lernt, daß man um seine Rechte auch einmal streiten und kämpfen muß. Einerseits ist klar, daß die grüne Opposition gegen die schwarz-blaue Regierung und das, was sie macht, ist. Wir halten etwa absolut zu den Lehrern, aus Überzeugung. Das soll aber nicht heißen, daß ich denke, daß eine Regierung immer und überall warten muß, bis die Gewerkschaften zustimmen. Das kann es nicht sein. Es wäre absurd, würde ich das sagen, wo ich doch selbst aus Ärger über die Gewerkschaft Öffentlicher Dienst seinerzeit vor vielen Jahren aus der Gewerkschaft ausgetreten bin. Weil ich damals gefunden habe, daß es das einfach nicht bringt. Die verhandeln immer nur, ob jetzt das Gehalt um 2,5 Prozent oder um 3,1 Prozent steigt, aber bei den Strukturfragen an der Universität, da haben sie nichts bewegt.

Ich kritisiere nicht so sehr, daß Teile der Regierung den Weg in die Konfliktdemokratie gehen, sondern, daß in bestimmten Punkten die Grenzen überschritten werden. Hochverratsanklage-Mandatentzug-Gefängnis für Oppositionsabgeordnete, die die Regierung im Ausland kritisieren: Das hat mit Konflikt gar nichts zu tun. Da wird einfach ein grundsätzliches antidemokratisches, autoritäres Verhältnis zum Staat sichtbar. Aber: Wenn sie die sogenannten Privilegien der Universitätsprofessoren beschneiden, kann ich nur sagen, daß es in der Sache falsch ist und sie die Folgen nicht bedacht haben, aber das ist deswegen noch kein autoritäres Verhalten. Es ist legitim, daß sie anderer Meinung sind."

Legitim freilich; allerdings macht ein Umstand für Van der Bellen die Sache mit Konsens und Konflikt etwas delikat.

„Wenn ich nachdenke, bleibt es natürlich heikel, weil diese Veränderungen ausgerechnet von einer Regierung gemacht werden, an der die FPÖ beteiligt ist. Da muß man sich fragen, ob man, könnte man die gleiche Situation in einem anderen Land unter anderen Voraussetzungen betrachten, dieselben Zeichen an der Wand sehen würde. Bis zu einem gewissen Punkt kann ich den Ärger des Philosophen Rudolf Burger nachvollziehen. Er hat sich sehr verärgert über die Hysterie in der Faschismusdebatte geäußert. Ich finde nicht, daß er Recht hat, aber die Hälfte seiner Argumente kann ich nachvollziehen. Die andere Hälfte übersieht er einfach, da macht er die Augen zu, das paßt ihm einfach nicht in den Kram. Ich habe das selbst in meinem Verhältnis zu Haider und seiner Partei oft beobachtet. Dieses Schwanken: Das kann man gar nicht ernst nehmen … ignorieren … auf der anderen Seite … auch Hitler ist eine lächerliche Figur. Ich will Haider aber in keiner Weise mit Hitler gleichsetzen oder ihn auch nur in dessen Nähe bringen. Ich will damit nur sagen: Hitler ist auch eine Figur, die eigentlich lächerlich, aber gefährlich war."

Eines spricht der grüne Parteichef jedenfalls deutlich aus: Natürlich soll bei anstehenden Problemen von der Regierung eine Lösung erreicht werden, die auch den Gewerkschaften, den Verbänden, kurz: den Sozialpartnern paßt. Allerdings, und hier positioniert Van der Bellen sich unmißverständlich, nicht um jeden Preis: „Das geht doch gar nicht. Man wird verhandeln und verhandeln, und die Gewerkschaft wird und soll hoffentlich die Interessen der von ihr vertretenen Menschen wahren. Aber daß man immer bis zu diesem Punkt verhandeln kann und muß, wo auch die Gewerkschaft zustimmt, scheint mir zu weit gegriffen. Vor allem, da ich die Gewerkschaft Öffentlicher Dienst kenne, die eine ganz eigenartige Mischung aus strukturkonservativ und fortschrittlich ist."

Wenn hier die Gedanken des grünen Parteichefs zur Innenpolitik versammelt werden sollen, dann hat Van der Bellen einen kleinen Vorteil gegenüber manch anderem seiner Mitbewerber. Der Ökonom ist (noch) Bundessprecher einer Oppositionspartei. Das bedingt, daß er an sich noch nicht gezwungen wäre, bei seinen Überlegungen immer und überall die politische Machbarkeit zu berücksichtigen. Daß Van der Bellen dies trotzdem – zumindest ansatzweise sehr deutlich, manchmal freilich auch zu wenig – tut, spricht für ihn.

Einen kleinen Eindruck davon, was wäre, wenn der Wirtschaftsprofessor selbst an der Regierungsverantwortung teilhätte, konnte man schon bei seinen Ausführungen zur Sozialpartnerschaft gewinnen. Zu erwarten, er würde wieder den vielbeschworenen „österreichischen Weg" einschlagen, wäre wahrscheinlich verfehlt. Auch sein durchaus kritisches Verhältnis zu den Gewerkschaften würde vermutlich nicht ohne Folgen für die Art des Regierens bleiben. Was in diesem Teil dieses Buches versucht werden soll, ist folgendes: Es wurde schon darüber berichtet, daß sich die Grünen auf die Beteiligung an einer Bundesregierung vorbereiten. Wie aber würde die Politik aussehen, die sie in einer Koalition umsetzen möchten? Welche Schwerpunkte würde Van der Bellen zu setzen versuchen? Die nachfolgenden Ausführungen werden zumindest teilweise eine Antwort auf diese Fragen geben können; natürlich ohne Anspruch auf Vollkommenheit: Es sind lediglich die Grundmuster einer möglichen grünen Regierungspolitik für Österreich aus Sicht des Alexander Van der Bellen – nicht mehr, aber auch nicht weniger.

Wenn man über Innenpolitik räsonniert und vom Großen, von der Gesamtheit, zum Kleinen, Konkreten geht, wird man früher oder später auf den Begriff der „Verfassungsdebatte" stoßen. So richtig erfaßt diese Debatte Österreich allerdings selten, und wenn, so drehen sich die Fragen eigentlich immer aus aktuellem Anlaß darum, ob an den verfassungsmäßigen Organen der

Republik etwas verändert werden sollte; ob man einen Bundespräsidenten braucht; wie es sich mit dem föderalen Element verhält; und welche Vorzüge es brächte, verstärkt Elemente der direkten Demokratie in das österreichische politische System einfließen zu lassen.

Diese drei Punkte sind es im wesentlichen, die immer wieder zu Diskussionen aller Art Anlaß geben. Vor allem die Funktion des Bundespräsidenten wird dabei unterschiedlich bewertet. Er ist – bislang – der einzige Funktionsträger, der in einer Wahl direkt gewählt wird. Dies soll ihm eine relativ starke Stellung im Gefüge der Organe einräumen. De facto sind seine Befugnisse begrenzt – selbst, wenn man sie großzügig auslegt. Spannend im doppelten Sinn sind sie allerdings bei der Bildung einer neuen Bundesregierung: Diese ist nicht nur auf die Parlamentsmehrheit angewiesen, sie muß auch das Vertrauen des Bundespräsidenten genießen, weil er es ist, der die Bundesregierung angelobt und damit einsetzt. Der Bundespräsident kann die Bundesregierung jederzeit, wenn er es will – ohne, daß es irgendeines Vorschlages bedürfte –, entlassen. Er kann bei der Bildung der Regierung insofern auch Einfluß nehmen, weil er de facto die Ministerliste beglaubigen muß.

Bekannt ist, daß der amtierende Bundespräsident versuchte, die Bildung der Bundesregierung nach der Wahl vom Oktober 1999 zu beeinflussen. Bekannt ist weiters, daß er mit dem Resultat, der ÖVP-FPÖ-Koalition, sichtlich nicht viel Freude hatte, sie aber dennoch angelobte. Mehrere FP-Kandidaten für Ministerämter ließ er jedoch von der Ministerliste streichen. Unterschrieben werden mußte in der Hofburg außerdem eine sogenannte Präambel. Sie hält an und für sich selbstverständliche – europäische – Grundwerte fest. Unklar ist jedoch, ob dieser Präambel eine Art Revers-Funktion zukommt, sprich, der Bundespräsident bei anhaltenden Verstößen gegen den Inhalt dieser Präambel gewillt ist, Konsequenzen für den Fortbestand der Bundesregierung zu ziehen.

Der Parteichef der Grünen will sich über die Funktion des Bundespräsidenten keine unnötigen Gedanken machen. Seine Zuständigkeiten sollten in etwa so bleiben, wie sie sich derzeit darstellen.

„Ich sehe keinen unmittelbaren Reformbedarf. Wenn sich die Mehrheit der Parteien im Parlament auf etwas einigt, dann kann sich der Bundespräsident auf den Kopf stellen. Klestil hätte im Februar 2000 zurücktreten und dadurch eine längere Verfassungskrise auslösen können. Ich hätte ihm nicht geraten, das zu tun. Das Handling der ganzen Affäre steht auf einem anderen Blatt. Ich habe Klestil in fast allen Punkten unterstützt, aber vor allem, was die Erklärung gegenüber der Öffentlichkeit betrifft, haben sich große Mängel in der Präsidentschaftskanzlei gezeigt. Bis dahin, daß er mit steinernem Gesicht und offenbar widerwillig die neue Regierung angelobt hat, aber dann nicht in einer Fernsehansprache dem Volk erklärt, wie was war und warum er so entschieden hat, sondern in einem Interview in einem Nachrichtenmagazin. Das macht man nicht. Das hätte eine öffentliche Erklärung erfordert."

Diese Bemerkungen zur präsidialen Öffentlichkeitsarbeit sind aber auch schon fast alles, was dem Wirtschaftsprofessor zum Amt des Bundespräsidenten einfällt. Selbst bei den umstrittenen Kompetenzen in Sachen Regierungsbildung sieht Van der Bellen für eine Reform „angesichts der Realverfassung" keine Erfordernis. „Natürlich ist er auf dem Papier eine Art Pseudomonarch, aber in der Realität?", fragt Van der Bellen. Diese Realität verhält sich für ihn ausnahmsweise eindeutig und unkompliziert: „Wer die Mehrheit im Parlament hinter sich hat, kann die Regierung bilden." Ein klarer Satz, dem vielleicht eines Tages noch einmal mehr an Bedeutung zukommt. Bei genauer Betrachtung kommt Van der Bellen doch etwas noch in den Sinn, was ihn in Zusammenhang mit der Funktion des Bundespräsidenten stört: „Als ich in den achtziger Jahren zum Professor berufen wurde, da war es noch so, daß der Bundespräsident das unterschreiben mußte. Das hat in einigen Fällen – nicht in meinem – dazu geführt, daß die Präsidentschaftskanzlei Schwierigkeiten gemacht hat, nach dem Motto: Warum der und nicht die etc. Das waren verdeckte politische Interventionen. Das ist nicht die Sache des Bundespräsidenten."

Prinzipiell begeisterungsfähiger, was Veränderungen anbelangt, ist Van der Bellen, wenn es um das föderale Prinzip geht. „Österreich ist ein Bundesstaat", heißt es in der Verfassung, bestehend aus neun Bundesländern. Diesem Prinzip wird im politischen System unter anderem durch das Organ des Bundesrates Rechnung getragen; Exekutive und Legislative bestehen sowohl auf Bundes- als auch auf Bundesländerebene. Im Rahmen des Finanzausgleiches wiederum werden die Einnahmen aus Steuern zwischen Bund, Ländern und Gemeinden aufgeteilt. Generell, das kann man wohl behaupten, besteht Übereinkunft bei den politischen Eliten des Landes, daß am Wesen Österreichs als Bundesstaat nicht gerüttelt werden soll (und wenn, ginge das nur durch das aufwendige Mittel der Volksabstimmung).

Angesichts der konkreten Ausformungen des Föderalismus-Prinzips kommt es jedoch zu engagiert geführten Disputen. So erregt der steirische Landespolitiker Gerhard Hirschmann (ÖVP) immer wieder die Aufmerksamkeit der Öffentlichkeit, wenn er seine Ideen zu einer großangelegten Bundesstaatsreform äußert. Kernpunkt seiner Pläne ist die Abschaffung der Bundesländer in ihrer derzeit bestehenden Form. An ihre Stelle sollen drei „Großregionen" treten, nämlich West, Süd und Ost. Es sei, so Hirschmann außerdem, nach dem EU-Beitritt Österreichs nicht mehr argumentierbar, neun Landesparlamente in Österreich aufrechtzuerhalten. Für Van der Bellen, dem die Arbeitsteilung zwischen Bund und Ländern ohnehin zu denken gibt, sind Hirschmanns Thesen durchaus eine Überlegung wert.

„Die Hirschmann-Idee, mehrere Bundesländer in Regionen zusammenzulegen, war interessant. So etwas kann jemand aus der zweiten Reihe machen, wohl wissend, daß es nie dazu kommt. Wenn man die Autonomie der Länder diskutieren will – das stimmt schon, daß Bayern ungefähr gleich groß ist wie Österreich und nicht diese föderale Struktur hat –, dann ist, wenn man bei der Abschaffung der Landtage anfängt, das der sicherste Weg, eine an und für sich sinnvolle Diskussion im Keim zu ersticken. Das weiß auch Hirschmann, den ich für einen ganz gefinkelten Politiker halte, der, indem er eine Sache auf den Tisch bringt, von der er ganz genau weiß, daß es sinnlos ist, darüber zu diskutieren, zu verhindern sucht, über etwas zu reden, das tatsächlich überdenkenswert wäre: nämlich, ob wir alles neunmal haben müssen. Da wäre schon Handlungsbedarf. Vor allem dort, wo es wirklich etwas kostet. Neunmal unterschiedliche Bauordnungen kosten schon etwas. Während eines Wahlkampfes haben wir in einer steirischen Ortschaft einmal einen Holzhausfabrikanten besucht. Den kostete es etwas, wenn er in der Steiermark jene Normen erfüllen muß und in Oberösterreich andere. Es könnte billiger sein, wen dem nicht so wäre.

Als Bundespolitiker kann man nur sagen: Ich möchte gerne Landeshauptmann sein. Alles, wofür ich dann verantwortlich bin, ist, Geld auszugeben. Die Einnahmen muß er nicht verantworten, denn für die ist der Bund zuständig. Alleine 30 Milliarden Wohnbauförderung auszugeben … warum das eine von der SPÖ geführte Bundesregierung gemacht hat … wo die ÖVP Dominanz der Bundesländer damals kein Geheimnis war. Ungefähr Ende der achtziger Jahre wurde die Föderalisierung der Wohnbauförderung beschlossen. Politisch ist das ein Wahnsinn. Dieses totale Auseinanderfallen von Ausgabe- und Einnahmeverantwortung in Österreich ist einmalig.“

Diesen „Wahnsinn" zu beenden, das würde Van der Bellen versuchen, wenn er in der Regierung etwas mitzureden hätte. Allerdings holt ihn, wenn er tiefergehende Überlegungen in diese Richtung anstellt, sein Realismus gleich wieder ein:

„Wir würden wohl an der Zwei-Drittel-Mehrheit scheitern. Ich verfolge das immer mit einem Auge, weil mich der Finanzausgleich sozusagen fachlich tangiert und das eine irrsinnig sperrige Materie ist. Ende der siebziger Jahre gab es einmal eine Finanzausgleichstagung in Salzburg, und damals haben die Länder ein Forderungsprogramm vorgelegt: eigene Steuern, Zuschläge zu Bundesabgaben, mehr Autonomie, Einnahmenverantwortung. Damals war der Bund dagegen, mittlerweile sind die Länder dagegen. Seit ich im Parlament bin, hat es einen einzigen schüchternen Versuch eines Bundeslandes gegeben – das war vermutlich der einzige seit 1945 –, tatsächlich eine Steuer zu erfinden und diese selbst zu verantworten. Das war eine Idee der ÖVP Niederösterreich, die sogenannte „Mastensteuer", die wollten damals Strommasten besteuern. Da gab es dann einen Vermittlungsausschuß. Ich habe mir damals noch überlegt: Wie soll ich mich jetzt verhalten? Dann habe ich gedacht: Ach, pfeif drauf. Natürlich kann man viele Argumente gegen eine solche Mastensteuer finden, aber wenn ein Land einmal bereit ist, eine solche Steuer auf sich zu nehmen, dann sollen sie es doch machen. Im Ausschuß ist das dann von einer Ad-hoc-Koalition aus SPÖ und FPÖ zu Fall gebracht worden. Das war das Ende der Mastensteuer."

Wenn man die Ansichten Van der Bellens zu möglichen Verfassungsänderungen Revue passieren läßt, wird eines sehr deutlich: Behutsamkeit ist für ihn hier oberstes Gebot. Diese Behutsamkeit hindert nicht daran, vorurteilslos über die Impulse, die von anderen Seiten kommen, zu reflektieren. Zu einer großen Verfassungsreform allerdings besteht für den Parteichef der Grünen ganz erkennbar keine Notwendigkeit. Diese Zurückhaltung begründet Van der Bellen auch: „Das alles muß man sich sehr lange und gründlich überlegen. Man kann nicht an einer Schraube der Verfassung drehen und glauben, daß alles andere so bleibt, wie es ist." Und bevor man die Schraube in eine falsche Richtung dreht, scheint es Van der Bellen im Zweifelsfall lieber zu sein, sie gar nicht anzurühren.

Immerhin sind die Auswirkungen solcher – wie aus dem Gesagten ersichtlich, mitunter recht tiefgreifender – Änderungen in der Bundesverfassung nicht leicht abzuschätzen. Die ÖVP-FPÖ-Koalition ist versucht, etwas an der erwähnten Schraube zu drehen. Wo überall, das auszuführen würde den Rahmen sprengen; auf jeden Fall bemüht man sich offensichtlich, einer Forderung nachzukommen, die nicht nur von den Parteien, die dieser Bundesregierung angehören, immer wieder aufgestellt wird: der Forderung nach Stärkung der sogenannten „direkten Demokratie". Besonders die Freiheitlichen haben sich dafür in ihrer Vergangenheit stark gemacht, aber auch die Sozialdemokraten können diesem Ansinnen, wie es scheint, etwas abgewinnen.

Die österreichische Verfassung kennt plebiszitäre Elemente, denen auch im derzeitigen Zustand eine wichtige Bedeutung zukommt. Sie unterscheidet zwischen Volksabstimmungen, Volksbefragungen und Volksbegehren. Volksabstimmungen sind laut Verfassung zwingend vorgeschrieben, wenn es um die Absetzung des Bundespräsidenten oder um eine sogenannte „Gesamtänderung" der Bundesverfassung geht. Was eine solche „Gesamtänderung" ist, ist zumindest in folgenden Punkten unstrittig: Wollte man das demokratische Prinzip, das föderalistische Prinzip, das republikanische Prinzip, das rechtsstaatliche Prinzip und schließlich das gewaltentrennende Prinzip berühren, müßte eine Volksabstimmung darüber abgehalten werden. Es gibt Hinweise darauf, daß auch die Festlegung auf die immerwährende Neutralität ein Grundstein der Verfassung ist und sie deshalb nicht ohne Plebiszit abgeschafft werden könnte.

Der Parteichef der Grünen jedenfalls vertritt wie erwähnt eine solche Ansicht. Im konkreten Fall liegt es am Verfassungsgerichtshof, zu entscheiden, was eine „Gesamtänderung" der Bundesverfassung darstellt, ob eine „Teiländerung" vorliegt oder keines von beiden. Bei einer „Teiländerung" der Verfassung genügt ein Drittel der Abgeordneten des National- oder Bundesrates, um eine Volksabstimmung darüber in die Wege zu leiten. Überdies können Volksabstimmungen auch über „normale" Gesetzesbeschlüsse abgehalten werden, wenn die Mehrheit des Nationalrates es verlangt. Volksabstimmungen sind rechtlich bindend, abgestimmt wird über einen konkreten Gesetzestext.

Ergänzend dazu kennt die Verfassung das Instrument der Volksbefragung. Die Möglichkeit dazu auf Bundesebene wurde 1989 geschaffen. Eine Verpflichtung, die Entscheidung der Wähler auch umzusetzen, liegt hier – im Gegensatz zur Volksabstimmung – nicht vor. Nach Verhängung der Sanktionen der EU 14-Staaten gegen die ÖVP-FPÖ-Koalition zogen es die beiden Parteien in Erwägung, über diese Maßnahmen (und andere Punkte in europapolitischem Zusammenhang) eine Volksbefragung durchführen zu lassen.

Volksbegehren wiederum sollen ermöglichen, daß sich der Nationalrat mit bestimmten, vom Wahlvolk gewünschten Materien befaßt, und zwar dann, wenn diese Initiative von 100 000 oder mehr Unterzeichnern getragen wird. Dies garantiert dann zwar die Auseinandersetzung mit dem jeweiligen Thema im Parlament, eine Beschlußfassung von Gesetzen im Sinne des Volksbegehrens ist aber damit nicht sichergestellt.

Immer wieder – und nicht nur in Österreich – wird darüber nachgedacht, wie die Bürger eines Staates stärker in den politischen Entscheidungsprozeß eingebunden werden können. Unter anderem unter Hinweis auf das Schweizer Modell der exzessiven Anwendung direktdemokratischer Mittel ist auch hierzulande der Ruf lauter geworden, plebiszitäre Elemente verstärkt einzusetzen. Zudem versprechen sich die politischen Eliten durch eine solche Beteiligung der Wähler wohl auch eine breitere Rückendeckung für das ein oder andere Projekte. Im Regierungsprogramm der schwarz-blauen Koalition ist in diesem Zusammenhang von folgendem Vorhaben zu lesen: „Volksbegehren, die von mindestens 15 Prozent der stimmberechtigten Bürgerinnen und Bürger unterstützt werden und in Form eines Gesetzesantrages gestellt sind, werden einer Volksabstimmung unterzogen. Dieses Bundesgesetz darf nicht zu EU-Recht oder völkerrechtlichen Verpflichtungen in Widerspruch stehen, keine Verfassungsänderungen zum Inhalt haben, Landesrecht nicht berühren und keine wesentliche Mehrbelastung zur Folge haben (den Bundeshaushalt nicht gefährden)." Van der Bellen reagiert auf solche Vorschläge mit einer gewissen Befremdung.

„Ich glaube, da weckt man Vorstellungen, die grausam enttäuscht werden. Das Frauen- und das Gentechnik-Volksbegehren wären dann zwingend einer Volksabstimmung unterworfen gewesen. Da würde es wieder darauf ankommen, wer den Text macht und worüber dann abgestimmt wird. Was wäre dann gewesen? Hat sich das einer von denen gründlich überlegt? Ich kann das nicht ernstnehmen. Mich macht das im Augenblick nervös, vor dem Hintergrund der offensichtlichen autoritären Grundmuster dieser Regierung. Wenn es eine bedenkliche Kombination gibt, dann ist das die Verknüpfung von autoritär und plebiszitär. Das wollte Haider in seiner Dritten Republik immer haben, womit er in der Verwandtschaft vieler echter und Möchtegern-Diktatoren steht. Es geht ihnen um das Verhältnis zwischen Regierung, Parlament und Opposition – und dann überspringen sie aber die indirekte parlamentarische Demokratie und wenden sich direkt ans Volk. Das ist nicht ungefährlich. Besonders bei einer ÖVP-FPÖ-Koalition muß man mit solchen Dingen sehr vorsichtig sein. Bei den Sanktionen wollten sie eine Volksbefragung machen, und das ist nun wirklich ein abenteuerliches Beispiel für den Mißbrauch und den schlichtweg demagogischen Einsatz sogenannter direkter Demokratie. Sechs Suggestiv-Fragen einer Volksbefragung unterwerfen zu wollen, ist eine Heuchelei ersten Ranges.

In wichtigen Verfassungsfragen muß natürlich das Volk befragt werden, wie etwa damals beim EU-Beitritt. Auf der anderen Seite, finde ich, müssen manche Dinge a priori ausgeschlossen sein: eine Abstimmung über die Einführung der Todesstrafe zum Beispiel. Es sollte so sein, daß weder das Parlament noch das Volk das ändern kann. In der deutschen Verfassung ist das anders geregelt. Dort gibt es einen Artikel, der besagt: ‚Die Grundlinien einer freiheitlich-demokratischen Grundordnung sind nicht änderbar.‘ Österreich steht eher in der Tradition des Rechtspositivismus. Gesetz ist Gesetz, sofern es verfassungsmäßig zustande gekommen ist.

Bei Volksbegehren sollte die Einleitung vereinfacht werden, und der Staat sollte sich mehr an den Kosten beteiligen. Ich halte es für sinnvoll, daß sich Initiativen artikulieren können, wenn sie, aus welchen Gründen auch immer, das Gefühl haben, im Parlament alleine passiert zu wenig.“

Die Warnung des Parteichefs der Grünen vor einer stärkeren Betonung direktdemokratischer Elemente im österreichischen politischen System läßt an Deutlichkeit nichts zu wünschen übrig, sondern gewinnt vielmehr, wenn man sie ernst nimmt, durch den Umstand Gewicht, daß es sich tatsächlich so verhält wie von Van der Bellen beschrieben: An und für sich wäre es in Österreich per Volksabstimmung möglich, die Bundesverfassung so zu entstellen, daß von dem, was man „demokratische Grundordnung“ oder „Werte der zivilisierten Welt“ nennt, kaum etwas übrig bleibt. Es gibt kein „Baugesetz“ der Verfassung, das prinzipiell vor Veränderung geschützt ist. Vielleicht ist es übertrieben, dieses Problem bis in die letzte Konsequenz analysieren zu wollen, zumal es sich um ein scheinbar theoretisches Problem handelt, das in der politischen Praxis – so ist zumindest zu hoffen – wohl nicht zum Problem würde. Vielleicht täten die politisch Verantwortlichen aber auch gut daran, zu prüfen, ob es nicht doch sehr viele gute Argumente dafür gibt, gewisse „Bausteine" der österreichischen Verfassung als „nicht veränderbar" zu klassifizieren.

Ein Gedanke des grünen Parteichefs zum Thema direkte Demokratie scheint allerdings nicht recht verständlich zu sein: Wenn man – aus guten Gründen – dem verstärkten Einsatz von Volksabstimmungen und Volksbefragungen skeptisch gegenübersteht, welchen Sinn macht es dann, für die Erleichterung des Volksbegehrens einzutreten? Es stimmt schon, daß einige dieser Volksbegehren in der Geschichte der Zweiten Republik sehr viel ausgelöst haben; daß der Mobilisierungseffekt, den die Initiatoren während der Eintragungswoche erreichen können, nicht zu unterschätzen ist. Aber ist nicht ein Problem dieses Instruments eben das, daß es zwar Initiativen gibt, die von einer Vielzahl der Wähler unterstützt werden – die von Van der Bellen angesprochenen Gentechnik- und Frauenvolksbegehren mit je mehr als einer Millionen Unterschriften sind gute Beispiele dafür –, im Parlament aber dann mehr oder weniger nur „pro forma" behandelt werden? Daß Van der Bellen ausgerechnet dem schwächsten der direktdemokratischen Elemente das Wort redet, könnte man als Argumentation werten, die mit einem gewissen Placebo-Effekt spekuliert: Man vereinfacht die Möglichkeit zur Einsetzung jenes Mittels, das, wenn es die Politiker nicht selber wollen, legistisch gesehen de facto nichts bewirkt.

Doch genug der Gedanken zu Reformen im politischen System Österreichs. „Unter dem Strich finde ich, daß die Regierung, die die Mehrheit hat, regieren soll", sagt Van der Bellen (und gibt sich damit als Verfechter der repräsentativen Demokratie zu erkennen). Aber gilt auch der Spruch „Mehrheit ist Mehrheit"? Verfassungsmäßig gewiß; politisch gesehen sind die Dinge wohl etwas komplexer. Doch nun von der Politik-Theorie zu konkreten Politikfeldern.

Der grüne Parteichef hat eine relativ genaue Vorstellung davon, worauf es ihm ankommt. „Jobs, Jobs, Jobs", das war ein Slogan eines Bundeskanzlers, „Null-Defizit" der eines anderen. So weit, inhaltliche Schwerpunkte mit Slogans zu präsentieren, ist der Wirtschaftsprofessor noch nicht (ganz abgesehen davon, daß das die Aufgabe anderer wäre). Doch eines ist jetzt schon klar: Es gibt so etwas wie eine Agenda, die Van der Bellen im Hinterkopf hat und die er, wenn er das Ziel der Grünen, einmal Regierungsverantwortung zu tragen, verwirklicht hat, umsetzen möchte.

„Ich persönlich würde den Bereich Bildungspolitik, Forschung und Entwicklung sowie die Absicherung der Bürger und Bürgerinnen am unteren Rand als dringlichste Aufgaben sehen. Dazu kommen noch die anstehenden Lebensqualität-Fragen. Was sich dann im Ernstfall, bei einer Regierungsbeteiligung, aus einer parteiinternen Diskussion ergeben würde … da wären die Prioritäten möglicherweise anders gesteckt, aber ich denke, im großen und ganzen würden sie so bestehen bleiben. Was die Regierung jetzt im Pflichtschulsektor vorhat, das kann ich wirklich nicht nachvollziehen. Die sogenannte Einsparung von Tausenden Lehrern soll ohne Einfluß auf die Kinder von heute und den Arbeitsmarkt in Zukunft bleiben? Das scheint ihnen egal zu sein. Sie wollen nach wie vor nicht zur Kenntnis nehmen, wie schlimm die Lage in manchen Orten jetzt schon ist. Wir werden sehen, wie die Universitätsreform ausgehen wird. Sie haben natürlich meine Sympathien für eine grundlegende Universitäts-Reform, und gleichzeitig bin ich ein gebranntes Kind. Das Ministerium hat, nach meinen Erfahrungen, ein höchst eigenartiges Sichtformat. Auf der anderen Seite gebe ich schon zu, daß die Institution selbst nicht weiß Gott wie fantastisch fantasiebegabt ist."

Van der Bellen tritt für eine breit angelegte bildungspolitische Offensive ein. Daß eine solche Offensive enorme finanzielle Mittel verschlingen würde, ist dem grünen Parteichef bewußt. Doch diese, führt er aus, seien gut investiert, denn damit könne man Grundsteine für den zukünftigen Arbeitsmarkt legen. Der Öffentliche Sektor, der für die Bildung verantwortlich ist, sei nun einmal „ein Dienstleistungsbetrieb, der Personal erfordert, und das kostet Geld". Dazu komme, daß die Anforderungen an die Lehrenden ständig zunehmen würden:

„Bisher war es undenkbar, daß in allen Volksschulen flächendeckend PCs installiert werden sollen. Dazu braucht man aber dann Leute, die diese Geräte bedienen und damit lehren können. Man hat also einen riesigen Einsatz in der Ausbildung der Ausbildner. Das österreichische Schulsystem ist nicht schlecht, aber nach wie vor zu wissenslastig und bereitet zu wenig auf das eigentliche vor: daß einem das Lernen Spaß machen muß. Das scheint mir aber das zentrale Bildungsziel der Schule zu sein, ganz egal, mit welchen Diplomen man sie abschließt. Wenn es wahr ist, daß das, was man gelernt hat, immer rascher veraltet, kann es nicht darum gehen, primär Wissen abzuprüfen, sondern die Leute auf lebenslanges Lernen vorzubereiten. In meiner Schulzeit ist es den Lehrern nur sehr bedingt gelungen, den Spaß am Lernen zu vermitteln."

Van der Bellen fordert also eine grundlegende Umorientierung, was das eigentliche Ziel der Bildung anbelangt, und tatsächlich hat diese Forderung einiges für sich: Vorrangiges Anliegen, so der grüne Parteichef, sollte es sein, zu vermitteln, daß es sich beim Erwerb von Wissen um einen Prozeß handelt, bei dem es weniger um die Aneignung von Faktenwissen geht als um das

Erlernen der Mittel, sich in diesem lebenslangen Prozeß zurecht-
zufinden: Welche „Tools" gibt es, die mir für meinen Wissenser-
werb zur Verfügung stehen? Wie gehe ich mit ihnen um, damit
ich möglichst effektiv zu meinem gewünschten Ergebnis komme? Die gewaltige Umstellung, die für diese Schwerpunktsetzung innerhalb der Schulorganisation zu leisten wäre, kann
natürlich nicht von heute auf morgen erfolgen. Je früher sie
jedoch eingeleitet wird, desto besser. Wissen und Bildung, meint
der Professor, seien heutzutage von einem wesentlich früheren
Ablaufdatum bedroht als in der Vergangenheit. Eben diesem
Umstand gelte es Rechnung zu tragen. Auch wenn die Forderung, die sich aus dieser Erkenntnis ableitet, als zu allgemeingül-
tig, als zu wenig konkret kritisiert werden mag – es ändert nichts
an ihrer Richtigkeit.

Wenn Van der Bellen von einer Bildungsoffensive spricht, dann
geht es ihm natürlich insbesondere auch – und nicht zuletzt
wegen seines beruflichen Hintergrunds – um die Universitäten.
Was an den Universitäten im Zuge der schwarz-blauen „Wende"
passiert, läßt sich ungefähr folgendermaßen zusammenfassen:
Trotz einschlägiger Beteuerungen des Gegenteils wurden Studiengebühren beschlossen. (Auch wenn die zuständige Ministe-
rin stets betont, es seien keine „Gebühren", sondern „Studien-
beiträge".) Für einen späteren Zeitpunkt angekündigt wurde
eine Universitätsreform, die im wesentlichen die Neuordnung
des Dienstrechtes für Universitätslehrer beinhaltet sowie die
sogenannte „Ausgliederung" der Universitäten vorsieht (und
damit grosso modo etwa auch die Eigenverantwortung für Bud-
getmittel). Der grüne Bundessprecher plädiert in diesem Bereich
für mehr Verantwortung – der sich im übrigen auch die Studenten nicht entledigen dürfen:

> „Wir brauchen diese Verantwortung auf allen Ebenen. Es ist
> ja wahr, daß viele Professoren die Lehre nicht ernst nehmen.

Warum wird sie an den amerikanischen Universitäten so viel ernster genommen? Weil es kleinere Gruppen gibt, weil gute Lehre belohnt wird, sei es mit Vertrag, sei es mit Geld, weil sie systematisch überprüft wird, was bei uns bis jetzt nicht der Fall war. Und natürlich auch, weil die Studenten ein größeres Interesse daran haben. Zu meiner Zeit in Innsbruck ist es gelungen, einen Professor so zu schikanieren, daß er in die Frühpension gegangen ist. Der war einfach unmöglich, aber das ist ein Ausnahmefall.

Als Dekan muß man schon erleben, wie schwierig es ist, auch nur Kleinigkeiten finanziell zu planen. Wie viele Übungen in ‚Kostenrechnung II‘ soll man im nächsten Semester haben? Das ist keine triviale Frage, denn je nachdem, ob das zwei oder zehn sein sollen, kostet das unterschiedlich viel. Das war unmöglich zu planen, da wir nicht wußten, wie viele Studenten wir hatten. In der Hochschulstatistik stehen irgendwelche Zahlen, aber sicher nicht die, die man wissen will: nämlich, wie viele wollen und müßten im kommenden Semester das belegen und absolvieren. Ein Kollege und ich haben einmal ein Seminar angeboten, das auf zwanzig Studenten limitiert war. Dann gab es große Beschwerden von denen, die auch noch daran teilnehmen wollten. Wir sagten, wir würden den Kursus noch einmal abhalten, und sie hätten dann vor den anderen Interessenten Priorität. Von den zwanzig Leuten, die Stein und Bein geschworen hatten, sie stünden vor einer Existenzkrise, wenn wir sie nicht teilnehmen lassen würden, sind vielleicht fünf im nächsten Semester wieder gekommen, alle anderen wurden nicht mehr gesehen. Auf der studentischen Seite ist der Spielraum also zu groß. Aus der Sicht des Planers und des Anbieters ist das eine Katastrophe. Daß die Studenten überall mitreden dürfen, war nie ein Problem, auch, wenn sie anderer Meinung waren. Es hat entweder einen Konsens gegeben oder die Mehrheit hat entschieden. Ich glaube, die Verantwortung bei allen Gruppen für das zu erzeugende Produkt, die erzeugende Dienstleistung, muß gestrafft werden, auch bei den Studenten."

Van der Bellen hat an anderer Stelle in ähnlichem Zusammenhang einmal gesagt, er sei „ein gebranntes Kind". Das wird auch deutlich, wenn er über seine praktischen Erfahrungen an der Universität und über die anstehenden Konsequenzen spricht. Selbstverständlich, meint er, sei auch bei den Universitätsprofessoren anzusetzen, indem ihre Leistung – besonders im Bereich ihrer didaktischen Fähigkeiten – evaluiert würde, doch auch den Studenten will er es nicht ersparen, ihr Bewußtsein dafür zu schärfen, was sie an der Universität eigentlich tun und lassen.

Ein Problem, auf das man bald stößt, wenn man sich für den Bereich Bildung, Forschung und Entwicklung in Österreich interessiert, sind die vergleichsweise mageren Förderungen, die auf diesen Bereich entfallen. Es gibt Bemühungen, die sogenannte F&E-Quote (Forschungs- und Entwicklungsquote) von derzeit 1,8 Prozent des Brutto-Inlandsproduktes bis 2003 auf 2,5 Prozent desselben zu erhöhen. Dies wurde als Zielvorgabe formuliert; allein wie man es erreichen will – berücksichtigt man die ausgedehnten Sparpläne, die zumindest indirekt auch hier greifen –, liegt selbst bei wohlmeinender Sichtweise noch im Dunkeln.

Daß die Erhöhung der Ausgaben für den Zukunfts-Markt Bildung keine Unmöglichkeit ist, zeigt ein Blick ins nördliche Europa. Van der Bellen selbst führt das Beispiel Finnland an, das die dreifache F&E-Quote Österreichs aufweise. Tatsächlich ist es Ländern wie Finnland, Irland oder Norwegen gelungen, günstigere wirtschaftliche Wachstumsquoten zu erreichen, und man darf annehmen, daß die massive Förderung von Forschung und Entwicklung damit in Verbindung steht. Nachholbedarf zeigt sich in Österreich auch in Hinsicht auf die Akademikerquote, und wieder sind es Länder wie Finnland, die hier Maßstäbe setzen. Rund 35 Prozent aller 20- bis 29-Jährigen genießen dort eine universitäre Ausbildung, während es in Österreich (nur) gut 20 Prozent dieser Zielgruppe sind. Daher, so lautet die Forderung vieler Experten, müßten Österreichs Forschungsstätten zum einen mehr Geldmittel zur Verfügung gestellt bekommen, zum anderen aber auch international konkurrenzfähiger gemacht werden, um in den Wettbewerb eintreten und so an einem transnationalen Austausch von Wissen teilhaben zu können.

Wenn Van der Bellen meint, die Mittel für diesen Bereich müßten drastisch aufgestockt werden, bedeutet das nicht, daß er die österreichische Universitäts- und Forschungslandschaft von vorneherein als trist oder gar hoffnungslos darstellen will: „Die F&E-Quote ist gar nicht so schlecht, wenn man sich nur die öffentlichen Ausgaben ansieht", diagnostiziert der grüne Ökonom. „Was über die Jahre aber verheerend niedrig war, ist die Quote unter Einbeziehung der Privatwirtschaft. Was natürlich wieder dazu geführt hat, daß die Forscher, die es gibt, vornehmlich im öffentlichen Sektor gearbeitet haben, denn wo sollen sie denn auch hingehen? Das macht das Problem kompliziert." Daß staatliche und private Initiativen in diesem Bereich Hand in Hand gehen sollten, hat man hierzulande offensichtlich noch nicht so recht begriffen.

Experten, die sich näher mit Forschungspolitik befassen, konstatieren mitunter, daß sich eine Eigenart der österreichischen Mentalität ebenfalls negativ auf die grundlegende Einstellung gegenüber diesem Politikfeld auswirkt: Die hierzulande gerne gestellte Frage ‚Zu was brauchen wir das' würde bewirken, daß man sich in Sachen Forschung und Entwicklung gerne auf die anderen (sprich: andere Länder) verläßt, von denen man annimmt, daß sie einem im Zweifelsfall schon etwas von ihrer Technologie abgeben werden. Ob sich diese Vermutung tatsächlich aufrechterhalten läßt, braucht hier nicht weiter überprüft zu werden; sehr weithergeholt scheint sie allerdings nicht zu sein.

Aber zurück zur Konkurrenzfähigkeit der österreichischen Universitäten: Existiert sie überhaupt?

„Es kommt darauf an, womit man sie vergleicht. Verglichen mit dem Durchschnitt deutscher Unis sind sie locker konkurrenzfähig. Mit Schweizer oder amerikanischen Universitäten … da wird die Antwort schon schwieriger. Es gibt verschiedene Ebenen. Die reine Gehaltsebene, die ist im allgemeinen nicht das größte Problem. Es hängt sehr stark vom Fach ab. Der typische Problemfall ist ein aufstrebender, immer noch halbwegs junger, bekannter Betriebswirt, der Alternativen hat. Den auch nur aus Deutschland zu berufen, ist schwierig. Es ist uns aber gelungen, einen Top-Amerikaner zu bekommen. Größere Schwierigkeiten treten immer dann auf, wenn jemand ein Projekt mitbringt, wenn es um Millionen der Erstausstattung geht. Woher nehmen? Das kann nur über das Ministerium gehen, die Uni hat keine Möglichkeiten dafür."

Es gibt Menschen, die in größeren Zusammenhängen denken, und solche, die es vorziehen, sich einzelnen Fragestellungen zu nähern. Es wurde schon erwähnt, daß Van der Bellen zu den Menschen gehört, die die erstgenannte Vorgangsweise bevorzugen. Wie es sich mit den Vertretern anderer Parteien verhält, sei dahingestellt; es ist aber immerhin bemerkenswert, daß vor allem einige Funktionsträger der FPÖ nicht gerade darum bemüht sind, den Eindruck zu vermeiden, sie würden politische Inhalte eindimensional betrachten. Das gilt vor allem für einen Themenbereich, der in der Vergangenheit immer wieder dazu ge- und mißbraucht wurde, Kleingeld zu wechseln, Stimmungen zu erzeugen und damit Stimmen zu gewinnen. Die Rede ist vom sogenannten „Ausländerthema"; ein Thema, das aufgrund seiner Komplexität verdient, hier in Anführungsstrichen zu stehen. Kaum andere politische Inhalte sind so zur Emotionalisierung geeignet wie jene, die sich mit den Fragen der Integration, der Zuwanderung und des Asyls befassen.

Die FPÖ hat in ihrer jüngeren Geschichte oftmals und – zumindest hinsichtlich Wählerstimmen – mit Erfolg auf dieses

Thema gesetzt. Mit plumpen Parolen, die selbst in der eigenen Partei – zumindest offiziell – auf Unverständnis stießen, wurde ein „Stop der Überfremdung" gefordert und drohend nahegelegt, daß, wenn dieser „Stop" nicht erfolge, eine österreichische Stadt „wie Chicago" werden würde, was wohl implizierte: Drogen und Kriminalität, Mafia und Korruption allenthalben. Das „Ausländerthema" wurde und wird vor allem von der FPÖ aufs Tapet gebracht. Noch zu ihren Oppositionszeiten hat die FPÖ bewirkt, daß die amtierenden Regierungen auf diesem Politikfeld Handlungen setzten, deren Intentionen durchaus jenen der Freiheitlichen entsprachen. So kam es bis 1993 zu einer „Reform" des Einwanderungswesens in Österreich, nicht etwa unter einem freiheitlichen, sondern unter einem sozialdemokratischen Innenminister, die zunächst – und dies nur als Beispiel – auch vorsah, daß in die neu geschaffene Gesamtquote für Neuzuwanderung auch jene Kinder von Einwanderern eingerechnet werden mußten, die bereits in Österreich geboren wurden. Es ist also durchaus angebracht, sich in Erinnerung zu rufen, daß Regierungen, an denen nicht die FPÖ beteiligt war, derartige Vorhaben in die Tat umsetzten.

Nicht zu unterschätzen ist freilich der schon angesprochene Mobilisierungsdrang der Freiheitlichen aus einschlägigen Motiven, der mit dem „Anti-Ausländervolksbegehren" 1992 einen seiner Höhepunkte erreichte. Zwar konnte das „Ausländerthema" damit einmal mehr strapaziert werden, das Ansinnen, damit einen durchschlagenden Erfolg zu erringen, scheiterte jedoch gründlich: Nur 7,4 Prozent der Wahlberechtigten unterschrieben für einen (noch) härteren Kurs in Sachen Zuwanderungs- und Integrationspolitik. Was damit jedoch erreicht wurde, war im Gegenteil die Manifestation einer erfreulichen Gegenbewegung. Um ein sichtbares Zeichen der Toleranz zu setzen, versammelten sich im Jänner 1993 die Menschen am Wiener Heldenplatz zu einem „Lichtermeer" und damit zur größten Demonstration in der Geschichte der Zweiten Republik.

Und heute? Der Stand der Dinge in Sachen „Ausländerpolitik" ist im großen und ganzen unverändert, abgesehen von einigen bescheidenen Nachbesserungen durch Gesetzesnovellen und Urteile von Höchstgerichten. Ein Teil der Bevölkerung bemüht sich weiterhin, diesen heiklen Politikbereich nicht den Parolen-Schwingern und Phrasendreschern zu überlassen. Doch das Thema wird nach wie vor emotionalisiert, und wenn gewissen Parteien nichts anderes einfällt, dann greifen sie nach wie vor in die tiefste Schublade, um aus ihr Angstparolen hervorzukramen. Der Kurs der schwarz-blauen Regierung selbst läßt sich in dieser Frage nicht ohne weiteres abschätzen, vor allem, weil man sich dazu eingehender mit dem Prozeß der Entscheidungsfindung innerhalb der Koalition beschäftigen müßte, wozu hier kein Platz ist.

Fest steht jedenfalls, daß der Innenminister offenbar den einen oder anderen positiven Input setzen möchte, er sich aber damit nicht durchsetzen kann und immer wieder am Bundeskanzler oder am Kärntner Landeshauptmann scheitert.

Was aber hat das „Ausländerthema" mit Forschung und Entwicklung in Österreich zu tun, könnte man fragen. Auf den zweiten, die größeren Zusammenhänge berücksichtigenden Blick eine ganze Menge: Als Beispiel sei hier nur die Debatte um die Zuwanderung sogenannter ausländischer IT-Fachkräfte aufgeführt. Die Wirtschaft fordert diese Zuwanderung mit schöner Regelmäßigkeit, weil heimische Betriebe sonst vor einigen Schwierigkeiten stünden, doch skeptische Stimmen aus Regierungskreisen bis hin zur Gewerkschaft haben bisher stets eine weitreichende Lösung verunmöglicht. Die Forderung des grünen Parteichefs ist eindeutig.

„Man muß die Grenzen mit einer großzügigen Quote aufmachen. Ich denke dabei an die osteuropäischen Länder, denn wo sonst sollen diese Leute sitzen. Mit einer Green Card wie

216

in Deutschland ist es offenbar nicht getan. Dort war die Nachfrage bescheiden. Es muß ein besonderes Angebot sein: nicht beschränkt auf eine Person und ein Jahr, sondern fünf oder zehn Jahre. Man muß den Leuten eine echte Perspektive bieten, denn warum sollten sie sonst zu uns kommen? Die zeichnen sich ja gerade dadurch aus, daß sie international gefragt sind. In der Zwischenzeit muß man parallel dazu natürlich hier die Ausbildung erhöhen. So wie die SPÖ sich das vorstellt: jetzt alles in die Ausbildung stecken, und das wird das Problem lösen, funktioniert es nicht. Das Problem existiert jetzt und nicht in fünf Jahren. Im Grunde ist jeder Monat verloren, wenn man das Problem schleifen läßt. Da sind die SPÖ-Leute urbürokratisch. Die stellen sich vor, daß man erst einmal den Bedarf genau erhebt, und für die gibt es dann auch noch nicht genug Anfragen beim AMS, die darauf schließen lassen, daß das stimmen kann. Wenn ich ein Unternehmer bin, dann schreibe ich doch nicht erst einmal einen Zettel an irgend jemanden, wo drinnen steht, daß ich jemanden brauche, sondern ich will jemanden einstellen. Das scheint mir eine etwas kuriose Vorstellung zu sein darüber, wie so ein Markt funktioniert oder nicht. Was die FPÖ betrifft: eine schlimme Mischung aus Dummheit und Xenophobie. Mir ist völlig unverständlich, warum man da so restriktiv ist, weil diese Leute sind eh ganz anders als die, die bisher zu uns gekommen sind und vielleicht Sorgen machen: schlecht ausgebildete, schlecht verdienende Leute in schlechten Wohnungen. Das ist eine ganz andere Klasse in einer ganz anderen Einkommenskategorie."

Die Position des grünen Parteichefs zur „Einwanderungsthematik" läßt sich an genau diesem Beispiel der IT-Kräfte festmachen:

„Das zeigt ganz gut, worum es geht. Einwanderungsbedarf haben wir in solchen Sektoren. Da kann man die Grenze auch ruhig ohne Quote öffnen, denn was soll denn passieren? Wenn die Leute keinen Arbeitsplatz finden, dann finden sie keinen. Ansonsten würde es auf absehbare Zeit genügen, die Familienzusammenführung zu forcieren, denn das erhöht die Integration der Leute, wenn sie ihre Familien bei sich haben. Dazu kommt die nach wie vor ungelöste Uralt-Geschichte: die automatische Verknüpfung von Arbeitsbewilligung und Aufenthaltsgenehmigung, die würden wir einführen. Bestimmte Reformen im Asylbereich, bei der Antragsstellung. Ganz abgesehen davon, daß ich mir bei der Genehmigung von Asylanträgen mehr Großzügigkeit erwarte. Was wirklich unglaublich ist: Nach wie vor läßt der Gesetzgeber es zu, daß Leute hereinkommen und, aus welchen Gründen auch immer, keinen Asylstatus erhalten, nicht ausgewiesen werden können und somit das Leben von U-Booten führen müssen. Das finde ich unfaßbar. Entweder man bekommt den Asylstatus oder nicht. Wenn nicht, kann es doch nicht so sein, daß man sagt: ‚Du wirst nicht hinreichend verfolgt für Asyl, aber es stimmt schon, daß du zu Hause verfolgt wirst, weshalb wir dich nicht abschieben.' Hin und wieder hat einer von diese Leuten Glück, und es geht dann doch.

Aber mir ist der Besuch eines Flüchtlingsheimes der evangelischen Diakonie, 1998 oder 1999, unauslöschlich in Erinnerung: Ein Zimmer, normal groß und ordentlich. Ich kam hinein, dort saßen verschiedene Leutchen herum. Es stellte sich heraus, daß es eine afghanische Familie war, die seit etlichen Jahren in Österreich lebt, deren beide ältere Kinder ins Gymnasium gingen, die Kleine noch in die Volksschule. Die wohnten in diesem Zimmer, sind von der Diakonie am Leben erhalten worden, hatten keinen Asylstatus, wurden aber auch nicht ausgewiesen. Die haben damals aus formalen Gründen kein Asyl bekommen, weil es ihnen zuvor schon in Indien gewährt worden war. Vor ein paar Monaten wurde der Fall dann geklärt, die haben inzwischen die Staatsbürgerschaft.

Aber sie mußten zuvor fünf Jahre lang in diesem Zimmer leben. Diese Nichtentscheidungen finde ich so menschenverachtend, daß ich mir kaum etwas Schlimmeres vorstellen kann. Dann wundert man sich, wenn solche Leute schwarz arbeiten oder dealen? Bei der beschleunigten Einbürgerung dürfte Österreich nach wie vor eines der restriktivsten Länder sein. Wenn es nach mir ginge: totale Liberalität mit der Doppel-Staatsbürgerschaft."

„Menschenverachtende Nichtentscheidungen" – vielleicht wird damit die österreichische Asylpolitik tatsächlich richtig charakterisiert, wenn man sich darauf besinnt, wie oft Flüchtlinge quer durch Österreich geschickt werden und einen unmenschlichen Hürdenlauf bewältigen müssen, bevor klar ist, wer sie wo betreuen soll. Auch wenn das Wort „menschenverachtend" wohl nicht prinzipiell auf die hierzulande praktizierte Politik angewendet werden kann, folgender Umstand muß für Alexander Van der Bellen aus der (österreichischen Politik-)Welt geschafft werden: die – möglicherweise typisch österreichische – schlampige Vorgangsweise, asylsuchenden Menschen kein Asyl zu gewähren, sie aber auch nicht abzuschieben.

Die Konsequenz, die der grüne Parteichef aus diesem Gedankengang gezogen wissen will, wäre folgende: Einerseits sollte Österreich mehr Großzügigkeit bei der Gewährung von Asyl, bei der Zuwanderung und bei der Einbürgerung an den Tag legen. Doch sollte zum Beispiel der Asyl-Status nicht zuerkannt werden, müßte in diesem Fall konsequenterweise auch die Abschiebung erfolgen. Van der Bellen verspricht sich dadurch offensichtlich indirekt auch eine Verbesserung der Situation jener Menschen, die mit dem unschönen Wort „Illegale" bezeichnet werden. „Illegal" meint, daß sich diese Menschen nicht rechtmäßig in Österreich aufhalten, einerseits bedingt durch einen fehlenden rechtlichen Status, andererseits dadurch, daß sie eben nicht abgeschoben werden (können). Diese „Illegalen" werden oft für die verschiedensten kriminellen Handlungen verantwortlich gemacht; die FPÖ beschwört in diesem Zusammenhang besonders eindringlich die sogenannte „Drogenproblematik".

Van der Bellen selbst meint, man dürfe sich nicht wundern, wenn diese „U-Boote" schwarz arbeiten oder mit Drogen dealen. Legt man einmal die ideologischen Scheuklappen ab, wird man feststellen, daß der grüne Parteichef mit seiner Analyse nicht unrecht hat. Der Schluß liegt nahe: Wenn Menschen offensichtlich über mehrere Jahre hinweg in Österreich leben, sich gleichzeitig aber keine Lebensgrundlagen schaffen können und ihre Betreuung nicht immer und überall gewährleistet werden kann – wie sollen sich diese Menschen über Wasser halten? Wenn man also schon von „Illegalen" sprechen will, dann liegt es in der Natur der Sache, daß sie ab und an aus Gründen des Selbsterhalts gezwungen sind, Handlungen zu setzen, die rechtlich nicht einwandfrei sind. Ein ehrlicher Ansatz, diese Misere zu beenden, wäre wohl, Personen, die sich bereits ohne entsprechenden rechtlichen Status über längeren Zeitraum in Österreich aufhalten, anzuerkennen, dafür aber künftig jene, denen man – aus welchen Gründen auch immer – kein Aufenthaltsrecht in Österreich gewähren will, abzuschieben.

Sollten die Grünen jemals in eine Bundesregierung eintreten, sagt Van der Bellen, wäre eine Bildungsoffensive ein Schwerpunkt ihrer politischen Arbeit. Was damit alles zusammenhängen kann, drüber wurde bisher – ohne Anspruch Vollständigkeit – berichtet. Einen zweiten Schwerpunkt will der Wirtschaftsprofessor im sozialpolitischen Bereich setzen. Es geht dabei einerseits um die „Absicherung der sozial Schwachen", den Versuch also, ihnen die „Sicherheit" zu geben, von der bereits die Rede war. Zum anderen und im Zusammenhang damit geht es dabei auch um die Frage, wie es sich mit den künftigen Pensionen verhält.

Eines kann mit Sicherheit gesagt werden (außer, es geschieht ein Wunder, doch die sind besonders in der Politik eher die Ausnahme als die Regel): Jede künftige Regierung, ganz gleich, wie sie zusammengesetzt ist, wird sich in Sachen Pensionssicherung (wieder) etwas einfallen lassen müssen. Die einschlägige Meinung in- und ausländischer Experten läßt keine Zweifel daran, daß aus demographischen Gründen das Pensionssystem, wie es derzeit existiert, vor großen Herausforderungen steht, um es milde auszudrücken. Die Menschen werden immer älter, daraus resultieren mehr Leistungsberechtigte, die noch dazu länger Pension beziehen. Hinzu kommt, daß viele auch früher als gesetzlich festgelegt in den Ruhestand treten.

Der offizielle Ratschlag der Fachleute lautet: Frühpensionen massiv eindämmen; Gleichstellung bestehender Pensionssysteme; gesetzliches Antrittsalter nach oben; Leistungseinschränkungen für jene, die ihre Pension vorzeitig antreten wollen. Hinter vorgehaltener Hand allerdings geben die Experten zu, daß es mit solchen Maßnahmen vor allem in Hinblick auf jüngere Menschen nicht getan sein wird, wenn diese ihren derzeitigen Lebensstandard auch im Alter aufrechterhalten wollen. Die „private Vorsorge" wird dementsprechend immer wichtiger, bringt aber auch einige Schwierigkeiten mit sich: Sie erfordert zum einen vorausschauendes Denken auf Jahrzehnte hinaus; zum anderen muß man sie sich auch leisten können, denn die Prämien sind satt, und es sollte gestattet sein, gerade in jungen Jahren andere Schwerpunkte zu setzen als Altersvorsorge.

Das ist, grob gesprochen, der Stand der Dinge. Van der Bellen will ihn verändern, zumindest ein wenig:

„Unsere Idee ist es, wenigstens in bestimmten Bereichen, eine Grundsicherung einzuziehen. Erstens im Alter, unabhängig von der Erwerbsbiographie. Das macht schon Sinn, denn die Erwerbsbiographien sind halt nicht mehr das, was sie einmal waren. Zweitens während des Erwerbslebens, doch da muß man mit so einer Anreizsetzung schon aufpassen. Man wird keine Grundsicherung von 20 000 Schilling einführen können, wenn das durchschnittliche Einkommen 15 000 Schilling beträgt. Im Alter tritt dieses Problem ja nicht auf. Während der Erwerbszeiten hat Karl Öllinger (Sozialsprecher der Grünen, Anm. d. Verf.) eine ziemlich raffinierte Methode mit verschiedenen Karenzzeiten, und in diesen Zeiten greift dann die Grundsicherung. Seine und meine Grundphilosophie ist es, nicht den österreichischen Sozialstaat abzuschaffen, sondern ihn dort zu ergänzen, wo es notwendig ist."

Zur Präzisierung: Grundsicherung im grünen Sinn bedeutet zweierlei: Sie soll auch dann als eine Art Einkommen ausbezahlt werden, wenn keine unmittelbare Erwerbstätigkeit vorliegt. Die Gewährung dieser Leistungen während Karenzzeiten – die etwa auch zur Weiterbildung genützt werden können – soll Anreize in die schon erwähnte Richtung (Stichwort lebenslanges Lernen) schaffen. Diese Grundsicherung wird aber auch nach der Zeit der Erwerbstätigkeit wirksam, im Alter also. Dazu in Kürze mehr.

Die zweite Frage, die sich für den grünen Parteichef stellt, wenn es darum geht, sozial Schwächere zu unterstützen, ist folgende:

„Wie kann man das Nettoeinkommen erhöhen, ohne zu sehr in das Marktgefüge einzugreifen? Eine simple Idee, für die Ferdinand Lacina das Copyright hat, ist: Über die Lohnsteuer kann man nicht viel machen, den die untersten Einkommen zahlen sowieso keine. Was sie aber zahlen, ist die Sozialversicherung. Man müßte sie also davon ausnehmen und die Last auf die anderen verlagern. Das scheint mir vom Grundgedanken her richtig zu sein. Die Belastung durch die Sozialversicherungs-Beiträge ist mit 30 Prozent enorm hoch, wenn man die Arbeitgeberbeiträge dazurechnet. Das bedingt eine Umverteilung. Ein weiteres Problem: Die Anrechnung von Partner- und Familieneinkommen, selbst von entfernten Verwandten bei der Notstandshilfe und insbesondere bei der Sozialhilfe. Das war einer unserer Verhandlungserfolge im Burgenland mit der SPÖ, wo die nach ihrem Gefühl nach heilfroh waren, daß sie das mit uns vereinbaren konnten. Das Burgenland war nämlich extrem bei der Anrechnung von Verwandteneinkommen bei der Sozialhilfe. Die haben das wirklich bei Verwandten in Wien eingeklagt, die selbst nicht viel verdient haben."

Speziellen Handlungsbedarf hat der grüne Bundessprecher beim Thema Frauen und Arbeitsmarkt ausgemacht, nicht nur, aber wahrscheinlich auch weil ihm hier insbesondere der von der ÖVP-FPÖ-Koalition eingeschlagene Kurs ganz und gar nicht paßt.

„Das, was die Regierung anstrebt, ist tatsächlich, die Frauen, sofern sie Kinder kriegen, ein für allemal aus dem Arbeitsmarkt zu entfernen. Das ist Wahnsinn und macht auch ökonomisch keinen Sinn, in einer Zeit, in der Schüssel und Bartenstein (ÖVP-Wirtschafts- und Arbeitsminister, Anm. d. Verf.) nicht ganz zu Unrecht sagen, daß wir uns der Vollbeschäftigung nähern, den Arbeitsmarkt, sofern er weiblich ist, auszutrocknen. Das macht überhaupt keinen Sinn, die Frauen gut zu bezahlen, wenn sie drei oder fünf Jahre vom Arbeitsmarkt verschwinden, wenn sie Kinder haben, sondern sie müssen die Gelegenheit bekommen, ihren Beruf so rasch wie möglich fortsetzen zu können. Das heißt aber, daß man die Möglichkeit haben muß, die Kinder anständig zu versorgen. Das ist ein Infrastrukturproblem und nicht eines von 5 000 Schilling. Da muß man schon mehr ausgeben, aber nicht für ein Hausfrauengehalt, sondern für Betreuungsstätten, Kindergärten und längere Schulzeiten. Im Grund genommen gehört die ganze Schulorganisation umgestellt, nämlich so, daß die Kinder von 8.00 Uhr bis 16.30 Uhr betreut werden.

Wenn man die Geburtenrate als Problem sehen will, dann geht es nur so. Weil dort, wo die Erwerbsquote der Frauen hoch ist, wie in Schweden, ist auch die Geburtenrate höher und nicht umgekehrt."

Man sieht, daß Van der Bellen über Umwege nun doch irgendwie wieder bei der Bildungspolitik angelangt ist – was wiederum eine Bestätigung dafür ist, daß in der Innenpolitik alles irgendwie zusammenhängt. Initiativen wie „Kindergeld für alle" sind von einer grünen Regierung also nicht unbedingt zu erwarten. Frauen, so die These in Kurzform, gehören nämlich nicht an den Herd, sondern in die Arbeitswelt. Daß letztere für Frauen nicht unbedingt immer erfreulich ist, weil der Grundsatz „Gleicher Lohn für gleiche Arbeit" keineswegs überall durchgedrungen ist, muß nicht eigens erwähnt werden. Und die Problematik der Kinderbetreuung, die flächendeckend ungelöst ist, wurde von Van der Bellen selbst schon aufgezeigt.

Noch ein Wort zur Pensionsproblematik. Hier favorisieren die Grünen – wie andere Parteien auch – ein sogenanntes Drei-Säulen-Modell, nur stellen sich diese Säulen im Vergleich etwas anders dar: Neben der schon zitierten Grundsicherung, sagt Van der Bellen, kommt folgendes hinzu: „Eine staatliche Pensionsversicherung, die sich versicherungsmathematisch orientiert: Je nachdem, wie viele Jahre man eingezahlt hat, so hoch ist dann auch die Pension, gedeckelt mit 40 000 Schilling. Schließlich, als dritte Säule, die Privatvorsorge." Alles in allem tritt Van der Bellen also für ein System „angenähert an die derzeitige ASVG-Pension, aber mit einer Grundsicherung" ein. „Bei dem, was darüber hinausgeht, muß man selber Sorge tragen. Das heißt natürlich: Vereinheitlichung der Systeme, Auslaufen der speziellen Beamtenregelungen, ein System für alle. Das FPÖ-Modell hat erstens keine Grundsicherung und zweitens diese Betriebskassen, die mir überhaupt nicht einleuchten. Wenn das zumindest überbetrieblich ist, dann vielleicht, aber an einzelne Firmen sollte man das auf keinen Fall binden, da hat man zusätzlich noch das Konkursrisiko."

Würde man eine Einschätzung abgeben wollen, in welchen Politikfeldern die Grünen kompetent agieren, dann zählt dazu in erster Linie die Umwelt- und Sozialpolitik; für Beschlagenheit in Wirtschafts- und Bildungsfragen steht vor allem Parteichef Alexander Van der Bellen. Ein Mangel an Vertrauen in die Kompetenz der Grünen tut sich seitens der Wähler allerdings da auf, wo es um den Bereich der „inneren Sicherheit" geht. Was genau darunter zu verstehen sei, darüber sind sich selbst jene nicht ganz einig, die sich intensiv damit beschäftigen. Soviel steht immerhin fest: Unter „innerer Sicherheit" versteht man im allgemeinen Belange, die mit der Polizei, der Justiz, kurz: dem Sicherheitsapparat zu tun haben. Dazu gehört dem allgemeinen Verständnis nach die schon behandelte Asyl- und Fremdenpolitik ebenso wie die Debatte um erweiterte Fahndungsmethoden, weiters die Justiz- und – aus welchen Gründen auch immer – die Drogenpolitik.

Den Grünen traut man bei der „inneren Sicherheit" nicht viel zu – genauer gesagt trauen einige ihnen zuviel zu. Die Warnung, mit „Recht und Ordnung" wäre es in Österreich vorbei, wenn die Grünen an der Macht seien, gehört zum Standardrepertoire der politischen Mitbewerber. Woher sich dieses Image der Grünen begründet, läßt sich vielleicht in Ansätzen ausmachen. Ein Mitgrund ist sicher der in der Vergangenheit vorherrschende Aktionismus in der Grünen Partei. Hinzu kommt, daß einzelne ihrer Vertreter – teilweise zu Recht, teilweise zu Unrecht – immer wieder mit der Organisation von Demonstrationen in Zusammenhang gebracht werden. (Der Versuch, daraus einen Vorwurf zu konstruieren, solange diese Demonstrationen im großen und ganzen friedlich ablaufen, läßt jedoch tief blicken.) All das und noch vieles mehr, wie zum Beispiel die Debatte um die Vergangenheit einzelner grüner Regierungsmitglieder in Deutschland, trägt dazu bei, daß sich ein grünes Image geformt hat, das mit der konservativen Vorstellung von „innerer Sicherheit" nicht recht kompatibel ist. Dieses Bild, das in manchen Köpfen vorhanden ist, wird zwar durch einen Parteichef wie Alexander Van der Bellen zu einem gewissen Grade entkräftigt, die Grünen in ihrer Gesamtheit entsprechen ihm jedoch mehr oder weniger. Welche Grundpositionen zur „inneren Sicherheit" kann man daher erwarten, sollte der Wirtschaftsprofessor einmal ein gewichtigeres Wort in der österreichischen Innenpolitik mitzureden haben?

> „Im Gegensatz zu den deutschen Grünen hat es bei uns über die Notwendigkeit des staatlichen Gewaltmonopols nie eine ernsthafte Debatte gegeben. Das war immer unbestritten. Die Alternative ist die Anarchie. Selbst exponierte Leute wie der Pilz haben das nie in Frage gestellt, sondern haben die besten Beziehungen zur Polizei und zur Staatsanwaltschaft. Wir haben höchstens darüber diskutiert, ob manche Polizeieinsätze nicht die Grenzen der Angemessenheit überschritten hätten."

Denkt Van der Bellen über konkrete Standpunkte zu diesem Politikbereich nach, stößt er sich zunächst an den sogenannten „erweiterten Ermittlungsmöglichkeiten" der Polizei: „Wir haben den Lauschangriff und die Rasterfahndung abgelehnt, da uns der Nutzen in keinem Verhältnis zu den Kosten zu stehen scheint, einschließlich der fehlenden rechtsstaatlichen Absicherung. Das heißt, wir würden uns, sollten wir in die Regierung kommen, auch weiter gegen solche Maßnahmen aussprechen. Das gleiche gilt für die Heeresnachrichtendienste." Aus diesen Ausführungen folgt wohl, daß man im Fall einer grünen Mitbestimmung zumindest eine Reform, wenn nicht gar die Abschaffung dieser Instrumente erwarten darf.

Für eine offene Diskussion tritt Van der Bellen in der Drogenpolitik ein – sehr wohl im Bewußtsein, daß es sich dabei um ein heißes Eisen handelt.

„Derzeit braucht man nur einen Satz über die Freigabe von leichten Drogen sagen, und schon fallen alle über einen her: ÖVP, FPÖ und ‚Kronen Zeitung‘. Selbst die biederen Schweizer haben Liberalisierungsschritte gesetzt. Cannabis ist in unseren Augen keine Droge wie Alkohol oder Nikotin, aber in Österreich ist es unmöglich, das zu diskutieren. Wir versuchen es immer wieder unter dem Stichwort: Heilung statt Strafe. Wir stehen für einen vernünftigen Umgang mit dem Problem. Gerade in diesem Bereich liegt es im Interesse der Gesellschaft, daß die Täter erst gar nicht entstehen, aber sie entstehen natürlich umso mehr, je mehr man mit dem Strafrecht reinfährt. In anderen Bereichen muß man darüber diskutieren, ob Opfer auf der Strecke bleiben: Wer zum Beispiel zahlt die Therapie bei einer Vergewaltigung? Oder in anderen Bereichen: Angenommen, es würde jemand in meine Wohnung einbrechen und einen Vandalenakt setzen. Ich bemühe mich zwar sehr, mein Herz nicht an irdische Dinge zu hängen, aber das muß man auch verkraften. Man steht dann unter Schock, und da wird für die Opfer zuwenig getan. Ich bin absolut dafür, daß man sich auch mit schwersten Gewaltverbrechern auseinandersetzt, sie versucht, im Gefängnis zu therapieren und zu sozialisieren. Das kostet Geld und das muß auch sein, aber umgekehrt, glaube ich, kümmert man sich tatsächlich zu wenig um die Opfer.“

Will man die Grundlinien Van der Bellens zur „inneren Sicherheit“ zusammenzufassen, kommt man zu folgendem Ergebnis: Erstens tritt er für Liberalisierungsschritte in der Drogenpolitik ein oder will zumindest darüber eine offene Debatte geführt wissen; zweitens hat für ihn gerade in diesem Bereich der Grundsatz „Therapie statt Strafe“ seine Gültigkeit. Darüber hinaus soll an der generellen Anwendungsmöglichkeit dieses Prinzips nicht gerüttelt werden. Drittens aber – und hier befindet sich Van der Bellen auf einer ähnlichen (aber eben nur ähnlichen) Argumentationsebene wie einige rechtskonservative Vertreter eines härteren „Law and Order"-Kurses – müsse auch eingesehen werden, daß für die Opfer von Verbrechen zu wenig getan werde.

Die feine Differenz in der Sicht der Dinge liegt wohl darin, daß der grüne Parteichef sowohl für den Grundsatz „Therapie statt Strafe" als auch dafür eintritt, den Opfern mehr Stellenwert einzuräumen. Man kann sich des Eindrucks nicht erwehren, daß in der Diskussion über „innere Sicherheit" allzu oft versucht wird, diese beiden Standpunkte, die sich nicht widersprechen, gegeneinander auszuspielen – und zwar von einigen jener Politiker und Politikerinnen, die sich angeblich auf Justiz- und Sicherheitspolitik spezialisiert haben und es deshalb eigentlich besser wissen müßten.

Was die heimische Justiz angelangt, so hat der an dieser Stelle aus gegebenem Anlaß bereits mehrmals erwähnte Justizminister mit seinem kontroversen Verhalten zumindest eines geschafft: die Justiz ins Gerede zu bringen. Waren die österreichischen Gerichte, ihre Spruchpraxis und Organisation bislang bestenfalls „special interest", so hat sich das neuerdings schlagartig geändert. Ob es nun gut ist, daß der Justizapparat generell zur Debatte steht, darüber gibt es unterschiedliche Ansichten. Die Präsidentin der Richtervereinigung Barbara Helige meint, eigentlich sei es viel wichtiger, daß die Justiz in Ruhe und unbeeinflußt von solchen Debatten ihre Arbeit verrichten könne. Der Präsident des Verfassungsgerichtshofes Ludwig Adamovich wiederum sieht eine Diskussion über die österreichische Gerichtsbarkeit durchaus als Chance, den einen oder anderen Reformvorschlag näher ins Auge zu fassen.

Schon in der Vergangenheit hat das „Weisungsrecht" des Justizministers immer wieder – wenn auch nur in Insiderkreisen – für Auseinandersetzungen gesorgt. Der Ressortchef ist nämlich befugt, nicht nur generelle, sondern auch fallspezifische Anordnungen zu treffen, wie in der oder jener Causa vorgegangen werden soll. Besonders in publicityträchtigen Fällen kann diesem

Weisungsrecht besondere Bedeutung zukommen. Der formelle Entscheidungsablauf ist dann nämlich folgender: Die zuständige Staatsanwaltschaft informiert die Oberstaatsanwaltschaft über das jeweilige Vorhaben – in der Regel dreht es sich dabei um die Frage, ob das Verfahren eingestellt oder ob Anklage erhoben werden soll –, die Oberstaatsanwaltschaft wendet sich wiederum mit ihrer Einschätzung der Lage an die zuständige Sektion im Justizministerium, und in wirklich wichtigen (bzw. öffentlichkeitswirksamen) Fällen unterbreitet der zuständige Sektionschef dem Minister seine Analyse mit der Bitte um Entscheidung. Der Minister kann sich dann der Meinung seiner unteren Instanzen anschließen, oder, wenn er dies für richtig hält, eine gänzlich andere Entscheidung treffen.

Zum Problem wird diese Möglichkeit, wenn massive Zweifel an der Unabhängigkeit eines Justizministers bestehen; etwa, weil er früher als Anwalt just für jenen Mandanten tätig war, gegen den dann später vielleicht irgendwann einmal der Staatsanwalt Erhebungen durchführt.

„Ich war ganz spontan für die Forderung der Staatsanwaltschaft, das Weisungsrecht des Ministers abzuschaffen", erzählt Van der Bellen. „Die Kollegin Stoisits (Terezija, Justizsprecherin der Grünen, Anm. d. Verf.) hat mir dann gesagt, daß es auch in die andere Richtung gehen könnte. Es gibt sicher ein Dutzend Staatsanwälte, die nur in die eine Richtung ermitteln würden. Das sind ja nicht alles liberale und aufgeschlossene Menschen … Was passiert, wenn man plötzlich ein Dutzend rechtsradikaler Staatsanwälte hat? Also kann es nicht so sein, daß ohne zusätzliche Kontrollen das Weisungsrecht beseitigt wird. Das alles muß schon irgendeiner Art von Transparenz und Rechtfertigungspflicht unterliegen. Ich bin nun wirklich der energischste Befürworter der Unabhängigkeit der Justiz, aber das kann nicht heißen, daß man nur ganz fest an ihre Existenz glaubt, sondern auf die Dauer würde ich mir eine größere Öffentlichkeit dieser Fragen erwarten. Ich habe den Eindruck, daß Urteile in juristischen Journalen debattiert werden, aber das ist mir auf die Dauer zu wenig. In allen anderen Bereichen herrscht schließlich auch Rechenschaftspflicht. Daß ein Fall wie Maurer (ein von der Bundesregierung vorgeschlagener Richter im ORF-Kuratorium, der am Oberlandesgericht auch Urteile in Medienstrafsachen fällt, Anm. d. Verf.) der Eigenregie der Justiz überlassen bleibt und man kann nur akzeptieren, was passiert oder nicht, das erscheint mir unbefriedigend.

Wenn die Vertreter der Richterschaft sich dagegen wehren, daß ihre Urteile auch nur öffentlich thematisiert, geschweige denn kritisiert werden, dann haben sie den Grundsatz der Unabhängigkeit mißverstanden, denn das darf man schon. Die Freiheitlichen haben in einer Parlamentsdebatte stundenlang Aussagen von Heinz Fischer zitiert, wie er sich seinerzeit über die Sinowatz-Urteile (die Aussagen des ehemaligen SP-Kanzlers Fred Sinowatz die „braune" Vergangenheit Kurt Waldheims betreffend, Anm. d. Verf.) in diesem Zusammenhang echauffiert hatte. Ich finde, das ist nun wirklich sein gutes Recht, zumindest im Nachhinein. Vorher Einfluß zu nehmen ist natürlich nichts gutes. Sakrosankt sind die Richter jedenfalls nicht, und ich muß aus meinen eigenen bescheidenen Erfahrungen mit Richtern sagen, daß deren Heiligkeit sicher nicht feststeht. Die muß man erst verdienen."

Die Absichten, die Alexander Van der Bellen in seinem Kopf trägt und gerne in Österreich umsetzen würde, liegen nun in ihren Grundzügen vor. Natürlich, das ist schon einmal betont worden, erhebt diese Schilderung keinen Anspruch darauf, vollkommen oder auch nur vollständig zu sein. Politik machen, das hat immer auch etwas damit zu tun, den einen oder anderen Anknüpfungspunkt in aktuellen Ereignissen zu finden und daraus eine Perspektive zu entwickeln, die über diese Ereignisse hinausweist. Auf diesen Seiten hätte man sich beispielsweise nicht näher mit dem Weisungsrecht des Justizministers und damit, ob dieses beispielsweise ein dem Parlament verantwortlicher, aber unabhängiger Bundesstaatsanwalt übernehmen solle, beschäftigen müssen, gäbe es nicht einen Anlaß, der die Beschäftigung damit nahelegte.

Deutlich geworden sind jene Schwerpunkte, die der grüne Parteichef in der Innenpolitik verwirklicht sehen möchte. Da ist zum einen die Bildungsoffensive, zum anderen die Konzentration auf die Sozialpolitik, und hier vor allem die Absicherung der sozial Schwachen. Doch was fehlt bei diesen bisherigen Betrachtungen? Sämtliche Maßnahmen, die Van der Bellen angedacht hat, verschlingen Geld. Umsonst ist nichts, das weiß auch der grüne Parteichef. Die von ihm geschilderten Projekte sind durchweg als kostenintensiv einzuschätzen, wenn auch die Bestimmung der konkreten Kosten schwer fällt. Sicher kann man argumentieren, daß sich bessere Bildung schon mittelfristig aufgrund ihrer Umwegrentabilität rechnet. Doch zunächst schlagen die zu tätigenden Investitionen kräftig zu Buche. Wie also sollen diese finanziellen Mittel aufgebracht werden?

Die ÖVP-FPÖ-Koalition hat der Bevölkerung – grob skizziert – vermittelt, es müsse nun hart gespart werden, weil die Regierungen zuvor derart viel Geld durchgebracht hätten, daß die Existenzfähigkeit des Staates in Gefahr sei. Könnte es sich Van der Bellen also wirklich leisten, die von ihm geplanten Maßnahmen umzusetzen? Bei aller Notwendigkeit von Sparmaßnahmen – man denke nur an die Zinszahlungen – muß mitberücksichtigt werden, daß es erstens verschiedene Arten des Sparens gibt – nämlich solche, die die Bezeichnung „sozial treffsicher" verdienen, und andere –, und daß zweitens jede Regierung natürlich trotzdem Geld ausgibt. Es ist jedoch eine Frage der Schwerpunktsetzung, wofür: ob etwa eher Ausgaben für Militär getätigt werden sollen oder ob eine andere Zielsetzung vorliegt.

Van der Bellen – hier ist er einer Meinung mit maßgeblichen

Vertretern des Finanzministeriums – kommt in diesem Zusammenhang zu einer Auffassung, die ihm die Sache nicht leichter macht:

„Ein Blick auf die Statistik zeigt, daß die Abgabenquote in Österreich hoch ist und immer höher wird. Ich bin kein Anhänger skandinavischer Steuerquoten. In der Steuerstruktur aber kann ich mir viel vorstellen. Von der Ökologisierung bis zur stärkeren Einbeziehung der oberen Einkommen, aber im Niveau der Besteuerung ... da muß man halt schauen, in welchen Ausgabenbereichen etwas ausläuft, was man vielleicht noch etwas beschleunigen kann. Es hat mich immer fasziniert zu sehen, wie noch Jahrzehnte nach dem Krieg die Budgetposten für die Kriegsopfer-Versorgung nicht gesunken sind.“

Wenn es um das Thema Steuern in größerem Zusammenhang geht, dann weiß Van der Bellen, was er will: die Umsetzung einer sogenannten Ökosteuer-Reform. Doch ist angesichts der Budgetsituation und hoher Abgaben überhaupt Spielraum für ein solches Unterfangen?

„Ich glaube ja. Das ist eine politische Frage“, sagt Van der Bellen. „Es kommt drauf an, wieviel man sich trauen will. Wir sind einmal von einer Umverteilung von 130 Milliarden ausgegangen. Klar muß man sich das für den Ernstfall noch einmal anschauen, nur, am Grundproblem hat sich nichts geändert: nämlich, daß der Energieverbrauch zu hoch ist, ebenfalls die Besteuerung der Arbeit. Man kann natürlich die Dinge einfach hinnehmen und in der Zeitung lesen, daß die Nordpolkappe doch abschmilzt und der Winterfremdenverkehr auch nicht mehr so ist wie er einmal war. Dann wird das eben eintreten, was die Klimaforscher seit fünfzehn Jahren vorhersagen. Aber wir wollen dann nicht schuld gewesen sein. Wenn die Politik zu schwach ist, gegen die Zunahme des Verkehrs etwas zu machen, dann muß man die Konsequenzen akzeptieren. Das ist vielleicht keine populäre Ansage, aber es ist absurd, sich vorzustellen, daß man die Klimaveränderung abwenden kann, ohne im Bereich des Verkehrs etwas zu unternehmen."

Die Erhöhung der Abgaben auf Energie, meint der Wirtschaftsprofessor, sei da „auf jeden Fall" ein geeignetes Steuerungselement:

„Zumindest auf jene Energie, die auf fossilen Brennstoffen beruht. Daran führt kein Weg vorbei. Unser Vorschlag ist, das aufkommensneutral zu machen, indem man die höheren Energiekosten durch eine niedrigere Besteuerung der Arbeit kompensiert. Im Fall Österreich haben wir uns schon einmal mit dem Problem des Tanktourismus herumgeschlagen, man muß halt einkalkulieren was geht und was nicht. Wir sind weitgehend davon abgekommen, in der Mineralölsteuer etwas zu machen. In der Vergangenheit haben wir sehr wirtschaftlich gedacht: vier oder fünf Jahresanpassungsschritte zu machen, hat die wirtschaftliche Vorstellung, daß damit der Anpassungsprozeß erleichtert wird. Das ist aber eine sehr ökonomische Vorgangsweise. In der Politik spricht manches dafür, den Schritt rasch und hart zu machen. Das zeigt die Diskussion um das Null-Defizit. Ökonomisch gesehen spricht mehr dafür, den Prozeß in die Länge zu ziehen. Politisch gesehen macht es aber mehr Sinn, den Schrecken rasch zu verbreiten und dann auf das Vergessen zu setzen. Abgesehen davon, daß eine Regierung, die ihre Ziele in die nächste Legislaturperiode setzt, von Haus aus der Unglaubwürdigkeit verdächtigt wird."

Eine Verteuerung des Straßenverkehrs also, führt Van der Bellen weiter aus, sei unumgänglich. Sein Modell:

„Die Einführung einer Kilometerabgabe. Der gefahrene Kilometer wird versteuert und nicht der Benzinverbrauch als solcher. Was Vor- und Nachteile hat: You can't eat your cake and have it! Wir wollen keinen höheren Benzinpreis haben, nur, was ist die Alternative dazu? Süd- und Westautobahn doppelstöckig ausbauen? Wenn man sich die Dynamik der letzten 15 Jahre anschaut … ich kann mich noch erinnern, daß man früher über die Westautobahn zu jeder Tages- und Nachtzeit fahren konnte, und man hatte freie Fahrt. Irgendeine Art von Versteigerung der Benutzung von Lkw und Pkw wird es geben müssen. Die SPÖ wird sich vermutlich nach dem Anfangsbuchstaben des Namens richten, aber das wäre eine bürokratische Regelung, und die wollen wir nicht. Wir haben uns entschlossen, eine strikt marktwirtschaftliche Regelung über den Preis zu machen. Nach vielem internen Zähneknirschen und mit Zusatzregelungen für Pendler. Wenn es im 21. Jahrhundert nicht möglich sein sollte, einen fälschungssicheren Tachometer zu bauen, dann weiß ich wirklich nicht … abgesehen davon gibt es bei Lkws in Schweden längst eine Kilometerabgabe. Technisch ist eher die Frage, wie und wann das abgelesen wird."

Um es also zusammenzufassen: Für den Ökonomen Van der Bellen führt kein Weg daran vorbei, den Individualverkehr zurückzudrängen. Dies soll offensichtlich zum einen durch eine Forcierung des öffentlichen Verkehrs gelingen, zum anderen käme als Steuerungselement noch die „Kilometerabgabe" hinzu. Den Verbrauch kontrollieren will der grüne Parteichef mit einem Gerät, das jeder in seinem Auto mitführen muß. Abgelesen werden könnte der jährliche Wert etwa im Zuge der ohnehin in ähnlichen Intervallen notwendigen Inspektion des Pkw zur Erlangung der Prüfungsplakette. Ausdrücklich abgekommen ist man bei den Grünen, wenn man die Ausführungen ihres Parteichefs folgt, davon, eine direkte Erhöhung des Benzinpreises anzustreben. Was der Grund dafür sein mag, darüber darf gerätselt werden. Vielleicht hat es mit dem geflügelten Wort zu tun, daß man niemanden daran hindern könne, klüger zu werden. Daß heute niemand mehr einen Benzinpreis von 35 Schilling pro Liter fordert, ist keine Selbstverständlichkeit. Frühere Bundessprecher hatten sich dieser Idee verschrieben, und das einschlägige mediale Echo war jedes Mal atemberaubend. Vielleicht ist man bei den Grünen zur Überzeugung gelangt, daß man sich derart erwiesenermaßen unpopuläre Forderungen besser sparen sollte. Vielleicht verhält es sich aber tatsächlich so, daß man in einer Kilometerabgabe, die von der Bevölkerung wohl viel indirekter wahrgenommen werden würde, mittlerweile die richtigere Maßnahme sieht – zumindest aus politischen Gründen.

Die Benennung von Spielräumen, die es bei einer solchen ökosozialen Steuerreform geben soll, ist Van der Bellen noch schuldig geblieben. Bei genauerem Nachdenken fällt ihm jedoch so einiges ein. Allerdings, das muß ganz klar gesagt werden, ist die einigermaßen verläßliche Überprüfung solcher Spielräume und des in ihnen gegebenen Einsparungspotentials nahezu ein Ding der Unmöglichkeit.

„Es ergeben sich immer Spielräume in der Budgetpolitik auch bei den Ausgaben, einfach durch den Zeitablauf. Das ist aber nichts, was man innerhalb von ein bis zwei Jahren machen kann. Das ist die immer wiederkehrende Aussage des Wirtschaftsforschungsinstitutes. Zum Beispiel in der Verwaltungsreform, Änderungen im Finanzausgleich, Abbau von Doppelzuständigkeiten, Senkungen bei der Wohnbauförderung, ohne, daß deswegen der Neubau zum Erliegen kommt. Sogar im Krankenhauswesen, es muß nicht jeder alle Befunde doppelt machen. Man sollte auch die niedergelassenen Ärzte stärker beanspruchen als die Spitäler, denn das Spital ist der teuerste Faktor im Gesundheitswesen.

Wir werden sehen, wie es dieser Regierung geht. Auch diese Regierung scheitert offensichtlich in diesen Fragen trotz aller Versprechen. Die Riess-Passer hat immer versprochen, daß es keine Steuererhöhungen geben wird. Geschafft haben sie die höchste Steuerquote der Zweiten Republik. So etwas kann man nicht ohne weiteres versprechen. Was man riskieren kann ist, zu sagen: O.k., Leute, binnen vier Jahren wollen wir bei den Ausgaben ein bis zwei Prozentpunkte des Bruttoinlandsproduktes runterkommen, und daher befristen wir eine Steuererhöhung auf drei Jahre. Um sich selber unter Druck zu setzen. Ich kann mich an einer meiner Parlamentsreden erinnern, die dann Heinz Fischer gleich an seine Sozis verteilen hat lassen, habe ich dann später gehört. Die FPÖ hat wieder einmal vollmundig Ausgabenkürzungen verlangt und ich habe gesagt: Was wollt's, gehen wir das durch. Wollt ihr bei den Pensionen kürzen? Nein. Die Pensionen machen rund 15 Prozent des Bruttoinlandsproduktes aus. Bildung … die Arbeitslosen … das Militär … die Polizei … da ist man bald auf 40 Prozent des Bruttoinlandsprodukts oben. Locker zu sagen, daß wir mit 40 Prozent der Steuerquote auskommen, bei einem ausgeglichenen Budget, das heißt, wir müssen auf der Ausgabenseite fünf Prozent des Bruttoinlandsprodukts einsparen … Wo denn?

Was sich die Leute viel zu wenig klarmachen: Natürlich kann man sparen, indem der Staat Aufgaben einfach nicht mehr wahrnimmt, aber dann treten häufig private Ausgaben an die Stelle von Steuern; bisherige Steuern werden durch Privatausgaben substituiert, eine Nettoentlastung tritt nicht ein. Zum Beispiel: Natürlich kann ich jetzt die Universitäten total privatisieren, dann reden wir aber nicht von Studiengebühren in der Höhe von 10 000 Schilling, sondern von 200 000 Schilling pro Studienjahr. Dann hat man weniger Steuern, aber in diesem Bereich dann höhere Gebühren. Man kann die Schulen privatisieren, dann zahlt man für sie zwar keine Steuern mehr, aber dafür muß man die Schulen privat zahlen. Das ist der große Unterschied zwischen dem europäischen und dem amerikanischen Modell. Die haben eine Steuerquote von weniger als 30 Prozent, dafür sind die Leute nicht krankenversichert, nicht pensionsversichert, die Schulen kosten etwas und die Straßen sind auch schlecht."

Van der Bellen versucht hier eine Grundsatzentscheidung, die es zu treffen gelte, darzustellen. Prinzipiell gebe es, wenn man über die Höhe der Steuerquoten redet, zwei Möglichkeiten. Die eine ist, sie niedrig zu halten. Das hätte eine „Amerikanisierung" des Systems zur Folge. Wie diese aussehen würde, hat der grüne Parteichef schon skizziert. Der Nachteil dieser Vorgangsweise läge in der Strapazierung der Eigenleistung (ein besonderer Nachteil für die sozial Schwächeren). Ein Gegenargument in dieser Debatte ist der Umstand, daß Österreich sowohl eine hohe Steuerquote aufweist als auch ein sattes Maß an Gebührenleistungen verlangt. Sicher richtig ist, daß sich dieser Umstand durch die Maßnahmen der ÖVP-FPÖ-Koalition verstärken kann, wenn man an die Einführung von Studiengebühren, an das empfindliche Ansteigen von Abgaben (Stich- und Reizworte: Reisepaß und Autobahnvignette) sowie an die Debatte um Selbstbehalte im Gesundheitswesen denkt. Der Vergleich mit US-amerikanischen Verhältnissen läßt sich jedoch nicht aufrechterhalten.

Wenn man also keine „Amerikanisierung" des Systems will, bleibt nur die zweite Möglichkeit, die Steuerquote eher hoch zu halten. Im Gegenzug muß aber der Staat gewisse Leistungen sicherstellen.

„Ich glaube, keine Regierung kommt um Steuererhöhungen insofern herum, als die Steuerquote ja immer eine Tendenz zeigt, zu sinken. So gesehen muß man mit der Ankündigung, keine Steuern erhöhen zu wollen, vorsichtig sein. Wenn die jetzige Regierung nicht diese Kindergeld-Ambitionen hätte und die Abfangjäger, dann bin ich außerstande zu sehen, warum die ein Problem mit dem Budget haben sollten. Es sind immer die Zusatzwünsche, die das Problem ausmachen. Das ist halt nun einmal ein Dienstleistungssektor, da hat man nicht die Produktivitätsreserven wie in der Industrie. Die Niederländer haben vermutlich ein flexibleres Arbeitsmodell. Dort gibt es viel mehr Teilzeit als in Österreich. Die Niederländer haben aber auch die Konsequenz daraus gezogen: Wenn man in Österreich 29 Jahre lang Teilzeit arbeitet, dann kommt man schon nicht auf die 15 Jahre für die ASVG-Pension. Bei den Niederländern gibt es daher eine Grundsicherung im Alter. Karl Öllinger hat damals für mich sehr pessimistisch ausgerechnet, sein Grundsicherungsmodell könnte 30 Milliarden Schilling kosten. Das halte ich für übertrieben, weil es nicht nur die Alterssicherung war, sondern auch die Karenzmodelle während der Erwerbszeit. Selbst wenn es 30 Milliarden kosten würde … das ist bloß ein Prozent des Bruttoinlandsprodukts. Wenn es gelingt, bei der Pensionsversicherung von den jetzigen 15 Prozent auf 14 Prozent herunterzugehen, dann genügt dieses eine Prozent, um das hereinzukriegen. Bei diesen großen Zahlen muß man immer aufpassen: 30 Milliarden Schilling klingen nach sehr viel Geld, aber in den Gesamtausgaben der Pensionsversicherung sind das derzeit ein Fünfzehntel. Winzige Veränderungen können da schon gewaltige absolute Verschiebungen auslösen."

Van der Bellens Ehrlichkeit in diesem Punkt verdient Respekt, welche Motive ihn dazu auch immer bewegen mögen. (Wahrscheinlich ist es seine Art; man könnte aber auch damit spekulieren, daß Imagegründe im Spiel sind, wo doch sein Image mitunter auf Ehrlichkeit aufbaut.) Der Wirtschaftsprofessor erklärt also frei heraus, daß es – wenn man unter dem Strich nachrechnet – mit dem Gerede von wegen „keine Steuererhöhungen" und „großzügige Steuersenkungen" langfristig gesehen nicht weit her sein kann. Der Staat brauche Geld, vor allem für seinen Dienstleistungssektor, und dieses Geld müsse er sich eben von den Steuerzahlern holen. „Read my lips, no new taxes", sagte einst George Bush, der Vater des amtierenden US-Präsidenten, als er selbst Präsident war. Dieses Versprechen kostete ihm seine Glaubwürdigkeit. Natürlich kam es zu Erhöhungen der Abgaben.

Auch die Freiheitlichen haben ein – wenn auch sprachlich weniger einprägsames – Gelübde abgelegt und sind nun gezwungen, anders zu handeln als versprochen. Da will der grüne Parteichef selbst auf die Gefahr hin, damit einige potentielle Wähler abzuschrecken, die naturgemäß lieber gute als schlechte Botschaften hören, Klartext reden: Sollte seine Partei jemals in Österreich (mit-)regieren, könne er Steuererhöhungen nicht ausschließen. Im Gegenteil: Bei genauer Analyse wird die eine oder andere Steuererhöhung sogar wahrscheinlich.

Zumindest, und das ist ein interessanter Vorschlag, klingt es danach, als würden einzelne Steuern möglicherweise auf zwei oder drei Jahre befristet angehoben. Dieser Plan hätte unter anderem einen entscheidenden Vorteil: Angenommen, man beschließt Steuererhöhung X kurze Zeit, also vielleicht innerhalb der ersten 100 Tage nach einer Regierungsbildung für eine bestimmte Frist, so ist es bei geschickter Einteilung der Dinge durchaus möglich, just in jenem Jahr, in dem Wahlkampf herrscht und die Koalition vielleicht wieder gewählt werden will, diese Steuererhöhungen auslaufen zu lassen – und dadurch auch die Wähler milde zu stimmen. Das provoziert natürlich die Frage, wie selbstlos eine solche zeitliche Limitierung von Steuererhöhungen ist.

Ist man so einmal weit in den Bereich der Steuer- und Finanzpolitik vorgedrungen, bleibt – neben vielem anderen – noch eine Positionierung Alexander Van der Bellens offen, der grundsätzliche Bedeutung zukommt. Darüber, ob der Staat überhaupt Schulden machen soll, hat sich schon so mancher den Kopf zerbrochen. Die Koalition aus Volkspartei und Freiheitlicher Partei vermittelt das Gefühl, Schuldenmachen wäre bereits per se etwas Verwerfliches. Argumentiert wird mit den enormen finanziellen Mehrbelastungen, die dafür aufgewendet werden müssen. Daneben steht eine Philosophie, die als Deficit-Spending bezeichnet wird. Dabei wird zwar ebenfalls davon ausgegangen, daß in Zeiten der Hochkonjunktur Bundesbudgets zu sanieren sind. In Rezessionszeiten allerdings soll der Staat durch Überschuldung einen „Nachfrage-Ausfall" ausgleichen und Wirtschaftsimpulse vielleicht sogar auch außerhalb von Rezessionszeiten setzen.

Dürfen Schulden also sein, um die eine oder andere politische Initiative zu setzen?

„Die Sinnhaftigkeit und die Notwendigkeit staatlicher Defizite bei bestimmten makro-ökonomischen Bedingungen ist weitestgehend unbestritten", meint Van der Bellen. „Wenn eine Rezession eintritt, soll der Staat ein Defizit zulassen, um sie abzuschwächen. Diese Grundregel ist nicht überholt. Aber es gibt keine ökonomische Begründung für die Finanzierung sozialpolitischer Maßnahmen in Form von Defiziten. Dafür gibt es überhaupt keinen Grund. Laufende Konsumausgaben, das Kindergeld, die Pensionen, die Beamtengehälter, typische laufende Transfers über Verschuldung statt über Steuern zu finanzieren, dafür gibt es überhaupt keinen ökonomischen Grund. Wenn es politisch erwünscht ist, die Ausgabe zu tätigen, dann müssen die entsprechenden Steuern eingehoben werden. Von den fast 2 000 Milliarden Schilling Staatsschulden, die es inzwischen gibt, ist sicherlich nur ein Bruchteil durch konjunkturelle Effekte erklärbar, der Rest ist genau das, wo man sagt, daß sich das nicht richtig begründen läßt.

Investitionen, die kann man auch noch über Deficit-Spending rechtfertigen, also wenn die Autobahn von Wien nach Innsbruck gebaut wird, muß man sagen, daß der Bau 40 Jahre lang hält, also warum soll nur die Generation zahlen, die jetzt gerade die Steuern aufbringt. Sollen die nächsten 40 Jahre auch zahlen und das passiert automatisch über eine Verschuldung. Auch bei der Bildung, wobei die Schwierigkeit besteht, das abzugrenzen. Der klassische Investitionsbegriff bezieht sich nur auf Realinvestitionen, aber heute wissen wir alle, daß die berühmten Humankapitalinvestitionen mindestens ebenso wichtig sind, also müßte das auch für die Bildung gelten. Je weiter man das faßt, umso unschärfer wird das, was ich vorher gesagt habe.

Die Beamtengehälter jenseits der Lehrer über Verschuldung zu finanzieren, ist unsinnig. Die Ökonomen tun sich mit dieser Geschichte irrsinnig schwer, denn wie der Professor Streißler (Erich W., Ökonom, Anm. d. Verf.) einmal ironisch-sarkastisch gesagt hat: ‚Wir wissen zwar nicht, wo die Grenze der Staatsverschuldung liegt, aber wir wissen, daß sie überschritten ist.' Empirisch zeigt sich ja, wie fragwürdig diese Hysterie ist. Die Belgier hatten eine Staatsverschuldung von 130 Prozent des BIP und sind deswegen auch nicht zugrundegegangen. Österreich hat maximal 70 Prozent erreicht, seither leicht sinkend, und die Luxemburger haben fünf Prozent, und? Japan, das Vielgelobte, hat inzwischen 120 Prozent des BIP. Alle schimpfen jetzt, aber bevor die große Wirtschaftskrise vor zehn Jahren eingesetzt hat, hatten sie 90 Prozent und niemand hat darüber aufgeregt.

Die Scherereien, die wir jetzt haben, hat uns hauptsächlich der seinerzeitige deutsche Finanzminister Theo Waigel eingebrockt. Waigel hat im Rahmen der Verhandlungen über den sogenannten Stabilitätspakt der EU wesentliche Verschärfungen jener Bestimmungen des Maastricht-Vertrages durchgesetzt, die sogenannte übermäßige Haushaltsdefizite von EU-Ländern betreffen. Diese Verschärfungen sind ökonomisch sehr schwach begründet, aber nun sind sie geltendes EU-Recht. Jetzt haben wir eine Situation, wo ich mich hüten werde, zu sagen: Verschuldung ist super. Solange der private Sektor mehr spart als die Unternehmen investieren, muß es jemanden geben, der diese Ersparnisse aufnimmt. Das kann nur der Staat sein. In den USA hat sich das alles gedreht, aber wie lange das gut geht, ist auch eine andere Frage. In den allerletzten Jahren waren dort die Ersparnisse negativ. In so einer Situation machen Überschüsse des Staates einen Sinn. Die Kritik, die im wesentlichen von linken Ökonomen an der Nulldefizit-Hysterie gekommen ist, ist in der Sache richtig, aber politisch nützt mir das nichts. Ehrlich gesagt: Wenn ich in der Situation des Finanzministers wäre, Konjunkturlage sehr gut bis ausgezeichnet – natürlich muß das Defizit sinken, das war von Anfang an das Problem, das ich gesehen habe. Jetzt zu erklären: Wir senken das Defizit auf 0,5 Prozent des BIP – reißt das jemandem vom Sessel? Sicher nicht. Darunter kann man sich doch überhaupt nichts vorstellen. Aber ‚Null' – da glaubt man zu wissen, worum es geht. Das macht politisch einfach Sinn: Wenn schon, denn schon.“

Dieses Lob für den – freiheitlichen – Finanzminister kommt nicht überraschend. Aber macht es politisch Sinn? Auch, wenn man glaubt, die Antwort darauf müßte eigentlich negativ ausfallen: So ist er eben, der grüne Parteichef. Wenn schon, denn schon.

Was sind also die Inlands-Ideen Alexander Van der Bellens, und wohin würden sie im Falle ihrer Verwirklichung führen? Zunächst ist es einmal interessant zu sehen, daß die Ansichten des grünen Parteichefs zur sogenannten Konsensdemokratie durchaus kritisch ausfallen. Die damit verbundene österreichische Einrichtung der „Sozialpartnerschaft“ kommt bei ihm nicht gut weg. Vieles sei in der Vergangenheit nur des Kompromisses wegen so entschieden, vieles auch blockiert worden.

Die Positionierungen des grünen Parteichefs zu Themenfeldern der Innenpolitik sollten eine grundsätzliche Abschätzung dessen möglich machen, was Österreich erwarten kann, wenn er und seine Partei einmal einer Bundesregierung angehören. Der „österreichische Weg", wie man ihn zu Zeiten der Großen Koalition erlebt hat, würde wohl auch in diesem Fall nicht fortgesetzt werden. Van der Bellens Verhältnis zu den Gewerkschaften ist kein unkritisches. Verhandeln, bis es um jeden Preis einen Erfolg gibt, der von den Interessensvertretern auch akzeptiert wird, diese Vorgangsweise ist ihm nicht geheurer, und sie würde wohl auch nicht zur Anwendung kommen.

Die Notwendigkeit großer Verfassungsreformen in Österreich sieht der grüne Parteichef nicht. Was er zu ändern versuchen würde, ist „das Auseinanderfallen von Ausgaben- und Einnahmenverantwortung in Österreich", sagt er und meint damit, daß diese Verantwortung zwischen den Ländern und dem Bund ungerecht aufgeteilt sei. Van der Bellen räumt jedoch ein, schon jetzt im Gefühl zu haben, an der für diese Reformen notwendigen Zwei-Drittel-Mehrheit im Parlament zu scheitern.

Mehr als skeptisch ist der grüne Parteichef, was eine Stärkung direktdemokratischer Elemente im politischen System Österreichs anbelangt. Abgesehen von Volksbegehren – deren Zustandekommen er erleichtern will – wendet er sich gegen die vermehrte Anwendung von Volksbefragungen und Volksabstimmungen. Die Regierung, formuliert Van der Bellen, die die Mehrheit hat, soll auch regieren.

Schwerpunktmäßig hat sich gezeigt, daß folgende Punkte zu einer innenpolitischen Agenda des Wirtschaftsprofessors zählen würden: eine Bildungsoffensive; die Absicherung sozial Schwacher; die Einführung eines Grundsicherungsmodells sowie eine ökosoziale Steuerreform mit einer Kilometerabgabe als Instrument zur Eingrenzung des Individualverkehrs.

Eines verspricht Van der Bellen jedenfalls nicht: daß es im Falle einer Regierungsbeteiligung keine Steuererhöhungen geben werde. Sie scheinen im Gegenteil sogar wahrscheinlich.

## ZUM SCHLUSS

# BETRACHTUNGEN ÜBER DEN ERNSTFALL

Hinter uns liegen sie, die Ansichten und Absichten Alexander Van der Bellens. Seine eingangs geäußerte Befürchtung, es sei so manches Schreckliche dabeigewesen, hat sich hoffentlich nicht bewahrheitet. Der Wirtschaftsprofessor tastet sich noch immer an die Politik heran, obwohl er schon mitten drin ist. Doch was liegt vor uns? Österreich befindet sich mitten in der „Wendezeit". Wo aber befindet sich Van der Bellen? Wo seine Partei? Andreas Unterberger, Chefredakteur der Tageszeitung „Die Presse", schreibt über den Parteichef der Grünen unter dem Titel „Bruno, der zweite" folgendes: „Alexander Van der Bellens Auftritte werden immer stärker zur Inszenierung seiner selbst. In einem entpolitisierten Zeitalter ist es am besten, sich konkreter Aussagen zu enthalten, gleichgültig, ob es um die Freigabe weicher Drogen, rot-grüne Koalitionen oder das Nulldefizit geht. Van der Bellen weiß, daß jede Festlegung auch Folgen hätte. Daher reduziert er sich immer mehr aufs bloße Atmosphärische. Bedächtig, mit tiefer Stimme, bisweilen großvaterartig über seine Gesprächspartner amüsiert: Immer öfter fühlt man sich an Bruno Kreisky erinnert, der durch sein Rollenspiel den Bürgern die Ängste vor den damaligen Voggenhubers, Pilzens, Petrovics in der SPÖ genommen hat. Und einst wie jetzt gehören auch die Untergriffe dazu: Jörg Haiders (schwachsinniger und inakzeptabler) Ein-Tages-Vorschlag von Sanktionen gegen jene Volksvertreter ‚die entgegen ihrem Treuegelöbnis gegen die Interessen des Staates verstoßen', wird beim Grünen Chef gleich zur Verfolgung aller ‚die die Regierung kritisieren'. Und die Distanzierung des Justizministers von jener Idee dauert bei Van der Bellen nicht einen Tag, sondern gleich drei Wochen. Aber wer nimmt's bei einem so lieben Opa schon genau?"

Abgesehen davon, daß man bezweifeln kann, ob wir uns tatsächlich in einem „entpolitisierten Zeitalter" aufhalten: Es ist deutlich auszumachen, wo Unterberger irrt und wo er Recht hat. Daß sich Van der Bellen konkreter Aussagen enthält, kann wohl nicht aufrechterhalten werden, wenn man sich die Absichten des Professors – etwa zu rot-grünen Koalitionen – vor Augen hält, die hier wiedergegeben wurden. Daß der grüne Parteichef versucht ist, die ihm erträgliche Leichtigkeit des Politikerseins zu betonen, wird jedoch zum Problem, wenn die Übermittlung politischer Inhalte darunter leidet. Dafür gibt es Anzeichen.

Van der Bellen ist der Chef einer von zwei Oppositionsparteien. In der SPÖ erwächst ihm – noch – keine Konkurrenz. Vielleicht ist es eher der Österreichische Gewerkschaftsbund, mit dem die Grünen hier in einen Wettstreit treten müssen. Der Wirtschaftsprofessor hat sich nach dem 4. Februar 2000, nach dem Beginn der vielzitierten „Wende" also, nicht umorientieren müssen. Er weiß, was es heißt, im und außerhalb des Parlamentes Oppositionsarbeit zu leisten. Früher war es die rot-schwarze Koalition, die er kritisiert hat, nun ist es eine Bundesregierung bestehend aus ÖVP und FPÖ. Diese lange „Übungsphase" eröffnet ihm und den Grünen einen großen Vorteil. Der SPÖ fällt die Wende von Regierungs- zu Oppositionspartei schwer. Im direkten Vergleich zum zweiten Oppositionsführer, dem SP-Vorsitzenden Alfred Gusenbauer, kann der Wirtschaftsprofessor durchaus punkten: Die in Meinungsumfragen gemessenen „persönlichen Sympathiewerte" sind für Van der Bellen ausgezeichnet. Van der Bellen genießt, das kann man wohl ohne Übertreibung sagen, in der Bevölkerung durchwegs Anerkennung – hier einmal mehr, dort einmal weniger. Im grünen Parlamentsklub gibt es überdies Mitglieder, die mit der Oppositionsarbeit – auch persönlich – „aufgewachsen" sind.

Das ist also der Stand der Dinge. Doch die Dinge sind in Bewegung, und spätestens nach der nächsten Nationalratswahl könnte der von Van der Bellen gelegentlich so bezeichnete „Ernstfall" eintreten: die Beteiligung an einer Regierung, wenn die Mehrheitsverhältnisse das ermöglichen. Die Linie des grünen Parteichefs ist hier klar: Die Grünen sollen dieses Risiko wagen, wenn damit die amtierende schwarz-blaue Koalition abgelöst werden kann. Sie sollen es mit der SPÖ probieren, auch wenn das Verhältnis zu den Sozialdemokraten konfliktträchtig wäre. Am Rande spekuliert Van der Bellen aber auch mit einer ÖVP-Option, wohl wissend, daß die in der Partei für Unruhe sorgen würde.

Könnte eine Regierungsbeteiligung der Grünen gut gehen? Mit Druck aus dem Ausland gegen eine solche Beteiligung muß jedenfalls diesmal nicht gerechnet werden. Vorbehalte des Bundespräsidenten – der, wenn der Wahlkalender keine Ausnahme erfährt, bei der nächsten Regierungsbildung noch immer jener sein wird, der die ÖVP-FPÖ-Koalition mit steinerner Miene angelobt hat – sind für diesen Fall ebenfalls nicht zu erwarten. Fraglicher ist da schon, ob mögliche Stimmengewinne für die Grünen ausreichen werden, um Van der Bellens interne Bedingung zu erfüllen, derzufolge es grünes Licht für einen Regierungseintritt es erst bei einem zweistelligen Wahlergebnis geben darf. Zwar lassen die Analysen der Meinungsforscher die Spekulation mit einem solchen Ergebnis durchaus zu, doch sehen die Werte der Grünen erfahrungsgemäß in den Umfragen oftmals besser aus als am Wahlabend.

Eine grüne Ministerliste vorzulegen dürfte Van der Bellen ebenfalls nicht besonders schwerfallen. Zum einen werden schon aufgrund der Verhältnisse innerhalb einer solchen hypothetischen Koalition – selbst bei großzügiger Rechnung – nicht mehr als eine Handvoll Regierungsmitglieder zu benennen sein. Zum anderen gibt es eine Auswahl an grünen Politikern, die schon lange „im Geschäft sind", wenn man das so sagen möchte, also nicht als „Greenhorns" gelten können. Van der Bellen selbst würde sich wahrscheinlich auch in der Regierung wiederfinden, auch wenn er selbst – wohl zu Recht – sagt, daß in einem solchen Ernstfall die Klubleitung im Parlament großen Stellenwert hat.

Daß der Wirtschaftsprofessor auch inhaltlich Grundpositionen zu bieten hat, deren Umformung in reale Politik reizvoll wäre, wurde dargestellt. Erfüllen die Grünen also die Voraussetzungen für die Regierungsbeteiligung in einer Koalition? Die Antwort darauf ist heikel, aber es sieht danach aus, zumal die Vorbereitungen darauf sehr professionell zu verlaufen scheinen. Zwei wesentliche Punkte dürfen jedoch nicht außer acht gelassen werden: Die Grünen sind – verglichen zu allen anderen Parteien – selbst unter Parteichef Van der Bellen alles andere als homogen und konsistent. (Auch wenn dieser Umstand in der Öffentlichkeit vielleicht derzeit nicht so präsent ist.) Das hat Vorteile, wenn man in dieser Vielfalt an Persönlichkeiten und Meinungen ein Potential sehen will, kann aber zu Reibereien führen, wenn eine einheitliche Linie gefragt ist. Im Ernstfall sind viele Entscheidungen zu treffen: Welche Inhalte müssen unbedingt in einen Koalitionsvertrag? Wer soll Minister werden? Sind diese Fragen von einem – sehr wahrscheinlich diskussionsfreudigen – Bundeskongreß beantwortet, kann die alltägliche politische Arbeit mit dem Koalitionspartner zahlreiche Anlässe für parteiinterne Unzufriedenheit geben. Dazu kommt, daß eine Koalition etwa mit der SPÖ ohnehin ein reines Zweckbündnis wäre und nichts anderes.

Ein zweiter Punkt betrifft den Parteichef der Grünen, Alexander Van der Bellen, selbst: Der grüne Parteichef ist – erfreulicherweise – ein unkonventioneller Politiker. „Der Charakter des Menschen", meint Arthur Schopenhauer, „ist konstant. Er bleibt derselbe, das ganze Leben hindurch. Unter der veränderlichen Hülle seiner Jahre, seiner Verhältnisse, selbst seiner Kenntnisse und Ansichten steckt, wie ein Krebs in einer Schale, der identische und eigentliche Mensch, ganz unverändert und immer derselbe. Bloß in der Richtung und dem Stoff erfährt sein Charakter die scheinbaren Modifikationen, welche Folge der Verschiedenheit der Lebensalter und ihrer Bedürfnisse sind. Der Mensch ändert sich nie: Wie er in einem Falle gehandelt hat, so wird er unter völlig gleichen Umständen (zu denen jedoch auch die richtige Kenntnis dieser Umstände gehört) stets wieder handeln. Die Bestätigung dieser Wahrheit kann man aus der täglichen Erfahrung entnehmen: am frappantesten aber erhält man sie, wenn man einen Bekannten nach zwanzig bis dreißig Jahren wiederfindet und ihn nun bald genau auf denselben Streichen betrifft wie ehemals."

Van der Bellen wird ein unkonventioneller Politiker bleiben. Und weil dies so ist, werden sich noch manche über ihn wundern.

# Nachweise

## Erster Teil: Van der Bellen und Politik

*Ausführungen wie die zur „Teledemokratie" finden sich u. a. in:*
Fritz Plasser, Peter A. Ulram, Günther Ogris (Hg.): Wahlkampf
und Wählerentscheidung. Signum Verlag, Wien 1996 (=
Schriftenreihe des Zentrums für angewandte Politikfor-
schung, Band 11)

*Karl Jaspers' Anforderungsprofil für Politiker ist nachzulesen in:*
Herfried Münkler (Hg.): Lust an der Erkenntnis. Politisches
Denken im 20. Jahrhundert. Ein Lesebuch herausgegeben
von Herfried Münkler. Piper, München–Zürich 1990.

## Zweiter Teil: Ökologie, Ökonomie und Partei

*Über den Begriff „Verantwortung" in der Umweltpolitik finden sich
die Ausführungen in:*
Josef H. Reichholf: Der blaue Planet. dtv, München 1998.

*Die zitierten Ansichten des Ex-US-Vizepräsidenten Al Gore stam-
men aus:*
Al Gore: Wege zum Gleichgewicht. S. Fischer Verlag, Frank-
furt/Main 1992. © S. Fischer Verlag, Frankfurt/Main. Der
Abdruck erfolgt mit der freundlichen Genehmigung des Ver-
lages.

## Dritter Teil: Nachdenken über Europa

*Ausführungen über das Demokratiedefizit in der EU sind nachzulesen in:*
Peter Graf Kielmansegg: Integration und Demokratie. In: Markus Jachtenfuchs u. Beate Kohler-Koch (Hg.) Europäische Integration. Leske + Budrich, Opladen 1996.

*Noberto Bobbios Passage über den liberalen Rechtstaat findet sich ebenfalls in:*
Herfried Münkler (Hg.): Lust an der Erkenntnis. Politisches Denken im 20. Jahrhundert. Ein Lesebuch herausgegeben von Herfried Münkler. Piper, München–Zürich 1990.

## Vierter Teil: Inlands-Ideen

*Peter Gerlichs Analyse der ehemaligen politischen Kultur stammt aus:*
Peter Gerlich: Politik in Österreich. In: Österreich. Kohlhammer-Taschenbücher, Stuttgart 1988 (= Band 1084, Bürger im Staat)

# Namensregister